스프링 프레임워크
첫걸음

그림과 실습으로 쉽게 배우는
스프링 프레임워크 완벽 입문서

스프링 프레임워크
첫걸음

그림과 실습으로 쉽게 배우는
스프링 프레임워크 완벽 입문서

지은이 주식회사 후루네스 키노시타 마사아키

옮긴이 전민수

펴낸이 박찬규 엮은이 전이주, 이대엽 디자인 북누리 표지디자인 아로와 & 아로와나

펴낸곳 위키북스 전화 031-955-3658, 3659 팩스 031-955-3660

주소 경기도 파주시 문발로 115 세종출판벤처타운 311호

가격 25,000 페이지 320 책규격 188 x 240mm

초판 발행 2022년 09월 21일
ISBN 979-11-5839-358-8 (93000)

등록번호 제406-2006-000036호 등록일자 2006년 05월 19일

홈페이지 wikibook.co.kr 전자우편 wikibook@wikibook.co.kr

Spring Framework CHONYUMON: YASASHIKU WAKARU WEB APPLI KAIHATSU
by Fullness, Inc. Masaaki Kinoshita

Copyright © 2021 Fullness, Inc. All rights reserved.

Original Japanese edition published by Gijutsu-Hyoron Co., Ltd., Tokyo

This Korean language edition published by arrangement with Gijutsu-Hyoron Co., Ltd., Tokyo
in care of Tuttle-Mori Agency, Inc., Tokyo, through Botong Agency, Seoul.

스프링
프레임워크
첫걸음

그림과 실습으로 쉽게 배우는 스프링 프레임워크 완벽 입문서

주식회사 후루네스 키노시타 마사아키 지음 / 전민수 옮김

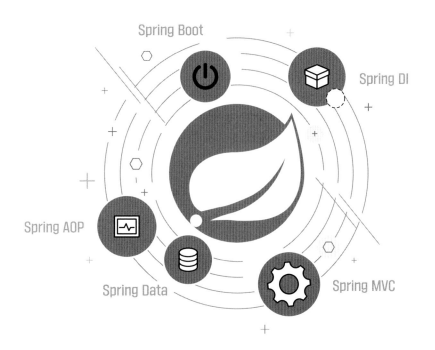

Spring Boot

Spring DI

Spring AOP

Spring Data

Spring MVC

위키북스

책 사용 설명서

- 이 책에 나와 있는 내용은 정보 제공을 목적으로 합니다. 따라서 독자의 책임과 판단하에 이 책의 내용을 이용하기 바랍니다. 이 책에 있는 정보의 활용 결과에 대해서는 출판사와 저자는 어떠한 책임도 지지 않습니다.

- 이 책의 내용은 2022년 5월을 기준으로 작성되었습니다. 이후 내용이 변경되었을 수 있습니다. 소프트웨어의 버전도 특별한 이유가 없는 한 2022년 5월 기준으로 최신 버전을 사용합니다. 소프트웨어 버전이 다를 경우 이 책의 설명과 기능 및 화면 등이 다를 수 있습니다. 이 책을 구입하기 전에 반드시 버전을 확인하시기 바랍니다.

개발 환경

이 책의 내용은 다음 환경에서 동작을 확인했습니다.

스프링 프레임워크	스프링 프레임워크 5
JDK	JDK 11

도서 홈페이지

이 책의 홈페이지 URL은 다음과 같습니다.

- 책 홈페이지: https://wikibook.co.kr/spring

이 책을 읽는 과정에서 내용상 궁금한 점이나 잘못된 내용, 오탈자가 있다면 홈페이지 우측의 [도서 관련 문의]를 통해 문의해 주시면 빠른 시간 내에 안내해 드리겠습니다.

예제 코드

이 책의 예제 코드는 깃허브 저장소에서 관리됩니다. 아래 깃허브 저장소에서 전체 예제 코드와 프로젝트를 확인하고 내려받을 수 있으며, 각 장별로 예제 코드와 프로젝트가 구분되어 있습니다.

- https://github.com/wikibook/spring

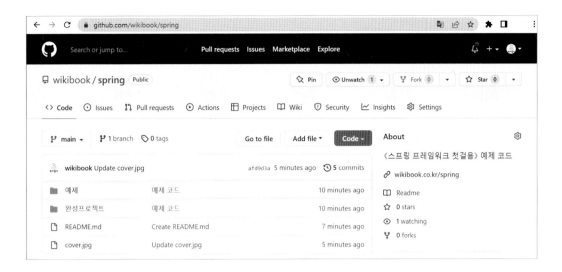

예제 코드가 변경될 경우 위 깃허브 저장소에 반영됩니다.

예제 코드 다운로드

이 책의 예제 코드를 다운로드하는 방법을 알아보겠습니다.

1. 웹 브라우저로 깃허브 저장소(https://github.com/wikibook/spring)에 접속해 우측 상단의 [Code]를 클릭한 후 [Download ZIP]을 클릭합니다.

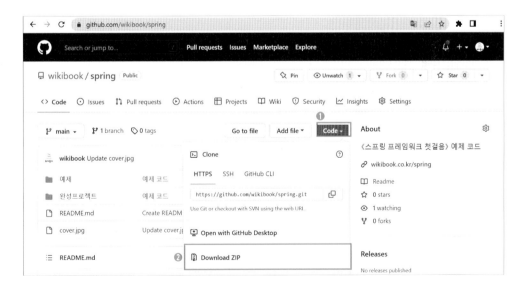

2. 다운로드할 폴더를 지정해 압축 파일(ZIP 파일)을 내려받습니다. 특별히 폴더를 지정하지 않으면 다운로드 폴더에 내려받습니다.

3. 다운로드한 압축 파일(`spring-main.zip`)의 압축을 풉니다. 이때 압축 해제된 파일이 위치할 대상 폴더를 지정하거나 현재 디렉터리에 압축을 해제한 후 대상 폴더로 옮길 수 있습니다.

4. 압축을 해제한 폴더로 이동하면 폴더 구성을 확인할 수 있습니다. '예제' 폴더와 '완성프로젝트' 폴더에 각 장별로 예제 코드와 프로젝트가 들어 있습니다.

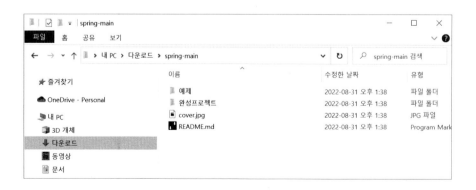

프로젝트를 이 책에서 사용하는 IntelliJ IDEA에 불러오는 방법은 본문의 55쪽 내용을 참고합니다.

편집 서식

이 책의 본문에 사용된 서식은 다음과 같습니다.

- 본문 코드: 본문에서 명령어, 코드, 파일명, 옵션 등과 관련된 사항을 나타냅니다.

> HelloView의 컨트롤러를 생성하겠습니다. src/main/java → com.example.demo를 선택하고 마우스 오른쪽 버튼을 클릭해서 [새로 만들기] → [패키지]를 선택하고 com.example.demo.controller 패키지를 생성합니다. 다시 controller 폴더를 선택하고 마우스 오른쪽 버튼을 클릭해서 [새로 만들기] → [Java 클래스]를 선택한 후 HelloViewController 클래스를 생성합니다(그림 5.9).

- 예제 코드: 실습 가능한 코드 예제를 나타냅니다. 왼쪽의 코드 줄 번호를 통해 본문에서 설명하는 내용과 관련된 코드 라인을 빠르게 확인할 수 있으며, 본문에서 설명하는 내용과 관련된 부분에 색상을 넣어 구분했습니다.

예제 3.10 Greet 인터페이스의 greeting 메서드를 실행하는 메서드

```
001:  /**
002:  * 실행 메서드
003:  */
004:  private void execute() {
005:      greet.greeting();
006:  }
```

- 칼럼: 본문 내용을 이해하는 데 도움이 될 만한 내용을 설명합니다.

> **칼럼 / 타임리프란?**
>
> 타임리프(Thymeleaf)는 데이터와 미리 정의한 템플릿을 바인딩(묶어주는)해서 뷰에 표시할 때 도움을 주는 '템플릿 엔진(Template Engine)'의 한 종류로, 스프링 부트에서 사용하기를 추천하고 있습니다. 여기서 의존 관계에 타임리프를 추가한 이유는 이번 장의 마지막에 설명하겠습니다.

03장 스프링 프레임워크의 핵심 기능 알아보기

04 장 데이터베이스 작업

05 장 MVC 모델 알아보기

06 장 템플릿 엔진 알아보기

09장 애플리케이션 만들기

10장 애플리케이션 만들기

11 장 애플리케이션 만들기(비즈니스 로직 처리)

12장 애플리케이션 만들기(애플리케이션 레이어)

01 장

스프링 프레임워크
알아보기

스프링 프레임워크 개요

이번 장에서는 현재 자바에서 사용되는 주요 프레임워크인 스프링 프레임워크(Spring Framework)에 대해서 자바에 관한 기본 지식을 가지고 있는 사람을 대상으로 가능한 한 쉽게 설명하고자 합니다. 우선 이 책에서 실행할 실습을 위한 개발 환경 구축에 관해 설명합니다. 이번 장을 다 읽은 후에 스프링 프레임워크의 개요를 어느 정도 이해할 수 있기를 바랍니다.

1-1-1 프레임워크란?

먼저 프레임워크란 무엇일까요? 프레임워크(framework)는 쉽게 설명하자면 소프트웨어나 애플리케이션 개발을 간단하게 해주는 뼈대입니다(그림 1.1). 프레임워크의 장점은 프레임워크가 개발에 필요한 최소한의 기능을 제공하기 때문에 자신이 모든 기능을 작성할 필요가 없고, 애플리케이션 개발에 필요한 시간과 비용을 줄일 수 있다는 점입니다.

단점은 프레임워크를 사용한 개발에서는 프레임워크 고유의 사용법을 이해할 필요가 있다는 점입니다.

장점
뼈대 부분이
기본 기능을 제공함

뼈대

단점
뼈대 부분이 제공하는 기능의
사용 방법을 이해할 필요가 있음

그림 1.1 프레임워크의 이미지

1-1-2 스프링 프레임워크란?

스프링 프레임워크는 자바 개발 환경에서 사용되는 프레임워크입니다. 줄여서 스프링이라고도 합니다(그림 1.2).

스프링 프레임워크에서는 개발을 편하게 할 수 있게 여러 가지 기능을 제공합니다. 기능별로 프로젝트가 존재하는데, 다음은 스프링이 제공하는 기능의 일부를 보여줍니다.

그림 1.2 스프링 프레임워크의 구성

○ 스프링 부트(Spring Boot)

　스프링 애플리케이션을 복잡한 설정 없이 빠르게 작성하는 기능을 제공합니다.

○ 스프링 프로젝트

　▪ 스프링 MVC(Spring MVC)

　　웹 애플리케이션을 간단하게 생성하는 기능을 제공합니다.

　▪ 스프링 데이터(Spring Data)

　　데이터 접근에 관한 기능을 제공합니다.

　▪ 스프링 배치(Spring Batch)

　　배치 처리 기능을 제공합니다.

　▪ 스프링 시큐리티(Spring Security)

　　인증/허가 기능을 제공합니다.

○ 스프링 코어

　▪ 스프링 DI(Spring DI)

　　의존성 주입(Dependency Injection) 기능을 제공합니다.

　▪ 스프링 AOP(Spring AOP)

　　관점 지향 프로그래밍(Aspect Oriented Programming) 기능을 제공합니다.

이 책에서 다룰 기능은 스프링 부트, 스프링 MVC, 스프링 데이터, 스프링 DI, 스프링 AOP입니다. 상세한 설명은 각 장에서 하겠습니다. 지금은 그저 스프링 프레임워크는 여러 가지 기능을 제공하는 프레임워크라고 생각하면 됩니다.

개발 환경 준비
(자바)

자바는 프로그래밍 언어 중 하나입니다. 객체지향 프로그래밍(Object-Oriented Programming)이라는 '데이터와 처리'를 클래스로 만들어서 프로그램을 작성하는 방법에 적합하고, 1995년 썬마이크로시스템즈(Sun Microsystems)에서 발표했습니다. 그럼 자바 애플리케이션의 개발 환경인 JDK를 설치하겠습니다.

1-2-1 JDK 설치

JDK는 자바로 개발할 때 필요한 기능을 모아둔 패키지입니다. 정식 명칭은 'Java Development Kit' 입니다.

JDK에는 Oracle JDK, Open JDK, Azul Zulu, BellSoft Liberica JDK 등 여러 종류가 있습니다. 이 책에서는 스프링 공식 사이트(https://spring.io/quickstart)에서 추천하는 BellSoft Liberica JDK를 사용합니다(그림 1.3).

그림 1.3 BellSoft Liberica JDK 추천

01 다운로드

공식 사이트(https://bell-sw.com/)에서 화면을 스크롤해서 내리다 보면 LTS 버전(long-term support)을 다운로드하는 부분이 있습니다. Liberica JDK 11을 클릭해서 다운로드 페이지로 이동합

니다. 사용하는 PC의 운영체제에 맞는 버전을 찾아서 다운로드합니다. 이 책의 경우에는 윈도우 환경에 x86과 MSI로 다운로드하겠습니다.

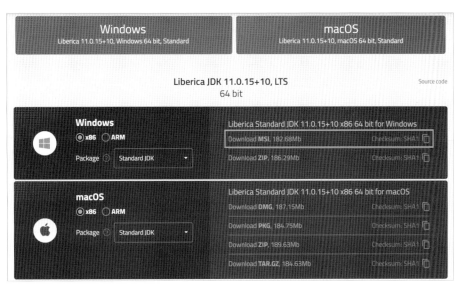

그림 1.4 Liberica JDK 다운로드

02 설치

다운로드가 완료된 `bellsoft-jdk11.0.15+10-windows-amd64.msi`를 더블클릭해서 설치를 진행합니다. 설치 마법사 화면이 나오면 [Next]를 클릭합니다.

그림 1.5 설치 마법사

설치할 경로를 확인하고 [Next]를 클릭합니다(그림 1.6).

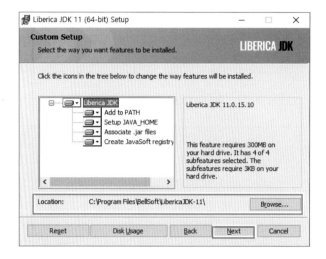

그림 1.6 설치 경로 확인

다음 화면에서 [Install]을 클릭해서 설치 작업을 진행합니다(그림 1.7).

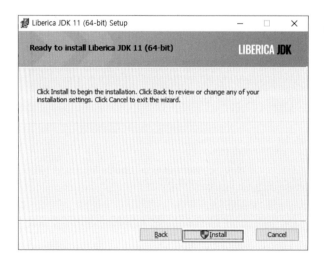

그림 1.7 설치 진행

마지막으로 [Finish]를 클릭해서 설치를 완료합니다(그림 1.8).

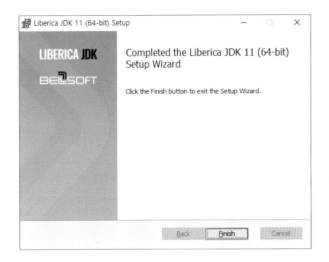

그림 1.8 설치 완료

03) 환경변수 설정 확인

명령 프롬프트를 실행해서 java -version을 입력한 후 [Enter] 키를 누릅니다. 앞에서 설치한 자바의 버전이 표시될 것입니다. 그다음 javac -version을 입력한 후 [Enter] 키를 누릅니다. 설치된 자바 컴파일러의 버전이 표시될 것입니다(그림 1.9). 이것으로 환경변수 경로가 정상적으로 설정된 것을 알 수 있습니다.

```
명령 프롬프트                                              □   ×
Microsoft Windows [Version 10.0.19043.1586]
(c) Microsoft Corporation. All rights reserved.

C:\Users\james>java -version
openjdk version "11.0.15" 2022-04-19 LTS
OpenJDK Runtime Environment (build 11.0.15+10-LTS)
OpenJDK 64-Bit Server VM (build 11.0.15+10-LTS, mixed mode)

C:\Users\james>javac -version
javac 11.0.15

C:\Users\james>
```

그림 1.9 자바 버전 확인

SECTION 1-3

개발 환경 준비
(IDE)

프로그래밍을 편리하게 해주는 도구로 '통합 개발 환경'이 있습니다. 영어로는 'Integrated Development Environment', 줄여서 IDE라고 부릅니다. 이 책에서는 JetBrains 사에서 제작한 상용 자바 통합 개발 환경인 IntelliJ IDEA의 무료 버전인 Community 버전을 사용하겠습니다.

1-3-1 IDE 설치

01 다운로드

JetBrains사의 IntelliJ IDEA 페이지(https://www.jetbrains.com/ko-kr/idea/)에 접속합니다. 화면에서 [다운로드] 버튼을 찾아서 클릭합니다. 2개의 버전이 표시되는데, Ultimate는 유료 버전이고 Community는 무료 버전입니다. 자신의 운영체제 환경에 맞게 탭을 선택한 후 Community 버전을 다운로드합니다.

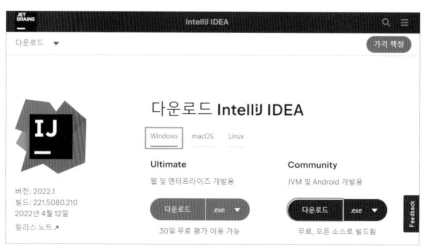

그림 1.10 Community 버전 다운로드

02 설치하기

다운로드한 파일을 더블클릭하여 설치를 시작합니다. 설치 마법사가 표시되면 [Next]를 클릭해서 진행합니다.

그림 1.11 IntelliJ IDEA 설치

설치 경로를 확인하고 [Next]를 클릭해서 계속 진행합니다. 설치 옵션을 특별히 변경할 필요 없이 계속 진행하면 쉽게 설치가 됩니다.

설치가 완료되면 'Run IntelliJ IDEA Community Edition'을 체크하고 [Finish] 버튼을 클릭합니다 (그림 1.12).

그림 1.12 IntelliJ IDEA 설치 완료

처음 실행하면 약관 동의 화면이 표시됩니다. 동의한다고 체크하고 [Continue]를 클릭합니다(그림 1.13).

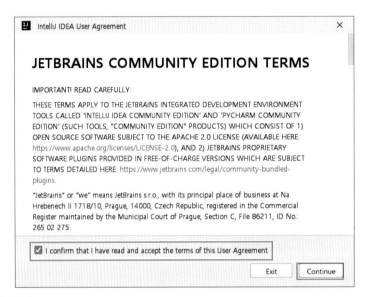

그림 1.13 사용자 약관 동의

설치가 완료되면 다음 그림과 같은 초기 화면이 표시됩니다(그림 1.14).

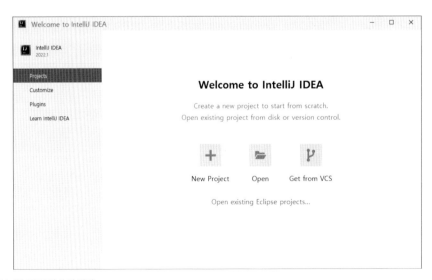

그림 1.14 IntelliJ IDEA의 초기 화면

03 **초기 설정**

우선 IntelliJ IDEA의 한글화를 하겠습니다. IntelliJ IDEA 화면 왼쪽 메뉴 중에서 [Plugins]를 클릭합니다. 중앙 상단에 표시되는 검색 폼에 'korean'을 입력해서 검색합니다. 검색 결과에서 'Korean Language Pack / 한국어 언어 팩'을 선택하고 [Install]을 클릭해서 설치합니다(그림 1.15).

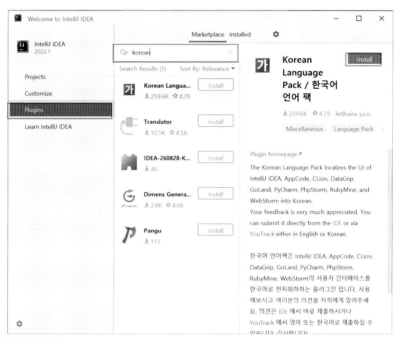

그림 1.15 한국어 언어 팩 설치

설치가 완료되고 나서 'Restart IDE'를 클릭해서 IntelliJ IDEA를 재기동하면 다음 그림과 같이 메뉴가 한글로 표시됩니다 (그림 1.16).

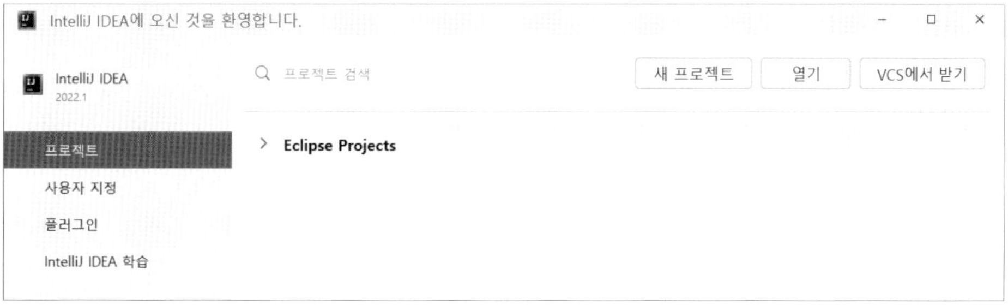

그림 1.16 한국어 언어 팩이 설치된 모습

다음으로 [새 프로젝트]를 클릭해서 이름, 위치 등을 설정한 후 [생성]을 클릭해서 프로젝트를 생성합니다(그림 1.17).

그림 1.17 새 프로젝트 생성

프로젝트 생성이 완료된 화면은 다음과 같습니다(그림 1.18).

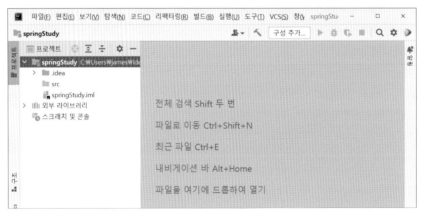

그림 1.18 새 프로젝트가 생성된 모습

04 **JDK 설정 확인**

IntelliJ IDEA에서 새 프로젝트를 생성할 때 JDK를 지정해서 생성했습니다. 자신의 PC에 자바 버전이
여럿 있으면 어떤 버전으로 컴파일하는지 명확하게 할 필요가 있습니다. [파일] → [프로젝트 구조] 메뉴
에서 현재 사용 중인 SDK 확인이 가능합니다. SDK는 Software Development Kit의 약자로 자바뿐
만 아니라 다른 개발 도구를 통칭해서 부를 때 사용합니다. 여기서는 JDK로 생각하면 됩니다. SDK가
BellSoft Liberica version 11.x.xx로 표시되어 있으면 정상입니다. 여러 버전이 설치되어 있는 경우
에는 아래 화살표를 클릭해서 원하는 버전을 선택합니다.

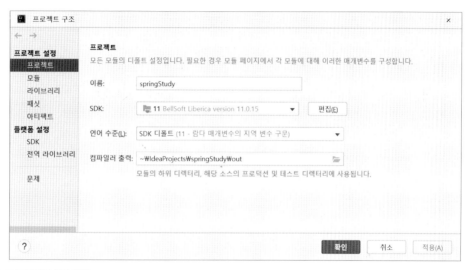

그림 1.19 프로젝트 구조 확인

이것으로 IntelliJ IDEA가 준비되었습니다.

SECTION 1-4

개발 환경 준비 (PostgreSQL)

데이터베이스를 간단하게 표현하면 데이터를 보관하는 장소입니다. 이 책에서는 데이터베이스로 PostgreSQL을 사용합니다. PostgreSQL은 오픈소스 관계형 데이터베이스 시스템(Relational Database Management System, 줄여서 RDBMS)입니다. PostgreSQL은 오픈소스 라이선스 중에서 가장 자유로운 라이선스를 가지고 있어서 어떤 용도로도 자유롭게 사용할 수 있습니다.

1-4-1 PostgreSQL 설치

01 다운로드

브라우저에서 PostgreSQL 다운로드 페이지(https://www.postgresql.org/download/)로 이동합니다. 사용 중인 운영체제에 맞는 다운로드 링크를 찾아서 선택합니다.

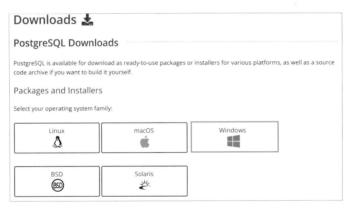

그림 1.20 PostgreSQL 다운로드

화면에서 'Download the installer'를 클릭합니다.

그림 1.21 설치 파일 받기

이 책의 집필 시점에 최신 버전인 14.2를 다운로드합니다. 현재 사용 중인 PC가 최신 버전을 지원하지 않는 경우에는 다른 하위 버전을 다운로드해도 괜찮습니다.

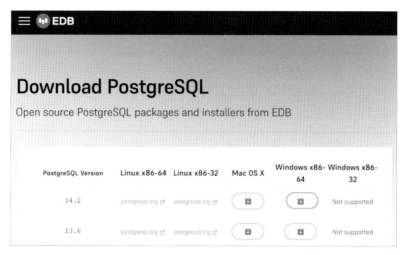

그림 1.22 PostgreSQL 최신 버전 다운로드

02   설치

다운로드한 `postgresql-14.x-x-windows-x64.exe`를 더블클릭해서 설치를 시작합니다. 'Microsoft Visual C++ 런타임'이 설치되어 있지 않은 경우에는 자동으로 먼저 설치됩니다. 설치는 기본값으로 두고 [Next]를 클릭하면서 진행합니다. 설치 진행 중 Postgre 데이터베이스 관리자 패스워드 설정에서 적절한 패스워드를 입력하고 진행합니다. 설정한 패스워드는 나중에 접속할 때 필요하므로 반드시 기억해 두세요. 포트 번호는 기본값인 5432를 사용하면 됩니다.

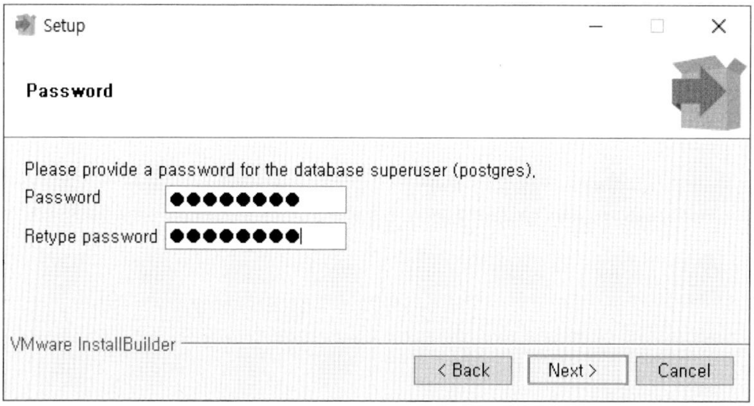

그림 1.23 관리자 패스워드 설정

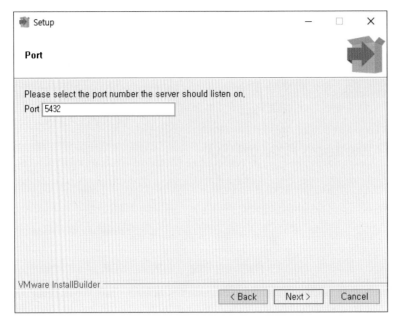

그림 1.24 **포트 번호 설정**

로캘 설정은 'Korean, Korea'를 선택하고 [Next] 버튼을 클릭해서 설치를 완료합니다.

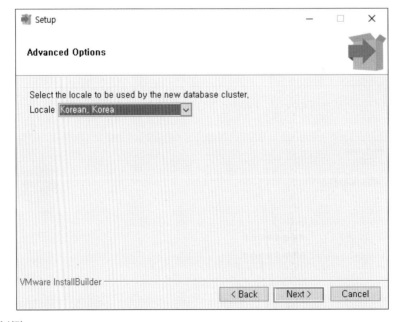

그림 1.25 **로캘 설정**

PostgreSQL의 설치가 완료되면 Stack Builder가 자동으로 실행됩니다. 선택 박스에서 'PostgreSQL 14…'를 선택하고 [Next]를 클릭하면 Stack Builder에 추가할 애플리케이션을 선택하는 화면이 나옵니다. 그러면 'Database Server' → 'PostgreSQL(64 bit) v14.x.x (installed)'를 체크하고 [Next] 버튼을 클릭합니다.

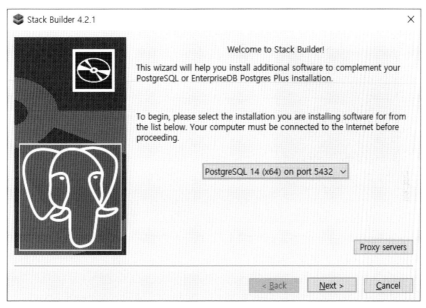

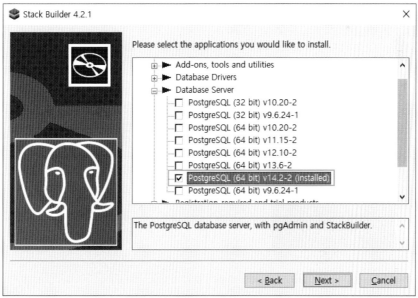

그림 1.26 Stack Builder 설정 ①

Stack Builder 설치가 완료되면 Setup Wizard 화면이 나옵니다. 특별한 변경 없이 [Next] 버튼을 클릭해서 설정을 진행합니다.

그림 1.27 Stack Builder 설정 ②

설치 마지막 화면에 컴포넌트를 추가하는 체크박스가 있습니다. 추가할 필요가 없기 때문에 체크 표시를 없애고 [Finish]를 클릭해 완료합니다. 완료 후 윈도우 PC의 경우에는 재시작해야 합니다.

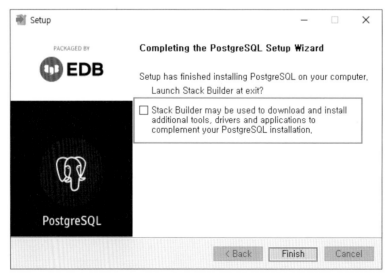

그림 1.28 Stack Builder 설정 ③

이 책에 대한 보충 설명

각 기능에 대해 설명하는 단원은 다음과 같습니다.

- 스프링 부트는 3장 '스프링 프레임워크의 핵심 기능 알아보기' 이후에 만드는 프로그램에 사용됩니다.

- 스프링 DI, 스프링 AOP에 대해서는 3장 '스프링 프레임워크의 핵심 기능 알아보기'에서 설명합니다.

- 스프링 데이터에 대해서는 4장 '데이터베이스 작업'에서 설명합니다.

- 스프링 MVC에 대해서는 5장 'MVC 모델 알아보기'에서 설명합니다.

칼럼 / 공부 중 혼란스러울 때의 대처 방법

IT 강사로 일했을 때 수강자들이 IT 공부를 할 때 외래어가 너무 많이 나와서 무엇이 무엇인지 몰라 혼란에 자주 빠진다고 고백하는 경우가 있었습니다.

이런 일이 발생했을 때는 모르는 말, 낯선 말을 무리하게 기억할 필요는 없습니다. 자신이 잘 알고 있는 친숙한 사건이나 알고 있는 것 등에 모르는 말, 낯선 말을 대입해서 이해하는 방법을 사용해 보세요. 이렇게 하는 것으로 모르는 말, 낯선 말의 내용이 조금 더 이해하기 쉬워지고 자연스럽게 모르는 말, 낯선 말도 자신이 알고 있는 무엇과 비슷한 것이라고 느낄 수 있습니다. 낯선 외래어가 나와서 혼란스러울 때 꼭 한번 시도해 보세요.

02장

기초 지식 배우기

자바 기초 지식 복습

이번 장에서는 스프링 프레임워크에 대해 자세히 설명하기 전에, 실습할 때 꼭 필요한 자바의 기초 지식으로 인터페이스(Interface)와 리스트(List)에 관해 설명하겠습니다. 이미 알고 있는 사람은 복습이라고 생각해주세요.

2-1-1 인터페이스란?

자바에서 클래스에 포함하는 메서드의 구체적인 내용을 작성하지 않고 상수와 메서드 타입만 정의한 것을 말합니다. 인터페이스를 사용하는 메서드에 관해서는 '3-2-3 인터페이스 의존'에서 설명하기로 하고 여기서는 인터페이스의 구문에 대해 설명하겠습니다.

☐ 인터페이스 선언하기

인터페이스를 선언할 때는 **interface** 키워드를 사용합니다(예제 2.1).

예제 2.1 인터페이스 선언

```
001:  public interface Greet {
002:      /**
003:      * 인사하기
004:      */
005:      void greeting();
006:  }
```

인터페이스는 다른 클래스에서 구현하는 것을 전제로 만들어집니다. 그 때문에 인터페이스를 선언한 메서드는 암묵적으로 **public abstract** 접근 제어자(access modifier)가 붙은 추상 클래스라고 불립니다(예제 2.2). 예제 2.1의 인터페이스 선언과 예제 2.2의 암묵적 접근 제어자는 같은 의미를 가집니다.

예제 2.2 암묵적 접근 제어자

```
001:  public interface Greet {
002:      /**
003:      * 인사하기
004:      */
005:      public abstract void greeting();
006:  }
```

또한 인터페이스에 변수를 선언한 경우는 암묵적으로 public static final 한정자가 붙어서 상수가 됩니다.

인터페이스 구현하기

인터페이스를 구현할 때는 implements 키워드를 사용합니다. 또한 인터페이스로 정의되는 추상 메서드를 모두 구현할 필요가 있어 구현하지 않는 경우에는 컴파일 에러가 발생합니다. 인터페이스의 추상 메서드는 암묵적으로 public abstract 한정자가 붙기 때문에 구현할 때는 public을 선언해 둘 필요가 있습니다(예제 2.3).

예제 2.3 인터페이스 구현

```
001:  public class MorningGreet implements Greet {
002:      @Override
003:      public void greeting() {
004:          System.out.println("좋은 아침입니다");
005:      }
006:  }
```

2번째 줄의 @Override 어노테이션은 슈퍼 클래스나 인터페이스의 메서드를 상속 혹은 구현하는 클래스에서 재정의하는 것을 말합니다. 즉, @Override를 메서드에 부여하는 것으로 "이것은 재정의(Override)된 메서드입니다. 만약 재정의되어 있지 않으면 에러가 발생합니다."라는 것을 알려줍니다.

2-1-2   리스트란?

자바에는 여러 개의 데이터를 취급하는 기능으로 배열이 있습니다. 배열은 길이가 정해져 있기 때문에 요소를 추가하거나 삭제하기가 어렵다는 단점이 있습니다.

자바에서는 복수의 데이터를 더 쉽게 사용할 수 있게 하는 컬렉션(Collection)이라는 클래스를 제공합니다. 컬렉션의 종류와 용도는 표 2.1과 같이 3종류로 나눌 수 있습니다.

표 2.1 컬렉션의 종류

종류(인터페이스)	개요
리스트(List)	순서대로 데이터를 저장. 데이터의 중복을 허용
세트(Set)	순서를 유지하지 않는 집합. 중복을 허용하지 않음
맵(Map)	키와 값의 쌍으로 이루어진 데이터 집합. 순서는 유지되지 않고 키의 중복을 허용하지 않으며 값의 중복을 허용

이러한 컬렉션의 모음을 컬렉션 프레임워크라고 합니다. 컬렉션 프레임워크는 다양한 인터페이스와 구현 클래스로 구성됩니다. 여기서는 나중에 사용할 리스트(List)에 관해 설명합니다.

리스트의 개요

List는 컬렉션 프레임워크에서 제공하는 인터페이스입니다. 여러 데이터를 순서대로 정렬하여 저장할 때 사용합니다. 실제로 사용할 때는 List 인터페이스를 구현한 클래스를 사용합니다.

표 2.2에 주요 구현 클래스를 소개합니다.

표 2.2 'List 인터페이스'의 구현 클래스

구현	개요
ArrayList	List 인터페이스의 구현 클래스에서 가장 많이 사용됩니다. 요소를 배열로 유지하기 때문에 요소의 검색을 고속으로 처리할 수 있지만, 요소의 수가 많아지면 추가/삭제를 처리하는 데 시간이 걸립니다.
LinkedList	요소끼리 전후 양방향의 링크로 참조하는 리스트 구조를 이용해 관리하기 때문에 요소의 추가나 삭제가 ArrayList보다 빠릅니다. 그러나 특정 요소 검색과 같은 인덱스 값에 의한 무작위 액세스에는 적합하지 않습니다.

2-1-3 리스트 프로그램 만들기

여러 개의 String 타입 요소를 준비해 리스트의 동작 방식을 확인할 수 있는 프로그램을 만들어 보겠습니다.

01 프로젝트 생성

IntelliJ IDEA를 실행한 후 상단 메뉴의 [파일] → [새로 만들기] → [프로젝트]를 선택합니다(그림 2.1).

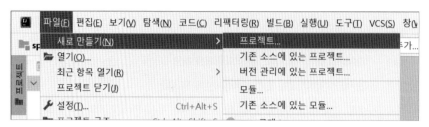

그림 2.1 프로젝트 생성

프로젝트 이름에 'ListSample'을 입력하고 언어는 'Java', JDK는 '11 BellSoft Liberica…'가 선택된 것을 확인하고 [생성] 버튼을 클릭합니다(그림 2.2).

그림 2.2 새 프로젝트 생성

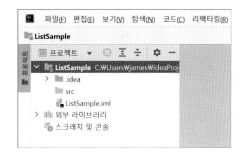

그림 2.3 프로젝트 생성 완료

02 패키지 생성

ListSample의 src 폴더를 선택하고 마우스 오른쪽 버튼을 클릭해서 [새로 만들기] → [패키지]를 선택합니다(그림 2.4).

그림 2.4 패키지 생성

새 패키지 화면에 'chapter02'를 입력하고 엔터 키를 칩니다(그림 2.5).

그림 2.5 패키지명 입력

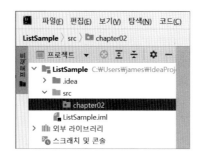

그림 2.6 패키지 생성 완료

03 클래스 생성

chapter02 패키지를 선택하고 마우스 오른쪽 버튼을 클릭해서 [새로 만들기] → [Java 클래스]를 선택합니다(그림 2.7).

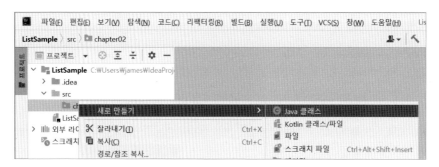

그림 2.7 클래스 생성

새 Java 클래스 생성 화면에서 'ListExercise'라는 클래스명을 입력하고 엔터 키를 칩니다(그림 2.8).

새 Java 클래스
ⓒ ListExercise
ⓒ 클래스
① 인터페이스
ⓔ 열거형
@ 어노테이션

그림 2.8 클래스 생성

예제 2.4와 같이 **ListExercise** 클래스의 내용을 변경합니다.

예제 2.4 ListExercise 클래스

```
001: package chapter02;
002:
003: import java.util.ArrayList;
004: import java.util.List;
005:
006: public class ListExercise {
007:     public static void main(String[] args) {
008:         // String 타입을 저장할 List를 준비
009:         List<String> names = new ArrayList<>();
010:
011:         // String 타입의 데이터 넣기
012:         names.add("홍길동");
013:         names.add("김선비");
014:         names.add("James");
015:
016:         // for문으로 데이터를 하나씩 출력
017:         for (String name : names) {
018:             System.out.println(name);
019:         }
020:     }
021: }
```

04 실행

자바 파일 ListExercise를 선택하고 마우스 오른쪽 버튼을 클릭해서 "실행 'ListExercise.main()'(U)"를 선택해서 실행합니다(그림 2.9).

그림 2.9 자바 애플리케이션 실행

ListExercise의 `main` 메서드가 실행되어 콘솔에 이름이 순서대로 표시되는 것을 확인할 수 있습니다(그림 2.10).

그림 2.10 ListExercise 실행 결과

이처럼 여러 개의 `String` 타입 요소를 취급하는 List의 동작 방식을 확인할 수 있습니다. 중요한 부분은 List에 넣을 수 있는 형태를 제한하는 '제네릭(Generic)'입니다. 아래에서 `<String>` 부분을 제네릭이라고 합니다.

```
List<String> names = new ArrayList<>();
```

List는 여러 데이터를 다룰 때 자주 사용합니다. 그리고 제네릭은 List를 사용할 때 대부분 함께 사용됩니다.

칼럼 ╱ List의 개념잡기

List를 생각할 때 필자는 빌딩을 생각합니다. 빌딩의 각 층에는 제네릭으로 지정한 종류의 상점이 입주하고, 각 층에 상점이 입주할 때마다 빌딩의 층수가 점점 높아진다고 생각합니다(그림 2.A).

1층에는 편의점, 2층에는 커피숍과 같이 '층과 상점'을 묶을 수 있습니다. 현실 세계와 다른 것은 빌딩의 층수는 지상 1층에서 시작하지만, List라는 빌딩은 0층부터 시작한다는 점입니다.

List에서의 층을 인덱스(요소 번호)라고 하고, 상점을 요소라고 합니다.

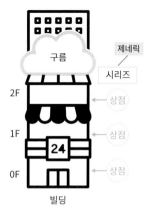

그림 2.A List의 이미지

SECTION 2-2 웹 애플리케이션 만들기의 필수 지식 확인

이 책에서는 스프링 프레임워크를 사용해 웹 애플리케이션을 만들어 가지만 웹 애플리케이션을 만들 때는 유감스럽게도 프로그래밍 언어(이 책에서는 자바) 이상의 지식이 필요합니다. 그것을 보완하기 위해 '웹 애플리케이션 만들기의 필수 지식'에 대해 설명하겠습니다. 이미 알고 있는 사람은 복습이라고 생각해주세요.

2-2-1 클라이언트와 서버

우선 클라이언트와 서버의 관계를 생각해 봅시다. 그림 2.11에서 볼 수 있듯이 클라이언트는 서비스를 요청하는 쪽이고 서버는 서비스를 제공하는 쪽입니다. 서버가 서비스를 제공해 그 서비스를 클라이언트가 사용하는 관계입니다.

그림 2.11 클라이언트와 서버

2-2-2 브라우저

브라우저란 인터넷을 사용할 때 이용하는 소프트웨어입니다. 대표적인 브라우저는 다음과 같습니다.

- 구글 크롬(Google Chrome)
- 파이어 폭스(Firefox)
- 마이크로소프트 엣지(Microsoft Edge)
- 인터넷 익스플로러(Internet Explorer)
- 사파리(Safari)

2-2-3 애플리케이션과 웹 애플리케이션

애플리케이션(응용 프로그램)은 응용 프로그램 소프트웨어의 약어입니다. 즉, 프로그래밍 언어로 작성한 소프트웨어입니다.

웹 애플리케이션(웹 응용 프로그램)은 인터넷을 통해 사용되는 응용 프로그램입니다. 검색 엔진, e-커머스, e-러닝 등 많은 응용 프로그램이 웹 응용 프로그램으로 세상에 제공되고 있습니다.

2-2-4 웹 서버

웹 서버는 웹 애플리케이션을 배포하는 서버입니다. 웹 서버는 항상 실행되며 클라이언트로부터 액세스(요청)를 계속 기다립니다(그림 2.12).

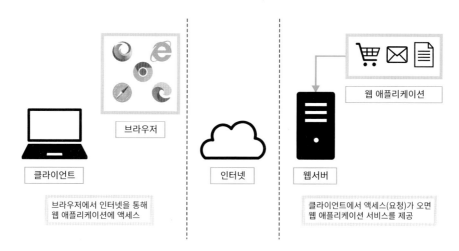

그림 2.12 클라이언트와 웹 서버

2-2-5 HTTP 통신(프로토콜)

클라이언트와 웹 서버는 HTTP 요청(request)과 HTTP 응답(response)으로 상호작용합니다. 이를 HTTP 통신이라고 합니다. 클라이언트의 요청에 대해 웹 서버가 응답하게 됩니다.

HTTP 통신의 흐름은 다음과 같습니다(그림 2.13).

그림 2.13 HTTP 통신의 흐름

① 클라이언트가 브라우저에 URL을 입력합니다.

② 클라이언트에서 웹 서버로 HTTP 요청이 전송됩니다.

③ 웹 서버는 HTTP 요청을 받아 HTTP 요청에 해당하는 HTTP 응답을 클라이언트에게 반환합니다.

④ 브라우저는 받은 응답을 표시하고 클라이언트가 이를 확인합니다.

2-2-6 GET 메서드와 POST 메서드

GET 메서드와 POST 메서드는 HTTP 요청의 한 유형입니다.

GET 메서드란 브라우저에서 웹 서버로 값을 전달할 때 URL 뒤에 값을 더하여 보내는 방식입니다. URL 뒤에 오는 정보를 '쿼리 스트링(query string)' 또는 '쿼리 문자열'이라고 합니다. 쿼리 스트링의 특징은 다음 3가지입니다.

- URL 끝에 '?'가 붙어 쿼리 스트링의 시작을 나타냅니다. (예: `domain.com/?`)

- 형식은 '이름 = 값'입니다. (예: `domain.com/?name=value`)

- 여러 값을 전달하려면 '&'로 연결합니다. (예: `domain.com/?name=value&tel=010`)

PC의 브라우저를 실행해서 구글 검색 화면에서 아무것이나 검색을 실행해 보세요. 주소 표시줄에서 쿼리 스트링을 볼 수 있을 것입니다. 하지만 쿼리 스트링은 많은 양의 값을 보내기에 적합하지 않습니다.

POST 메서드란 브라우저로부터 웹 서버에 값을 보낼 때 '요청 본문(request body)'이라고 하는 URL에는 보이지 않는 장소에 값을 넣어서 보내는 방법입니다. e-커머스 사이트 등에서 개인정보를 등록할 때 입력한 내용을 URL에 표시하고 싶지 않을 경우에 POST 메서드가 사용됩니다. 또한 POST 메서드는 많은 양의 값을 보내는 데 적합합니다.

칼럼 / GET 메서드와 POST 메서드의 차이

GET 메서드와 POST 메서드의 차이는 그 명칭으로부터 추측할 수 있습니다.

GET은 '받는다'라는 의미가 있고 POST는 '보낸다'라는 의미가 있습니다. 즉, GET은 지정한 URL에 대한 내용을 받기 위한 메서드, POST는 지정한 URL에 입력 정보를 보내기 위한 메서드로 생각할 수 있습니다(그림 2.B).

GET 메서드와 POST 메서드의 차이는 '브라우저의 즐겨찾기에 등록할 수 있는가?'라는 예로 자주 설명됩니다.

GET 메서드는 URL에 연결해 데이터를 송신하기 때문에 '즐겨찾기'에 등록하는 URL 자체에 쿼리 스트링으로 검색 데이터를 포함할 수 있지만, POST 메서드는 검색 데이터를 요청 본문에 저장하기 때문에 '즐겨찾기'에 등록할 수 없습니다.

POST 메서드로 요청을 보내려면 HTML의 `<form>` 태그 속성에서 `method=POST`를 지정해야 합니다.

브라우저의 주소 표시줄에 URL을 직접 입력하는 것과 브라우저의 즐겨찾기에서 URL에 액세스하는 것은 GET 메서드로 요청을 보냅니다.

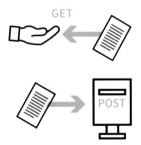

그림 2.B GET과 POST

개발에 사용하는 편리한 라이브러리와 도구

이번에는 애플리케이션 개발을 훨씬 편리하게 하는 라이브러리와 도구를 소개합니다. 편리한 라이브러리와 도구를 사용하면 번거로운 작업으로부터 해방될 수 있습니다. 편리한 라이브러리인 'Lombok'과 빌드 도구인 'Gradle'을 소개합니다.

2-3-1 Lombok이란?

프로그램의 세계에서는 편리한 프로그램을 모아 모듈화한 것을 '라이브러리'라고 합니다. Lombok(롬복)은 그런 라이브러리의 하나입니다.

자바 엔지니어라면 한 번쯤은 이클립스의 기능을 사용하여 'setter/getter'를 자동으로 생성한 적이 있을 것입니다. 이 기능은 편리하지만 필드를 추가하거나 변경, 삭제하면 자동 생성을 다시 수행해야 합니다. Lombok을 사용하면 getter나 setter 등의 코드를 작성하지 않아도 자동으로 구현해 줍니다. 매우 편리하기 때문에 자주 사용됩니다.

'1-3-1 IDE 설치'에서 설치한 IntelliJ IDEA에는 기본으로 Lombok이 추가되어 있습니다. IntelliJ IDEA에 추가된 Lombok을 확인하려면 [파일] → [설정] → [플러그인]에서 Lombok을 검색하면 확인할 수 있습니다(그림 2.14).

Lombok의 사용법에 대해서는 뒤에서 설명하겠습니다.

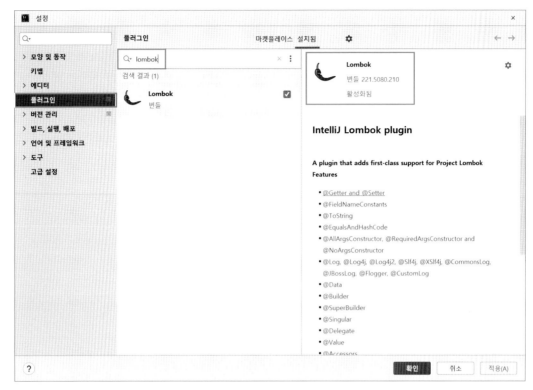

그림 2.14 Lombok 확인

2-3-2 Gradle이란?

Gradle(그레이들)은 빌드 도구입니다. 최근에는 자바 개발의 표준이 되고 있습니다. 빌드란 '요구된 실행 환경에서 동작할 수 있는 형식에 애플리케이션이나 라이브러리를 조립하는 것'을 말합니다.

빌드 도구는 다음의 반복적인 작업을 자동화합니다.

- 필요한 라이브러리를 리포지토리(라이브러리가 저장되어 있는 곳)에서 다운로드합니다.

- 소스코드를 컴파일합니다.

- 테스트를 실행하여 보고서를 출력합니다.

- 클래스 파일의 아카이브(여러 파일이나 폴더를 하나로 정리하는 것)를 생성합니다.

- 아카이브를 스테이징 환경(프로덕션 환경에 가까운 환경) 등에 배포합니다.

이 책에서는 Gradle의 사용법은 깊게 다루지 않지만 실습으로 빌드 파일인 `build.gradle`에서 설정해서 필요한 라이브러리를 다운로드합니다.

여기서는 Gradle은 빌드 파일에 설정을 작성하는 것으로 여러 가지 작업을 자동으로 해주는 편리한 도구라고 생각하면 됩니다.

이것으로 스프링 프레임워크를 설명하기 위한 준비가 완료됐습니다. 다음 장에서는 드디어 스프링 프레임워크의 핵심 기능에 관해 설명합니다.

스프링 프레임워크의
핵심 기능 알아보기

스프링 프레임워크의 핵심 기능

드디어 이번 장부터 스프링 프레임워크에 관해 설명합니다. 스프링 프레임워크에는 두 가지 핵심 기능이 있습니다. 스프링 프레임워크는 애플리케이션 전체에 이 두 가지 기능을 제공함으로써 생산성/유지보수성이 높은 애플리케이션 구축을 가능하게 합니다. 이번 장에서는 핵심이 되는 두 가지 기능의 개요를 설명합니다.

3-1-1 의존성 주입

첫 번째 기능은 의존성 주입(Dependency Injection)으로, 약어로 DI입니다. 의존성 주입은 '의존하는 부분을 외부에서 주입하는 것'을 말합니다. 도대체 무엇이 무엇에 의존하고 무엇을 밖에서 주입할까요? 자세한 설명은 사용법을 포함해서 '3-2 DI 컨테이너 알아보기'에서 설명합니다. 지금은 DI는 '프로그램에서 의존 부분을 외부에서 주입한다' 정도로 이해하면 됩니다(그림 3.1).

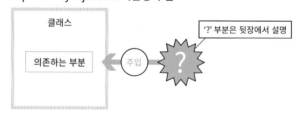

그림 3.1 의존성 주입

3-1-2 관점 지향 프로그래밍

두 번째 기능은 관점 지향 프로그래밍(Aspect Oriented Programming)으로, 약어로는 AOP입니다. AOP에서는 프로그램이 다음 두 가지 요소로 구성된다고 생각합니다.

- 중심적 관심사(Primary Concern): 실현해야 할 기능을 나타내는 프로그램

- 횡단적 관심사(Crosscutting-Concerns): 본질적인 기능은 아니지만 품질이나 유지보수 등의 관점에서 반드시 필요한 기능을 나타내는 프로그램

AOP를 간단히 설명하면 공통 처리 등의 '횡단적 관심사'를 추출하고 프로그램의 여러 곳에서 호출할 수 있게 설정함으로써 개발자는 실현해야 할 기능인 '중심적 관심사'에만 집중해서 작성하면 되는 구조입니다(그림 3.2). 자세한 설명과 사용법은 '3-4 관점 지향 프로그래밍의 기초 지식'에서 설명하겠습니다.

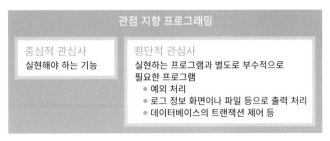

그림 3.2 관점 지향 프로그래밍

칼럼 / AOP의 개념

필자가 AOP를 처음 이해했을 때 생각한 것은 '회식'입니다.

'먹고 마시는 것'을 '중심적 관심사'라고 한다면 '가게의 선정이나 인원수 조정'이나 '정산'을 '횡단적 관심사'라고 생각했습니다. 누구나 가능하면 '먹고 마시는 것'만 하고 싶어 하지만 그 외의 작업도 누군가는 해야 하는데, 그 일을 편하게 해주는 역할을 하는 것이 AOP라고 생각했습니다.

DI 컨테이너 알아보기

DI 컨테이너란 의존성 주입(Depedency Injection), 줄여서 DI의 실현을 돕는 프레임워크입니다. DI 컨테이너를 설명하기 전에 자바의 의존성에 대해 이해하고 넘어가겠습니다.

3-2-1 의존성

어떤 프로그램에 '사용하는 객체'와 '사용되는 객체'의 관계가 있다고 가정하겠습니다(그림 3.3).

사용하는 객체	사용되는 객체

그림 3.3 '사용하는 객체'와 '사용되는 객체'

설명을 위해 '사용하는 객체'를 A 클래스라고 하고 '사용되는 객체'를 B 클래스라고 하겠습니다.

A 클래스에서 B 클래스를 사용하려면 new 키워드를 이용해 B 클래스의 인스턴스를 생성하고 B 클래스의 메서드를 사용하게 됩니다. 이때 B 클래스에서 구현했던 메서드를 변경하면 그 영향으로 A 클래스에서도 해당 메서드를 변경해야 합니다. 이런 관계를 'A 클래스는 B 클래스에 의존한다'라고 합니다.

의존에는 다음 두 가지 유형이 있습니다.

- 클래스 의존(구현 의존)
- 인터페이스 의존

3-2-2 클래스 의존

우선은 클래스에서의 의존성을 설명하겠습니다.

'사용하는 객체'인 A 클래스에서 '사용되는 객체'인 B 클래스의 `methodX` 메서드를 호출하는 경우를 예로 들어보겠습니다(그림 3.4).

- A 클래스에서 `new` 키워드를 사용하여 B 클래스의 인스턴스를 생성합니다.

- 인스턴스에서 `methodX` 메서드를 호출합니다.

그림 3.4 클래스 의존에서 인스턴스 생성과 메서드 호출

설계가 변경돼서 '사용되는 객체'를 새롭게 생성된 C 클래스로 변경하고 `methodY` 메서드를 호출하도록 변경해야 합니다(그림 3.5).

그림 3.5 클래스 의존에서 '사용되는 객체' 클래스를 변경

여러분이라면 어떻게 A 클래스의 `xxx` 메서드를 수정하겠습니까? 아마 다음과 같이 변경할 것이라 생각합니다(그림 3.6).

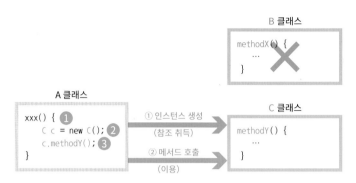

그림 3.6 클래스 의존에서 '사용하는 객체' 클래스의 세 군데를 수정

A 클래스를 세 군데 수정했습니다. 이처럼 '사용하는 객체' 클래스에서 '사용되는 객체' 클래스의 타입을 직접 지정해 버리면 '사용되는 객체' 클래스를 변경할 경우 이를 이용하고 있는 곳을 모두 수정해야 합니다. 한두 군데라면 문제가 없겠지만 수정한 부분이 늘어나면 실수가 발생할 위험이 높아질 것입니다.

또한 만약 수정할 곳이 10군데, 100군데 있을 경우 수정 작업과 수정에 의한 동작을 테스트하는 데 걸리는 시간이 기하급수적으로 늘어날 것입니다.

3-2-3 인터페이스 의존

다음은 인터페이스 의존에 관해 설명하겠습니다.

I 인터페이스가 있고 그것을 구현한 '사용되는 객체'인 B 클래스가 있습니다. '사용하는 객체'인 A 클래스에서 B 클래스의 methodX 메서드를 호출합니다(그림 3.7).

- A 클래스에서 new 키워드를 사용하여 B 클래스의 인스턴스를 생성합니다.
- 인스턴스에서 methodX 메서드를 호출합니다.

주의할 점은 A 클래스에서는 인터페이스로 추상화된 I를 이용한다는 것입니다!

그림 3.7 인터페이스에 의존하는 인스턴스의 생성 및 메서드 호출

또 설계 변경이 발생해서 '사용되는 객체' 클래스를 변경하게 되었습니다(그림 3.8). 새롭게 작성된 '사용되는 객체' C 클래스(I 인터페이스를 구현)를 호출해 methodX 메서드를 호출하도록 변경하겠습니다.

그림 3.8 인터페이스에 의존하는 '사용되는 객체' 클래스의 변경

여러분이라면 A 클래스의 xxx 메서드를 어떻게 수정하겠습니까? 필자라면 다음과 같이 수정할 것입니다(그림 3.9).

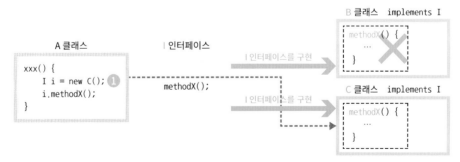

그림 3.9 인터페이스에 의존하는 '사용하는 객체' 클래스의 한 곳을 수정

이번에는 한 곳만 수정했습니다. 이처럼 인터페이스를 구현한 '사용되는 객체' 클래스를 변경하는 경우 다음과 같은 이점이 있습니다.

- 인터페이스는 참조를 받는 유형으로 사용할 수 있으므로 변수의 이름을 변경하지 않아도 됩니다.

- 인터페이스가 선언된 메서드를 이용하면 클래스가 바뀌어도 메서드명을 변경하지 않아도 됩니다.

이러한 이점 때문에 클래스 의존보다 인터페이스 의존을 사용하는 것으로 수정할 곳을 줄일 수 있습니다.

3-2-4 인터페이스에 의존하는 프로그램 만들기

'계산 처리' 역할을 하는 인터페이스와 인터페이스를 구현한 '더하기'와 '빼기' 처리를 하는 클래스를 각각 만들어서 인터페이스 의존의 동작 방식을 확인해 보겠습니다.

01 프로젝트 생성

IntelliJ IDEA를 실행한 후 [파일] → [새로 만들기] → [프로젝트]를 선택합니다(그림 3.10).

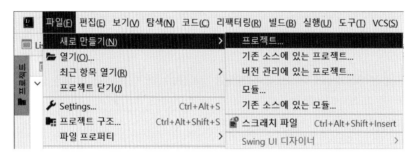

그림 3.10 새 프로젝트 생성

프로젝트 이름으로 'InterfaceSample'을 입력한 후 [생성]을 클릭해서 프로젝트를 만듭니다(그림 3.11).

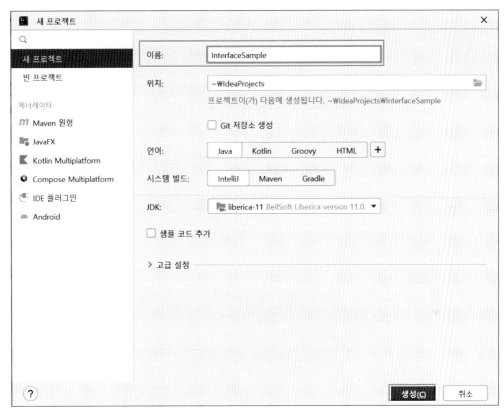

그림 3.11 프로젝트명 입력

그림 3.12 프로젝트 생성 완료

02 패키지 생성

InterfaceSample 프로젝트의 **src** 폴더를 선택한 후 마우스 오른쪽 버튼을 클릭해서 [새로 만들기] →
[패키지]를 선택합니다(그림 3.13).

그림 3.13 패키지 생성

새 자바 패키지명으로 'chapter03.used'를 입력한 후 엔터 키를 칩니다(그림 3.14).

그림 3.14 패키지명 입력

03 인터페이스와 구현 클래스 생성

'chapter03.used' 패키지를 선택한 후 마우스 오른쪽 버튼을 클릭해서 [새로 만들기] → [Java 클래스] 를 선택합니다.

자바 클래스 생성 화면에서 타입을 '인터페이스'로 선택하고 인터페이스명으로 'Calculator'를 입력합니다(그림 3.15).

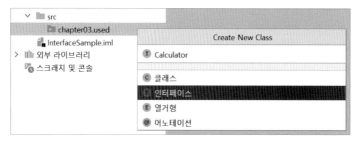

그림 3.15 인터페이스명 입력

인터페이스의 내용은 예제 3.1과 같이 입력합니다. 13번째 줄의 **calc** 메서드는 계산 처리를 나타냅니다.

예제 3.1 Calculator 인터페이스

```
001:  package chapter03.used;
002:
003:  /**
004:  * 계산 처리
005:  */
006:  public interface Calculator {
007:      /**
008:      * 계산 처리를 함
009:      * @param x
010:      * @param y
011:      * @return Integer
012:      */
013:      Integer calc(Integer x, Integer y);
014:  }
```

'chapter03.used' 패키지를 선택한 후 마우스 오른쪽 버튼을 클릭해서 [새로 만들기] → [Java 클래스]를 선택한 후 **Calculator** 인터페이스를 구현한 **AddCalc** 클래스를 생성합니다. 같은 방법으로 뺄셈을 위한 클래스로 **SubCalc** 클래스도 생성합니다.

각 클래스 선언부에 **Calculator** 인터페이스를 구현한 클래스임을 나타내기 위해 '**implements Calculator**'를 추가합니다. 전체 내용은 예제 3.2 및 예제 3.3과 같습니다.

예제 3.2 구현 클래스(AddCalc)

```
001:  package chapter03.used;
002:
003:  /**
004:  * Calculator 구현 클래스<br>
005:  * 덧셈 처리
006:  */
007:  public class AddCalc implements Calculator {
008:      @Override
009:      public Integer calc(Integer x, Integer y) {
010:          return x + y;
011:      }
012:  }
```

예제 3.3 구현 클래스(SubCalc)

```
001:  package chapter03.used;
002:
003:  /**
004:   * Calculator 구현 클래스<br>
005:   * 뺄셈 처리
006:   */
007:  public class SubCalc implements Calculator {
008:      @Override
009:      public Integer calc(Integer x, Integer y) {
010:          return x - y;
011:      }
012:  }
```

AddCalc는 덧셈을 하기 위한 클래스로 구현했고 SubCalc는 뺄셈을 위한 클래스로 구현했습니다. 이것으로 인터페이스와 구현 클래스 작성을 완성했습니다.

04 '사용하는 객체' 클래스 생성

src를 선택한 후 마우스 오른쪽 버튼을 클릭해서 [새로 만들기] → [패키지]를 선택한 후 chapter03.use 패키지를 만듭니다.

chapter03.use를 선택한 후 마우스 오른쪽 버튼을 클릭해서 [새로 만들기] → [Java 클래스]를 선택합니다. '사용하는 쪽' 클래스명으로 'Call'을 입력해서 생성합니다. Call 클래스에서 실행할 수 있는 메서드를 만들기 위해 public static void main(String[] args) 메서드를 추가합니다. 계산 실행을 위해서 인터페이스인 Calculator와 인터페이스의 구현 클래스인 AddCalc를 임포트(import)합니다. Call 클래스의 전체 내용은 예제 3.4와 같습니다.

예제 3.4 Call 클래스

```
001:  package chapter03.use;
002:
003:  import chapter03.used.AddCalc;
004:  import chapter03.used.Calculator;
005:
006:  /**
```

```
007:  * 인터페이스 의존 확인
008:  */
009:  public class Call {
010:      public static void main(String[] args) {
011:          Calculator calculator = new AddCalc();
012:          Integer result = calculator.calc(10, 5);
013:          System.out.println("계산 결과는 (" + result + ")입니다.");
014:      }
015:  }
```

Call 클래스의 11번째 줄에서는 덧셈을 수행하는 **AddCalc** 구현 클래스를 인스턴스화하고, 12번째 줄에서 **calc** 메서드를 호출합니다. 이렇게 해서 사용하는 쪽 클래스가 만들어졌습니다.

05   **실행**

자바 파일인 **Call**을 선택한 후 마우스 오른쪽 버튼을 클릭해서 '실행(Call.main())'을 선택하여 실행합니다. 그러면 **AddCalc**의 **calc** 메서드(덧셈)가 실행되고, 실행이 완료되면 그림 3.16과 같은 결과가 출력됩니다.

그림 3.16 AddCalc의 실행 결과

다음은 '사용되는 객체'의 클래스를 변경해 보겠습니다. **Call** 클래스에서 사용하는 **AddCalc**를 삭제하고 **SubCalc**로 변경합니다(예제 3.5).

예제 3.5 Call 클래스 수정

```
001:  package chapter03.use;
002:
003:  import chapter03.used.SubCalc; // ←수정 부분
```

```
004:   import chapter03.used.Calculator;
005:
006:   /**
007:    * 인터페이스 의존 확인
008:    */
009:   public class Call {
010:       public static void main(String[] args) {
011:           Calculator calculator = new SubCalc(); // ←수정 부분
012:           Integer result = calculator.calc(10, 5);
013:           System.out.println("계산 결과는(" + result + ")입니다.");
014:       }
015:   }
```

3번째 줄에서 뺄셈을 수행하는 SubCalc 구현 클래스를 인스턴스화합니다. 그리고 나서 다시 실행하면 SubCalc의 calc 메서드가 실행됩니다(그림 3.17).

그림 3.17 SubCalc 실행 결과

앞의 예제와 같이 인터페이스를 사용해서 '사용하는 객체' 클래스를 한곳만 수정해서 처리를 변경할 수 있습니다. 자바에서의 의존성에 대해 어느 정도 이해가 됐나요?

'사용되는 객체' 클래스를 변경할 때는 '사용하는 객체' 클래스에서 세 곳을 변경해야 했고, 인터페이스 의존으로 작성했을 때는 한 곳만 수정하면 됐습니다. 하지만 '의존성 주입'을 사용하면 '사용하는 객체'의 클래스를 수정하지 않아도 됩니다.

3-2-5 DI 컨테이너

의존성 주입은 '의존하는 부분을 외부에서 주입하는 것'입니다. 단어를 하나하나 분리해서 보면 다음과 같습니다.

- 의존하는 부분이란 '사용하는 객체' 클래스에 '사용되는 객체' 클래스가 작성된 상태입니다.

- 외부로부터 주입이란 '사용하는 객체' 클래스의 밖에서 '사용되는 객체' 인스턴스를 주입하는 것입니다.

지금까지는 인스턴스를 생성하는 데 **new** 키워드를 사용했지만 인스턴스 생성과 같은 작업을 프레임워크에 맡길 수 있고 그 역할을 하는 것이 DI 컨테이너입니다(그림 3.18). 스프링 프레임워크는 임의로 구현한 클래스를 인스턴스로 만들어주는 기능을 제공합니다. 즉, DI 컨테이너가 그 기능을 가지고 있습니다.

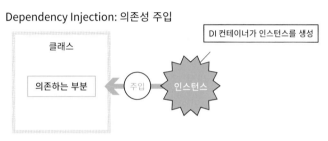

그림 3.18 의존성 주입의 개념

3-2-6 ▶ 다섯 가지 규칙

DI 컨테이너에 인스턴스 생성을 맡기고 다음의 규칙을 지키는 것으로 '사용하는 객체' 클래스를 전혀 수정할 필요가 없게끔 만들 수 있습니다.

1. 인터페이스를 이용하여 의존성을 만든다.
2. 인스턴스를 명시적으로 생성하지 않는다.
3. 어노테이션을 클래스에 부여한다.
4. 스프링 프레임워크에서 인스턴스를 생성한다.
5. 인스턴스를 이용하고 싶은 곳에 어노테이션을 부여한다.

그럼 각 규칙에 대해 상세히 알아봅시다.

규칙 1

'인터페이스를 이용해 의존성을 만든다'는 의존하는 부분에 인터페이스를 이용한다는 것입니다.

규칙 2

'인스턴스를 명시적으로 생성하지 않는다'는 인스턴스 생성에 new 키워드를 사용하지 않는다는 것을 의미합니다.

규칙 3과 규칙 4

'어노테이션을 클래스에 부여한다'와 '스프링 프레임워크에서 인스턴스를 생성한다'를 정리해 설명하면, 인스턴스를 생성하려는 클래스에 인스턴스 생성 어노테이션을 부여한다는 것입니다. 어노테이션에 대한 자세한 내용은 '3-3 어노테이션 역할 알아보기'에서 설명하지만 여기서는 어떤 표식이라고 생각해 주세요. 그림 3.19의 @Component를 어노테이션이라고 합니다.

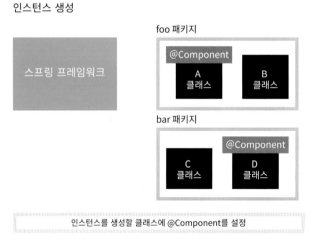

그림 3.19 @Component를 부여

스프링 프레임워크는 시작할 때 대상 프로젝트의 모든 패키지를 스캔합니다. 이 기능을 컴포넌트 스캔(Component Scan)이라고 합니다(그림 3.20).

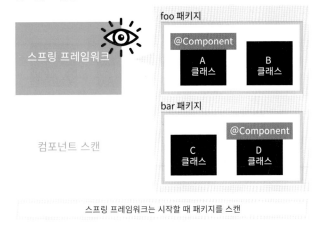

스프링 프레임워크는 시작할 때 패키지를 스캔

그림 3.20 **컴포넌트 스캔의 실행**

컴포넌트 스캔 후 스프링 프레임워크는 인스턴스 생성 어노테이션이 부여된 클래스를 추출하고(그림 3.21) 추출한 클래스의 인스턴스를 생성합니다(그림 3.22).

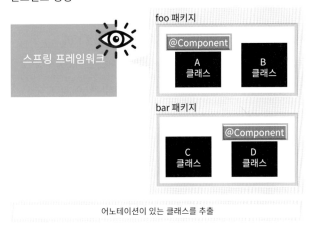

어노테이션이 있는 클래스를 추출

그림 3.21 **인스턴스를 생성할 대상 클래스를 추출**

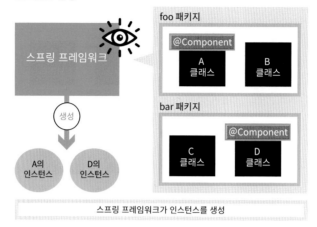

그림 3.22 대상 클래스를 인스턴스화

인스턴스 생성 어노테이션은 용도별로 표 3.1에 나온 4종류가 있습니다. 자세한 내용은 '3-3 어노테이션 역할 알아보기'에서 설명하겠습니다.

표 3.1 인스턴스 생성 어노테이션

어노테이션	개요
@Controller	인스턴스 생성 지시. 스프링 MVC를 이용할 때 컨트롤러에 부여
@Service	인스턴스 생성 지시. 트랜잭션 경계가 되는 도메인(서비스) 기능에 부여
@Repository	인스턴스 생성 지시. 데이터베이스 액세스(리포지토리) 기능에 부여
@Component	위 용도 이외의 클래스에 부여

규칙 5

'인스턴스를 이용하고 싶은 곳에 어노테이션을 부여한다'를 설명하겠습니다.

스프링 프레임워크에 의해 생성된 인스턴스를 이용하는 클래스에 참조를 받는 필드를 선언하고 필드에 @Autowired 어노테이션을 부여합니다.

이제 DI 컨테이너에 인스턴스 생성을 맡기고 다섯 개의 규칙을 지키면서 프로그램을 만들어 보겠습니다.

3-2-7 DI 프로그램 만들기

'인사' 역할을 하는 인터페이스와 인터페이스를 구현한 '아침 인사'와 '저녁 인사'를 처리하는 클래스를 각각 만들고 어노테이션을 부여하는 것으로 DI의 동작 방식을 확인할 수 있는 프로그램을 작성해 보겠습니다.

01 프로젝트 생성

IntelliJ IDEA Ultimate에서는 프레임워크 지원 기능으로 손쉽게 여러 프레임워크를 추가할 수 있지만 이 책에서는 IntelliJ IDEA Community Edition을 기준으로 하기 때문에 Spring Initializr에서 생성한 파일을 사용해서 프로젝트를 만들어 사용하겠습니다.

웹 브라우저로 https://start.spring.io/에 접속해서 다음 설정 내용을 참조해서 설정하고 [GENERATE]를 클릭해서 파일을 내려받습니다(그림 3.23).

항목	값
Project	Gradle Project
Language	Java
Spring Boot	2.6.7(안정 버전이면 다른 버전도 괜찮습니다.)
Java	11
Dependencies	'ADD…'을 클릭해서 DevTools를 검색해서 선택

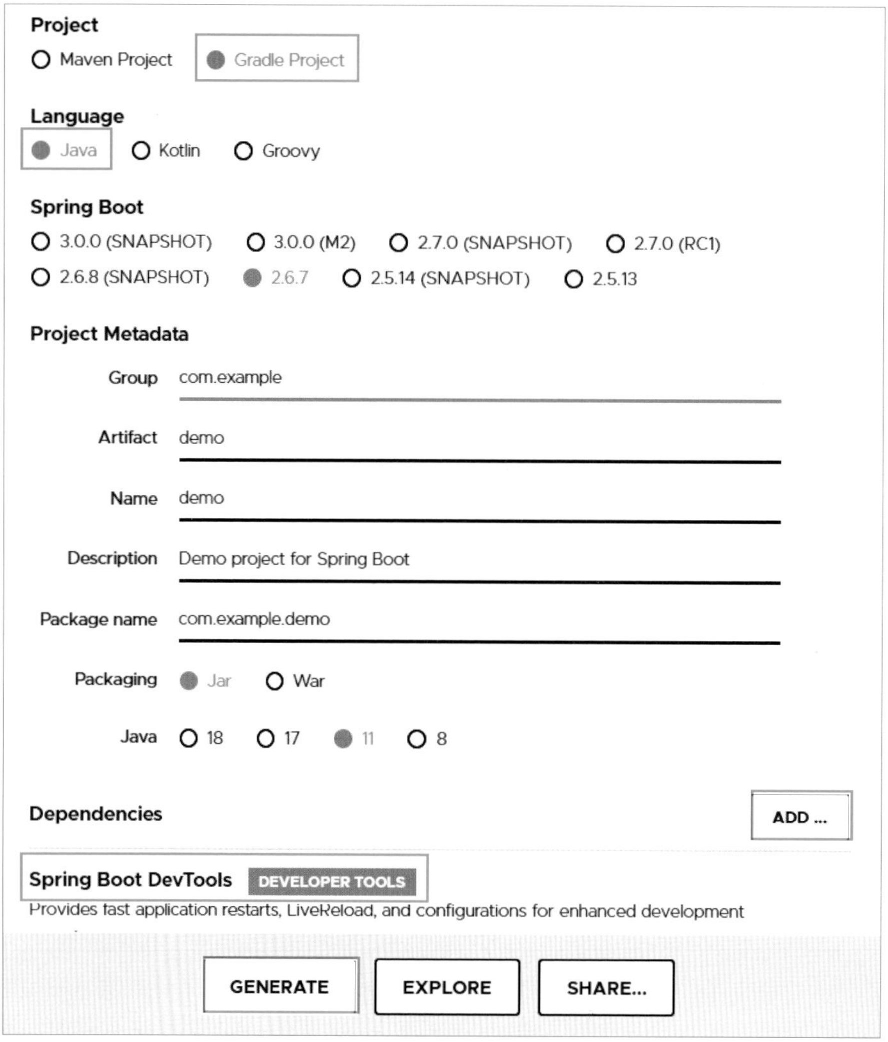

그림 3.23 Spring Initializr 설정

다운로드한 demo.zip의 이름을 DependencyInjectionSample.zip으로 변경한 후 압축을 풀고 IntelliJ
IDEA에서 [파일] → [열기]를 통해 압축을 푼 폴더를 선택합니다. IntelliJ IDEA가 자동으로 필요한 라
이브러리의 다운로드를 시작합니다(그림 3.24).

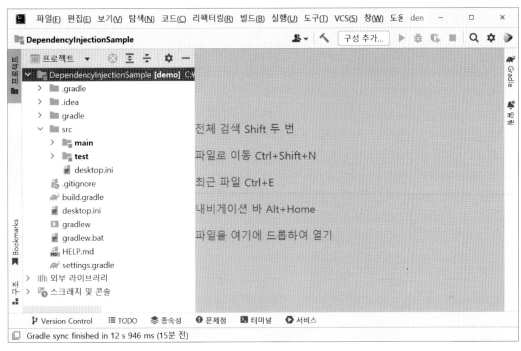

그림 3.24 **스프링 프로젝트: 필요한 모듈 다운로드**

02 패키지 생성

src/main/java → com.example.demo 폴더를 선택하고 마우스 오른쪽 버튼을 클릭해서 [새로 만들기]
→ [패키지]를 선택한 후 'com.example.demo.chapter03.used' 패키지를 생성합니다(그림 3.25).

그림 3.25 패키지 생성

03 '사용되는 객체' 인터페이스와 구현 클래스 생성

chapter03.used 패키지를 선택하고 마우스 오른쪽 버튼을 클릭해서 [새로 만들기] → [Java 클래스]에서 인터페이스를 선택하고 이름을 'Greet'이라고 입력합니다.

Greet 인터페이스의 내용은 예제 3.6과 같습니다. greeting 메서드는 '인사 처리'를 하는 메서드입니다.

예제 3.6 Greet 인터페이스

```
001:  package com.example.demo.chapter03.used;
002:
003:  /**
004:  * 인사 인터페이스
005:  */
006:  public interface Greet {
007:      /**
008:      * 인사하기
009:      */
010:      void greeting();
011:  }
```

chapter03.used 패키지를 선택한 후 마우스 오른쪽 버튼을 클릭하고 [새로 만들기] → [Java 클래스]를 선택합니다. Greet 인터페이스를 구현한 MorningGreet 클래스를 만듭니다(그림 3.26).

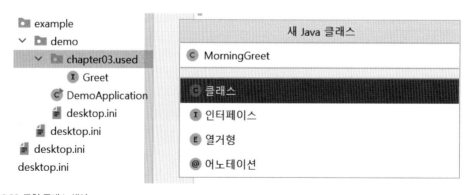

그림 3.26 구현 클래스 생성

Greet 인터페이스의 구현 클래스인 MorningGreet의 내용은 예제 3.7과 같습니다. 10~12번째 줄과 같이 greeting 메서드의 처리 내용(아침 인사)을 작성합니다.

예제 3.7 구현 클래스(MorningGreet)

```
001:  package com.example.demo.chapter03.used;
002:
003:  /**
004:   * Greet 구현 클래스<br>
005:   * 아침 인사 하기
006:   */
007:  public class MorningGreet implements Greet {
008:      @Override
009:      public void greeting() {
010:          System.out.println("-----------------");
011:          System.out.println("좋은 아침입니다");
012:          System.out.println("-----------------");
013:      }
014:  }
```

같은 방법으로 Greet 인터페이스의 구현 클래스 EveningGreet을 작성합니다. 내용은 예제 3.8과 같습니다. 10~12번째 줄과 같이 greeting 메서드의 처리 내용(저녁 인사)을 작성합니다.

예제 3.8 구현 클래스(EveningGreet)

```
001:  package com.example.demo.chapter03.used;
002:
003:  /**
004:   * Greet 구현 클래스<br>
005:   * 저녁 인사 하기
006:   */
007:  public class EveningGreet implements Greet {
008:      @Override
009:      public void greeting() {
010:          System.out.println("-----------------");
011:          System.out.println("좋은 저녁입니다.");
012:          System.out.println("-----------------");
013:      }
014:  }
```

04 규칙 3, 4 구현

규칙 3의 '어노테이션을 클래스에 부여한다'와 규칙 4의 '스프링 프레임워크에서 인스턴스를 생성한다'를
적용해 보겠습니다. 구체적으로는 Greet 인터페이스를 구현한 클래스 MorningGreet에 @Component를
부여합니다. import 선언에 'import org.springframework.stereotype.Component;'가 추가됩니다.

```
@Component
public class MorningGreet implements Greet {
```

05 '사용하는 객체' 클래스 생성

Spring Initializr에서 스프링 부트 프로젝트를 생성하면 기본적으로 사용자가 만든 Project Name +
Application 클래스가 생성됩니다(예제 3.9). 이 클래스에는 @SpringBootApplication 주석이 부여
됩니다. 메인 메서드를 포함한 클래스에 @SpringBootApplication 어노테이션을 부여하면 스프링 부트
애플리케이션이라고 인식됩니다.

여기서는 DemoApplication 클래스가 스프링 부트 애플리케이션의 기동 클래스라고 생각하면 됩니다.

예제 3.9 사용하는 쪽 클래스인 DemoApplication

```
001:  package com.example.demo;
002:
003:  import org.springframework.boot.SpringApplication;
004:  import org.springframework.boot.autoconfigure.SpringBootApplication;
005:
006:  /**
007:   * 스프링 부트 시작 클래스
008:   */
009:  @SpringBootApplication
010:  public class DemoApplication {
011:      public static void main(String[] args) {
012:          SpringApplication.run(DemoApplication.class, args);
013:      }
014:  }
```

06 규칙 1, 2, 5 구현

규칙 1, 2, 5인 '인터페이스를 이용하여 의존성을 만든다', '인스턴스를 명시적으로 생성하지 않는다', '인스턴스를 이용하고 싶은 곳에 어노테이션을 부여한다'를 구현하겠습니다.

구체적으로는 스프링 프레임워크에 의해 생성된 인스턴스를 이용하고 싶은 곳에서 참조를 받는 필드를 선언하고 필드에 `@Autowired` 어노테이션을 부여합니다. 여기서는 '사용하는 객체' 클래스인 `DemoApplication`에 '사용되는 객체' 인터페이스인 `Greet` 필드를 선언하고 `@Autowired` 어노테이션을 부여합니다.

```
/**
* 주입하는 곳(인터페이스)
*/
@Autowired
Greet greet;
```

'사용되는 객체' 인터페이스인 `Greet`의 `greeting` 메서드를 실행하는 메서드를 생성합니다. 메서드명은 `execute`로 합니다(예제 3.10).

예제 3.10 Greet 인터페이스의 greeting 메서드를 실행하는 메서드

```
001: /**
002: * 실행 메서드
003: */
004: private void execute() {
005:     greet.greeting();
006: }
```

`main` 메서드를 예제 3.11과 같이 수정합니다(자신의 `execute` 메서드를 호출하도록 작성합니다).

예제 3.11 main 메서드 수정

```
001: /**
002: * main 메서드
003: * @param args
004: */
005: public static void main(String[] args) {
```

```
006:        SpringApplication.run(DemoApplication.class, args)
007:            .getBean(DemoApplication.class).execute();
008:    }
```

'사용하는 객체' 클래스인 DemoApplication을 수정한 후의 내용은 다음과 같습니다(예제 3.12).

예제 3.12 사용하는 쪽 클래스인 DemoApplication(수정 후)

```
001:    package com.example.demo;
002:
003:    import org.springframework.beans.factory.annotation.Autowired;
004:    import org.springframework.boot.SpringApplication;
005:    import org.springframework.boot.autoconfigure.SpringBootApplication;
006:
007:    import com.example.demo.chapter03.used.Greet;
008:
009:    /**
010:     * 스프링 부트 기동 클래스
011:     */
012:    @SpringBootApplication
013:    public class DemoApplication {
014:      /**
015:       * main 메서드
016:       * @param args
017:       */
018:      public static void main(String[] args) {
019:        SpringApplication.run(DemoApplication.class, args)
020:            .getBean(DemoApplication.class).execute();
021:      }
022:      /**
023:       * 주입하는 곳(인터페이스)
024:       */
025:      @Autowired
026:      Greet greet;
027:
028:      /**
029:       * 실행 메서드
030:       */
```

```
031:    private void execute() {
032:        greet.greeting();
033:    }
034: }
```

07 실행

자바 파일인 DemoApplication을 선택한 후 마우스 오른쪽 버튼을 클릭해서 [실행]을 선택합니다.

@Component를 부여한 MorningGreet 클래스의 greeting 메서드가 호출되어 실행됩니다(그림 3.27).

그림 3.27 실행 결과

혹여 실행 중 한글이 깨져서 나오는 경우에는 vm 옵션에 다음 두 설정을 추가하고 IntelliJ IDEA를 재기동합니다. IntelliJ IDEA에서 vm 옵션을 변경하는 방법은 키보드의 [Shift] 키를 두 번 입력하면 나오는 검색 창에 'vm'을 입력해서 검색한 후 [사용자 지정 vm 옵션 편집]을 선택하면 됩니다.

```
-Dfile.encoding=UTF-8
-Dconsole.encoding=UTF-8
```

설계 변경이 발생해서 '사용되는 객체' 클래스를 변경하게 되었다고 가정하겠습니다. EveningGreet의 greeting 메서드를 호출하도록 변경하고 MorningGreet 클래스의 인스턴스 생성 어노테이션인 @Component는 삭제하거나 주석 처리합니다.

```
//@Component 주석 처리
public class MorningGreet implements Greet {
```

EveningGreet 클래스에 @Component 어노테이션을 부여합니다.

```
@Component
public class EveningGreet implements Greet {
```

같은 방법으로 자바 파일인 DemoApplication을 실행하면 @Component가 부여된 EveningGreet 클래스의 greeting 메서드가 호출됩니다(그림 3.28).

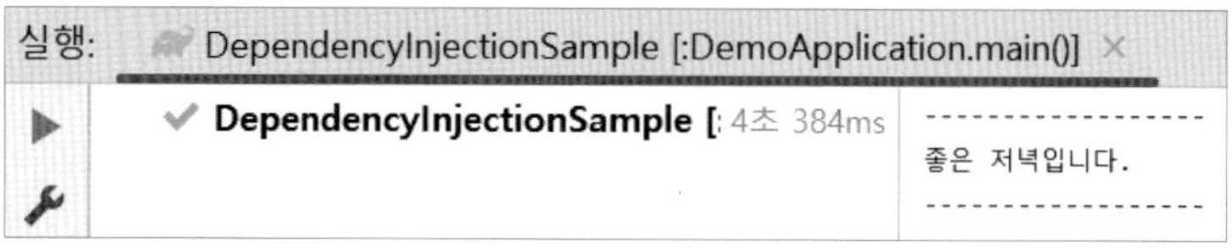

실행: DependencyInjectionSample [:DemoApplication.main()] ×

✔ **DependencyInjectionSample** [: 4초 384ms   - - - - - - - - - - - -
                                                좋은 저녁입니다.
                                                - - - - - - - - - - - -

그림 3.28 실행 화면

08 소스코드 설명

스프링 프레임워크는 기동 시 컴포넌트 스캔에 의해 MorningGreet 클래스에 @Component 어노테이션이 부여되어 MorningGreet 인스턴스가 생성됩니다. @Autowired 어노테이션에 따라 MorningGreet 클래스의 인스턴스가 클래스의 greet 필드에 주입되어 실행되면 MorningGreet 클래스의 greeting 메서드가 실행됩니다.

설계 변경에 대응하기 위해 MorningGreet의 @Component 어노테이션을 삭제 또는 주석 처리하고 EveningGreet 클래스에 @Component 어노테이션을 부여하면 @Autowired 어노테이션에 따라 EveningGreet 클래스의 인스턴스가 클래스의 greet 필드에 주입됩니다. 이를 실행하면 EveningGreet 클래스의 greeting 메서드가 실행됩니다.

3-2-8 요약

DI 컨테이너 이용과 5개의 규칙을 지킴으로써 사양 변경에 대해 '사용하는 객체' 클래스를 수정 없이 변경할 수 있었습니다. DI에 대해 대략이나마 파악했을 것이라 생각합니다.

다음은 이번 장의 내용을 요약한 것입니다.

- 스프링 프레임워크는 임의로 구현한 클래스를 인스턴스화하는 기능을 제공합니다(DI 컨테이너).

- 스프링 프레임워크를 사용하는 애플리케이션은 인스턴스를 명시적으로 생성하지 않습니다(new 키워드를 사용하지 않음).

- 정해진 어노테이션(@Component 어노테이션)을 클래스에 부여하는 것으로 스프링 프레임워크가 인스턴스를 생성합니다.

- 생성된 인스턴스를 사용하고 싶은 부분에서 필드를 준비하고 주석(@Autowired 어노테이션)을 부여하면 스프링 프레임워크가 인스턴스가 필요한 것으로 판단하고 인스턴스를 주입합니다.

- 인터페이스를 이용해서 의존성을 만들고 DI를 사용하여 '사용되는 객체' 클래스를 변경하는 경우 '사용하는 객체' 클래스의 수정 없이 변경할 수 있습니다.

어노테이션 역할 알아보기

앞 절에서 @Component나 @Autowired라는 어노테이션을 사용했습니다. @Component는 인스턴스를 생성하기 위한 어노테이션이고 @Autowired는 인스턴스를 주입하기 위한 어노테이션이었습니다. 어노테이션에 대한 이해를 돕기 위해 우선 몇 가지 간단한 설명을 하겠습니다.

3-3-1 어노테이션을 세 가지 항목으로 설명

어노테이션을 간단히 설명하면 다음 세 가지 항목이 됩니다.

1. 어노테이션(annotation)은 주석을 의미하는 영어 표현입니다.
2. '@xxx'와 같은 형태로 작성합니다.
3. 외부 소프트웨어에 필요한 처리 내용을 전달합니다.

어노테이션을 사용하면 에러를 출력하거나 프로그램의 동작을 변경하는 등 다양한 것을 할 수 있습니다 (그림 3.29).

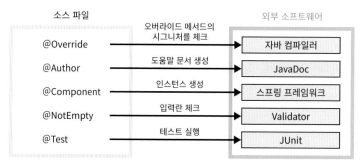

그림 3.29 어노테이션을 사용하여 외부 소프트웨어에 필요한 처리 내용을 전달한다.

표 3.1에서 인스턴스 생성 어노테이션에 대해 설명했습니다. 이번 절에서는 4가지 인스턴스 생성 어노테이션의 '가려 쓰기'에 대해 설명합니다.

'가려 쓰기'를 간단히 말하면 '네 종류 모두 인스턴스 생성이라는 역할은 같지만, 사용하는 위치에 따라 어노테이션을 가려 쓰자'라는 것입니다. 그러면 사용하는 위치란 무엇을 가리키는 것일까요? 사용하는 위치를 구체적으로 설명하려면 레이어에 대해 설명해야 합니다.

3-3-2 　레이어별로 사용할 인스턴스 생성 어노테이션

애플리케이션을 만들 때는 레이어로 나누는 것이 좋습니다. 레이어(layer)란 '층'의 의미로, 계층 구조로 되어 있는 각 층을 말합니다. 쉽게 이야기하면 복잡한 전체 내용을 한 번에 정리해 이해하지 말고 계층화 해 각 계층별로 대상의 의미를 이해하는 것입니다.

레이어를 나누는 방법은 다양하지만 여기서는 표 3.2에 있는 3가지 레이어로 나누는 경우에 관해서 설명합니다.

다음의 세 레이어는 '도메인 주도 설계(Domain-Driven Design)'에서 설명한 내용입니다(표 3.2). 표에 나오는 업무 처리에 대해서는 '5-1-1 MVC 모델이란?'에서 설명하겠습니다.

표 3.2 '도메인 주도 설계'의 레이어

레이어	개요
애플리케이션 레이어 (Application Layer)	애플리케이션 레이어는 클라이언트와의 데이터 입출력을 제어하는 레이어입니다.
도메인 레이어 (Domain Layer)	도메인 레이어는 애플리케이션의 중심이 되는 레이어로서 업무 처리를 수행하는 레이어입니다.
인프라스트럭처 레이어 (Infrastructure Layer)	인프라스트럭처 레이어는 데이터베이스에 대한 데이터 영속성(Persistence Context) 등을 담당하는 레이어입니다.

인스턴스 생성 어노테이션은 레이어별로 구분됩니다(표 3.3, 표 3.4, 그림 3.30, 그림 3.31).

표 3.3 레이어별 인스턴스 생성 어노테이션 설명(주요 처리)

어노테이션	개요
@Controller	애플리케이션 레이어의 컨트롤러에 부여
@Service	도메인 레이어의 업무 처리에 부여
@Repository	인프라 레이어의 데이터베이스 액세스 처리에 부여

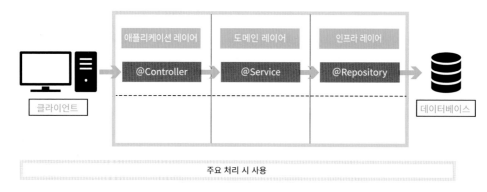

그림 3.30 레이어별 인스턴스 생성 어노테이션 사용 예(주요 처리)

표 3.4 레이어별 인스턴스 생성 어노테이션 설명(보조 처리)

어노테이션	개요
@Component	@Controller, @Service, @Repository의 용도 이외의 인스턴스 생성 대상 클래스에 부여

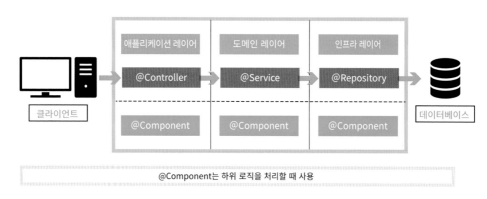

그림 3.31 레이어별 인스턴스 생성 어노테이션 사용 예(보조 처리)

3-3-3 커스텀 어노테이션

직접 커스텀 어노테이션을 만들 수도 있습니다. 커스텀 어노테이션을 만들 때는 java.lang.Annotation 인터페이스를 상속하고 만듭니다. 또한 커스텀 어노테이션을 정의할 때는 전용 자바 파일을 생성할 필요가 있습니다.

이 책에서는 커스텀 어노테이션을 생성하는 방법을 설명하지 않습니다. 관심이 있는 분은 인터넷에서 '커스텀 어노테이션'이나 '@interface'를 키워드로 검색해 보세요.

AOP(관점 지향 프로그래밍)의 기초 지식

'3-1 스프링 프레임워크의 핵심 기능'에서 '관점 지향 프로그래밍(Aspect Oriented Programming)'의 약어로 AOP에 관해 설명했습니다. 여기서는 AOP에 대해 조금 더 상세하게 데이터베이스 액세스 처리 프로그램을 예로 들어 설명하겠습니다.

3-4-1 AOP 예제

데이터베이스 액세스 처리에는 예외 발생 시 처리하는 내용이 반드시 포함되어야 합니다. 예외 처리를 하지 않으면 프로그램이 중지되고 자바의 경우 예외 처리를 프로그램에 포함하지 않으면 컴파일에 실패합니다(그림 3.32).

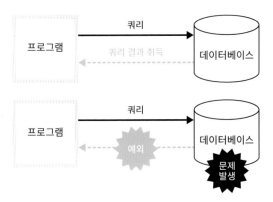

그림 3.32 데이터베이스 액세스 처리

다수의 데이터베이스 액세스 처리 코드를 작성하다 보면 예외 처리의 내용은 항상 동일하지만, 예외 처리는 필수이므로 항상 작성해야 합니다. 예외 처리를 포함하면 프로그램 코드가 증가하고 복잡해집니다. 구현하고 싶은 프로그램은 데이터베이스의 액세스 처리이며 예외 처리는 구현하고 싶은 프로그램에 부수적인 내용이 됩니다.

'구현하고 싶은 프로그램 = 중심적 관심사', '부수적 프로그램 = 횡단적 관심사'로 분리하여 프로그램을 작성할 수 없을까요? (그림 3.33)

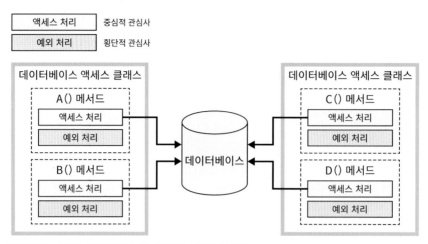

그림 3.33 데이터베이스 액세스 처리에서 '중심적 관심사'와 '횡단적 관심사'

스프링 프레임워크에서 제공하는 AOP 기능을 활용하여 '중심적 관심사'와 '횡단적 관심사'를 분리하여 프로그램을 쉽게 만들 수 있습니다.

자세한 사용법을 설명하기에 앞서 AOP의 고유 용어에 관해 설명하겠습니다(표 3.5, 그림 3.34).

표 3.5 AOP의 고유 용어

용어	내용
어드바이스(Advice)	횡단적 관심사의 구현(메서드). 로그 출력 및 트랜잭션 제어 등입니다.
애스펙트(Aspect)	어드바이스를 정리한 것(클래스)입니다.
조인포인트(JoinPoint)	어드바이스를 중심적인 관심사에 적용하는 타이밍. 메서드(생성자) 실행 전, 메서드(생성자) 실행 후 등 실행되는 타이밍입니다.
포인트컷(Pointcut)	어드바이스를 삽입할 수 있는 위치. 예를 들어, 메서드 이름이 get으로 시작할 때만 처리하는 조건을 정의할 수 있습니다.
인터셉터(Interceptor)	처리의 제어를 인터셉트하기 위한 구조 또는 프로그램입니다. 스프링 프레임워크에서는 인터셉트라는 메커니즘으로 어드바이스를 중심 관심사에 추가한 것처럼 보이게 합니다.
타깃(Target)	어드바이스가 도입되는 대상을 말합니다.

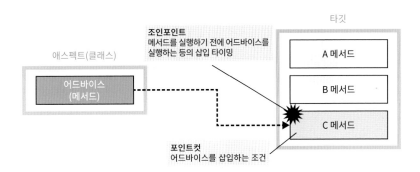

그림 3.34 AOP의 구조

스프링 프레임워크에서는 '인터셉터'라는 메커니즘을 사용하여 횡단적 관심사(어드바이스)를 중심적 관심사(타깃)에 삽입하는 것처럼 보일 수 있습니다.

다음은 A 클래스에서 B 클래스의 X 메서드를 호출하는 경우 인터셉터의 동작 방식을 설명합니다. B 클래스의 X 메서드를 '중심적 관심사'와 '횡단적 관심사'로 분리하여 애스펙트와 어드바이스를 만듭니다(그림 3.35).

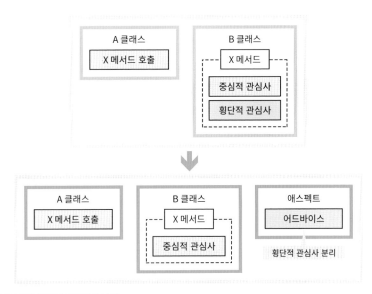

그림 3.35 중심적 관심사와 횡단적 관심사의 분리

마치 AOP를 사용하면 A 클래스에서 B 클래스의 X 메서드(중심적 관심사)를 호출하는 것처럼 보입니다(그림 3.36).

그림 3.36 호출 이미지

그러나 내부적으로는 AOP 프락시(스프링 프레임워크가 자동 생성)가 처리를 가로채고 X 메서드 및 어드바이스의 호출을 제어합니다(그림 3.37).

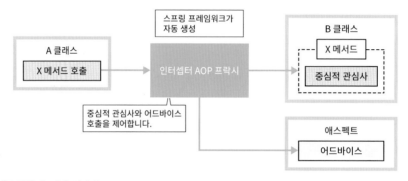

그림 3.37 실제로 실행되는 호출 이미지

스프링 프레임워크가 제공하는 중심적 관심사에 적용하는 어드바이스는 실행 제어 내용별로 다섯 가지 종류가 있습니다(표 3.6).

표 3.6 어드바이스의 다섯 가지 종류

어드바이스	내용	어노테이션
Before Advice	중심적 관심사가 실행되기 '이전'에 횡단적 관심사를 실행	`@Before`
After Returning Advice	중심적 관심사가 '정상적으로 종료된 후'에 횡단적 관심사를 실행	`@AfterReturning`
After Throwing Advice	중심적 관심사로부터 '예외가 던져진 후'로 횡단적 관심사를 실행	`@AfterThrowing`
After Advice	중심적 관심사의 '실행 후'에 횡단적 관심사를 실행(정상 종료나 예외 종료 등의 결과와 상관없이 실행)	`@After`
Around Advice	중앙적 관심사 호출 전후에 횡단적 관심사를 실행	`@Around`

3-4-2 포인트컷 식

직접 어드바이스를 만드는 경우(구체적인 작성 방법은 '3-4-3 AOP 프로그램 만들기'에서 설명합니다) 패키지, 클래스, 메서드 등 어드바이스 삽입 대상을 조건으로 지정할 수 있습니다. 지정하는 조건 방법에는 포인트컷 식을 사용합니다. 포인트컷 표현식은 여러 가지가 있지만 이 문서에서는 'execution' 지시자를 설명합니다.

○ execution 지시자의 구문

execute(반환값 패키지.클래스.메서드(인수))

포인트컷 식은 표 3.7, 표 3.8에 있는 와일드카드를 이용하여 유연하게 적용 범위를 지정할 수 있습니다.

표 3.7 와일드카드

와일드카드	내용
*(애스터리스크)	임의의 문자열을 나타내고, 패키지를 나타낼 때는 임의의 패키지 한 계층을 나타냅니다. 메서드의 인수에서는 한 개의 인수를 나타내 반환값으로도 이용할 수 있습니다.
..(점 두 개)	패키지를 나타내는 경우 0개 이상의 패키지를 나타냅니다. 메서드의 인수를 표현하는 경우에는 0개 이상의 임의의 인수를 나타냅니다.
+(플러스)	클래스명 뒤에 기술해 클래스와 그 서브클래스 및 구현 클래스 모두를 나타냅니다.

표 3.8 execution 지시자의 구현 예

구현 예	내용
execution(* com.example.service.DemoService.*(..))	DemoService 클래스의 메서드에 어드바이스를 적용합니다.
execution(* com.example.service.DemoService.select*(..))	DemoService 클래스의 select로 시작하는 메서드에 어드바이스를 적용합니다.
execution(String com.example.service.DemoService.*(..))	DemoService 클래스의 반환값이 String 타입인 메서드에 어드바이스를 적용합니다.

구현 예	내용
execution(* com.example.service.DemoService.*(String,..)	DemoService 클래스의 첫 번째 인수가 String 타입인 메서드에 어드바이스를 적용합니다.
execution(* com.example.service.*.*(..))	지정된 패키지 아래의 모든 클래스의 메서드에 어드바이스를 적용합니다(서브 패키지는 포함하지 않습니다).
execution(* com.example.service..*.*(..))	service 패키지 바로 아래와 하위 패키지의 모든 클래스에 어드바이스를 적용합니다.
execution(* com.example.service.DemoService.*(*))	DemoService 클래스의 인수가 하나인 메서드에 어드바이스를 적용합니다.

3-4-3 AOP 프로그램 만들기

직접 어드바이스를 만들고 포인트컷 식에서 어드바이스 삽입 위치를 지정하여 AOP의 동작 방식을 확인할 수 있는 프로그램을 만들어보겠습니다.

01 프로젝트 생성

'3-2-7 DI 프로그램 생성'에서 생성한 DependencyInjectionSample 프로젝트를 그대로 사용합니다.

02 패키지 생성

src/main/java 폴더를 선택하고 마우스 오른쪽 버튼을 클릭해서 [새로 만들기] → [패키지]를 선택합니다. com.example.demo.chapter03.aop라는 패키지를 생성합니다(그림 3.38).

그림 3.38 패키지 생성

03   build.gradle 수정

AOP를 사용하기 위해 그레이들의 구성 파일인 build.gradle에 implementation org.spring
framework.boot:spring-boot-starter-aop를 추가합니다(예제 3.13).

예제 3.13 build.gradle 수정

```
001: dependencies {
002:     implementation 'org.springframework.boot:spring-boot-starter'
003:     implementation 'org.springframework.boot:spring-boot-starter-aop' // AOP 추가
004:     developmentOnly 'org.springframework.boot:spring-boot-devtools'
005:     testImplementation 'org.springframework.boot:spring-boot-starter-test'
006: }
```

04   AOP 클래스 생성

chapter03.aop 패키지를 선택하고 마우스 오른쪽 버튼을 클릭해서 [새로 만들기] → [Java 클래스]를
선택합니다. 자바 클래스 생성 화면에서 클래스 이름으로 'SampleAspect'를 입력하고 생성합니다. 어
드바이스를 기술하는 클래스에는 @Aspect 어노테이션을 부여합니다. 그리고 인스턴스를 생성하기 위해
@Component 어노테이션을 부여합니다(예제 3.14).

예제 3.14 AOP 클래스 SampleAspect

```
001: package com.example.demo.chapter03.aop;
002:
003: import org.aspectj.lang.annotation.Aspect;
004: import org.springframework.stereotype.Component;
005:
006: @Aspect
007: @Component
008: public class SampleAspect {
009:
010: }
```

build.gradle에서 추가한 의존성이 반영되지 않거나 @Aspect가 인식되지 않을 경우에는 IntelliJ
IDEA를 재기동해서 의존성을 재반영합니다.

05 Before Advice 작성

SampleAspect 클래스에 메서드 실행 전에 호출하는 Before Advice를 작성합니다. 메서드 이름은
beforeAdvice, 인수로 JoinPoint를 전달하고 메서드에 @Before를 부여합니다.

어노테이션의 인수에는 포인트컷 식인 execution(반환형 패키지.클래스.메서드(인수))를 지정합
니다. 여기서는 com.example.demo.chapter03.used에서 클래스 이름이 Greet로 끝나는 클래스의 모
든 메서드에 대해 '날짜와 메서드 이름을 표시하는 어드바이스'를 작성합니다(예제 3.15).

예제 3.15 Before Advice

```
001: @Before("execution(* com.example.demo.chapter03.used.*Greet.*(..))")
002: public void beforeAdvice(JoinPoint joinPoint){
003:     // 시작 부분 표시
004:     System.out.println("===== Before Advice =====");
005:     // 날짜를 출력
006:     System.out.println(new SimpleDateFormat("yyyy/MM/dd").format(new java.util.Date()));
007:     // 메서드 이름 출력
008:     System.out.println(String.format("메서드:%s", joinPoint.getSignature().getName()));
009: }
```

IntelliJ IDEA에서 필요한 클래스가 임포트되지 않았을 때 에러 메시지가 출력됩니다. 그럴 때는 에러
가 난 클래스명에서 [Alt] + [Enter] 키를 입력해서 임포트할 클래스 혹은 패키지를 선택합니다.

DemoApplication 파일을 선택하고 마우스 오른쪽 버튼을 클릭해서 [실행]을 선택합니다. @Before 어노
테이션을 부여한 메서드가 먼저 처리되는 것을 알 수 있습니다(그림 3.39).

그림 3.39 Before Advice 적용

06 **After Advice 작성**

다음으로, SampleAspect 클래스에 메서드를 실행한 후 호출되는 After Advice를 작성합니다.

메서드 이름은 afterAdvice, 인수에 JoinPoint를 전달하고, 메서드에 @After를 부여합니다.

어노테이션 인수는 포인트컷 표현식인 execution(반환형 패키지.클래스.메서드(인수))를 지정합니다. 지정 방법은 Before Advice와 유사합니다(예제 3.16).

예제 3.16 After Advice

```
001: @After("execution(* com.example.demo.chapter03.used.*Greet.*(..))")
002: public void afterAdvice(JoinPoint joinPoint) {
003:     // 시작 부분 표시
004:     System.out.println("===== After Advice =====");
005:     // 날짜를 출력
006:     System.out.println(new SimpleDateFormat("yyyy/MM/dd").format(new java.util.Date()));
007:     // 메서드명 출력
008:     System.out.println(String.format("메서드명:%s", joinPoint.getSignature().getName()));
009: }
```

실행 결과를 알기 쉽도록 앞에서 작성한 @Before 어노테이션을 삭제 또는 주석 처리해둡니다.

DemoApplication 파일을 선택하고 마우스 오른쪽 버튼을 클릭해서 [실행]을 선택합니다.

@After 어노테이션이 지정된 메서드의 다음에 삽입되어 처리된 것을 확인할 수 있습니다(그림 3.40). After Returning Advice와 After Throwing Advice도 만드는 방법은 동일합니다.

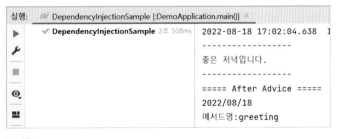

그림 3.40 After Advice의 적용

07 Around Advice 작성

다음으로 SampleAspect 클래스에 메서드 실행 전후에 호출되는 Around Advice를 작성합니다.

메서드 이름으로 aroundAdvice, 인수에 ProceedingJoinPoint를 전달하고 메서드에 @Around를 부여합니다. 어노테이션 인수는 포인트컷 표현식인 execution(반환형 패키지.클래스.메서드(인수))를 지정합니다. 포인트컷 표현식을 지정하는 방법은 Before Advice와 동일합니다. 여기서는 메서드 실행 전에 '▼▼▼ 처리전 ▼▼▼', 메서드 실행 후에 '▲▲▲ 처리후 ▲▲▲'라는 내용을 출력하는 어드바이스를 작성합니다(예제 3.17).

예제 3.17 Around Advice

```
001: @Around("execution(* com.example.demo.chapter03.used.*Greet.*(..))")
002: public Object aroundAdvice(ProceedingJoinPoint joinPoint) throws Throwable{
003:     // 시작 부분 표시
004:     System.out.println("===== Around Advice =====");
005:     System.out.println("▼▼▼ 처리전 ▼▼▼");
006:     // 지정한 클래스의 메서드 실행
007:     Object result = joinPoint.proceed();
008:     System.out.println("▲▲▲ 처리후 ▲▲▲");
009:     // 반환값을 돌려줄 필요가 있는 경우에는 Object 타입의 반환값을 돌려줍니다.
010:     return result;
011: }
```

Around Advice가 다른 어드바이스와 다른 점은 다음과 같습니다.

- 인수는 ProceedingJoinPoint 인터페이스 타입을 지정합니다.

- 어드바이스 중에서 ProceedingJoinPoint 인터페이스의 proceed() 메서드를 호출합니다.

- 어드바이스 적용 대상의 메서드를 임의의 타이밍으로 호출할 수 있으므로 전후로 다양한 처리가 가능합니다.

- 반환값을 돌려줄 필요가 있는 경우는 Object 타입으로 반환값을 돌려줍니다.

앞에서 만든 @After 어노테이션을 삭제하거나 주석 처리합니다. DemoApplication 파일을 선택하고 마우스 오른쪽 버튼을 클릭해서 [실행]을 선택합니다.

@Around 어노테이션으로 지정한 메서드의 전후에 처리 내용이 삽입된 것을 알 수 있습니다(그림 3.41).

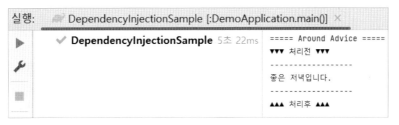

그림 3.41 Around Advice 적용

3-4-4   스프링 프레임워크가 제공하는 AOP 기능

스프링 프레임워크에서는 여러 가지 공통 기능을 AOP로 제공합니다.

제공된 기능은 어노테이션을 클래스나 메서드에 부여하여 이용할 수 있습니다. 이 책에서는 @Transactional 어노테이션을 부여해서 트랜잭션을 관리하는 기능을 소개합니다.

트랜잭션 관리에는 @Transactional 어노테이션을 사용합니다. @Transactional 어노테이션을 부여하여 데이터베이스 액세스 처리 메서드가 정상 종료하면 트랜잭션을 커밋하고 예외가 발생하면 롤백합니다. @Transactional 어노테이션에 관한 자세한 설명과 사용법은 '11-2 트랜잭션 관리 알아보기'에서 설명하겠습니다(그림 3.42).

- 스프링 프레임워크는 트랜잭션을 제어하는 트랜잭션 어드바이저(Transaction Advisor)를 제공
- @Transactional 어노테이션 이용

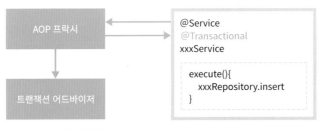

그림 3.42 @Transactional 어노테이션

3-4-5 요약

AOP를 이용하는 것으로 '중심적 관심사'에 주목해서 프로그램을 만들어 보았습니다. AOP에 대해 어느 정도 감을 잡았나요? 여기서는 AOP 사고방식과 AOP의 주요 사항을 정리해보겠습니다.

AOP 사고방식

예를 들어, 프로그램 개발 중에 동작 상황을 확인하기 위해 여러 클래스에 `System.out.println`을 사용해 '디버깅 로그'를 출력한다고 가정해 보겠습니다. 각 클래스의 메서드에 `System.out.println`을 입력해야 하기 때문에 이 작업은 생각만 해도 엄청나게 피곤한 작업이 될 것입니다.

또한 프로그램 작성이 완료됐을 때는 모든 '디버깅 로그'를 삭제해야 합니다. 이런 다수의 클래스에 공통으로 필요한 처리를 '횡단적 관심사'라고 앞에서 설명했습니다.

만일 여러 클래스의 메서드에 `System.out.println` 문을 자동으로 넣어주는 기능이 있고, 또한 필요가 없어졌을 때는 모두 자동으로 삭제해주는 기능이 있으면 편리할 것입니다. 이 같은 생각이 'AOP 사고방식'입니다.

AOP의 주요 사항을 다음에 정리했습니다.

- AOP에서는 프로그램을 2개의 요소인 중심적 관심사와 횡단적 관심사로 구성되어 있다고 생각합니다.
- 중심적 관심사란 구현해야 할 기능을 나타내는 비즈니스 로직을 말합니다.
- 횡단적 관심사란 본질적인 기능은 아니지만 품질이나 유지보수 등의 관점에서 꼭 필요한 기능을 나타내는 프로그램을 말합니다.
- AOP에서는 횡단적 관심사를 분리함으로써 기존 코드를 수정하지 않아도 프로그램 중에 특정 기능(공통 처리)을 추가할 수 있습니다.
- 스프링 프레임워크는 다양한 공통 기능을 AOP에서 제공합니다.

칼럼 / 메타 어노테이션

커스텀 어노테이션을 생성하는 경우에도 어노테이션을 사용합니다. 커스텀 어노테이션에 정의를 추가하는 어노테이션을 '메타 어노테이션(Meta Annotation)'이라고 합니다. 커스텀 어노테이션을 만들 때만 사용하는 특수 어노테이션입니다.

다음과 같은 4종류의 메타 어노테이션을 소개합니다.

@Target

커스텀 어노테이션이 무엇을 대상으로 하고 있는지 선언하기 위해서 사용합니다. 어노테이션을 클래스에 부여할지, 메서드에 부여할지, 변수에 부여할지 등을 결정합니다(표 3.A). 어노테이션을 부여할 장소는 상수(constant)로 지정합니다.

표 3.A 어노테이션을 추가할 수 있는 대상

ElementType 요소	추가할 대상
ElementType.ANNOTATION_TYPE	어노테이션
ElementType.CONSTRUCTOR	생성자
ElementType.FIELD	필드
ElementType.METHOD	메서드
ElementType.PACKAGE	패키지
ElementType.PARAMETER	인수
ElementType.TYPE	클래스, 인터페이스(어노테이션, enum 포함)

@Retention

컴파일할 때나 프로그램을 실행할 때 '어노테이션'의 정보를 보관 및 유지하는 유효 범위를 결정하기 위해 사용합니다. @Retention은 유효 범위별로 세 개의 상수를 제공합니다(표 3.B).

표 3.B 유효 범위를 나타내는 상수

상수	내용
SOURCE	소스가 유효 범위입니다. 컴파일할 때 어노테이션 정보가 삭제됩니다.
CLASS	클래스 파일은 유효하지만 JVM에는 읽어 들이지 않습니다(기본값).
RUNTIME	실행 중일 때 JVM에서 참조할 수 있는 가장 넓은 유효 범위입니다.

@Documented

지정된 어노테이션을 Javadoc API 문서를 출력할 때 표시되게 합니다.

@Inherited

지정한 어노테이션을 부여한 클래스를 상속하면 하위 클래스도 그 어노테이션을 부여한 것으로 설정합니다.

Spring Initializr 알아보기

앞서 프로젝트를 만들 때 Spring Initializr를 사용해 봤습니다. 이번에는 Spring Initializr 웹 사이트를 이용해서 프로젝트를 만드는 방법에 대해 조금 더 자세하게 설명하겠습니다.

3-5-1 Spring Initializr의 URL

웹 브라우저에서 https://start.spring.io/에 접속하면 바로 Spring Initializr를 사용할 수 있습니다.

3-5-2 Spring Initializr의 이점

스프링 부트에서 프로젝트를 시작할 때 통합 개발 환경(IDE)에 의존하지 않는 프로젝트를 만드는 방법을 원한다면 Spring Initializr에서 프로젝트를 만들고 사용 중인 통합 개발 환경에서 해당 프로젝트를 가져와서 사용합니다. 이 책에서는 IntelliJ IDEA를 사용하지만 다른 IDE(Eclipse 등)에서도 프로젝트를 임포트해서 사용할 수 있습니다.

3-5-3 사용법

01 사이트 접속

웹 브라우저에서 https://start.spring.io/에 접속하면 그림 3.43과 같이 Spring Initializr 페이지가 표시됩니다. 각 항목의 개요는 표 3.9에 정리했습니다.

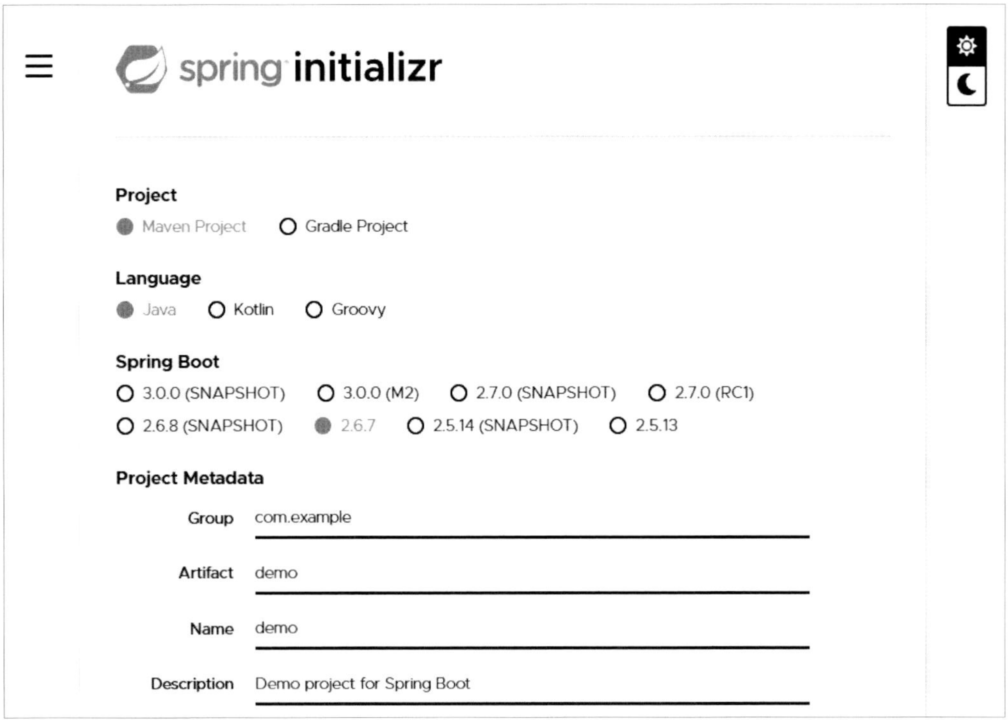

그림 3.43 Spring Initializr 웹사이트

표 3.9 Spring Initializr 웹사이트 항목 설명

입력/선택 항목	개요
Project	빌드 도구를 선택합니다. 'Apache Maven' 또는 'Gradle'을 선택할 수 있습니다. 이 책에서는 'Gradle'을 선택합니다.
Language	사용할 프로그래밍 언어를 선택합니다. 자바(Java), 코틀린(Kotlin), 그루비(Groovy)의 세 종류 중에서 선택할 수 있습니다. 이 책에서는 'Java'를 선택합니다.
Spring Boot	사용할 스프링 부트 버전을 선택합니다. 이 책에서는 2.6.7을 선택합니다(기본값).
Project Metadata(Group)	패키지명을 입력합니다.
Project Metadata(Artifact)	프로젝트(응용 프로그램) 이름을 입력합니다.
Project Metadata(Name)	Artifact와 동일한 이름을 사용하는 것을 추천합니다.
Project Metadata(Description)	프로젝트의 설명을 입력합니다.
Project Metadata(Package Name)	프로젝트의 패키지 이름. 일반적으로 Group에 지정된 패키지와 Artifact에 지정된 이름으로 구성됩니다.
Dependencies	사용할 프레임워크나 라이브러리를 선택합니다. 키워드를 입력하여 원하는 프레임워크나 라이브러리를 선택하고 추가할 수 있습니다.

02 라이브러리 추가

화면의 [ADD DEPENDENCIES]를 클릭합니다(그림 3.44). 표시된 화면에서 키워드를 입력하여 원하는 프레임워크나 라이브러리를 추가할 수 있습니다(그림 3.45).

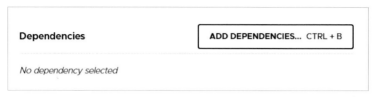

그림 3.44 라이브러리 추가

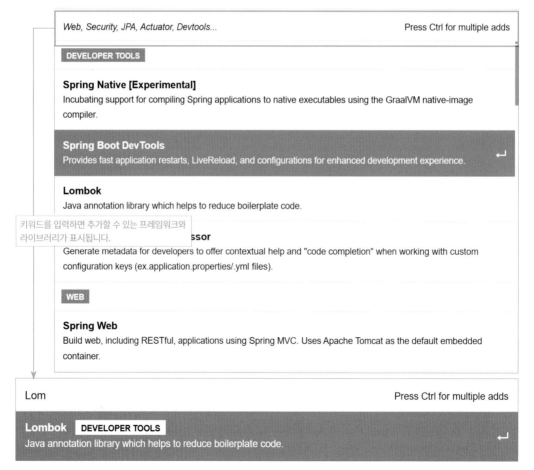

그림 3.45 라이브러리 선택

'Lombok'을 추가하기 위해 검색 폼에 'Lom'을 입력하면 Lombok이 표시되는데, 그것을 마우스로 클릭해서 선택합니다.

03 프로젝트 생성

[GENERATE]를 클릭하면 프로젝트가 zip 형태로 압축된 파일로 로컬 PC에 다운로드됩니다(그림 3.46).

GENERATE CTRL + ⏎　　**EXPLORE** CTRL + SPACE　　**SHARE...**

그림 3.46 프로젝트 생성

04 프로젝트 임포트

다운로드한 zip 파일의 압축을 푼 다음 IntelliJ IDEA에서 [파일] → [열기]를 선택한 후 불러오면 프로젝트가 임포트됩니다.

통합 개발 환경(IDE)에 의존하지 않는 스프링 부트를 사용하여 프로젝트를 만드는 방법을 원한다면 Spring Initializr에서 프로젝트를 만드는 방법을 추천합니다.

칼럼 / 통합 개발 환경(IDE)의 편리한 기능

IDE는 통합 개발 환경으로, 코딩을 편리하게 할 수 있는 기능이 포함된 환경입니다. IDE의 제품에 따라 탑재된 기능의 차이는 있지만 공통적인 기능을 소개합니다.

- 코드 자동 완성

  코드 자동 완성 기능을 사용하면 코딩할 때 모든 철자를 타이핑할 필요가 없으며 타이핑의 번거로움을 없애고 오탈자를 입력하는 실수를 방지합니다.

- 코드 분석

  코드 분석 기능을 사용하면 오타나 문법 실수로 잘못된 코드를 입력하면 즉시 틀린 부분을 알려줍니다.

- 리팩터링

  리팩터링 기능을 사용하면 수정이 필요한 클래스명이나 변수명을 변경했을 때 프로그램 내 모든 코드에 변경 사항이 반영됩니다.

04장

장

데이터베이스 작업

이번 장에서는 스프링이 제공하는 스프링 데이터 프로젝트 중 하나인 스프링 데이터 JDBC(Spring Data JDBC)를 사용해서 데이터베이스에 접속해서 데이터를 조작하는 방법을 설명합니다. 우선 스프링 데이터 JDBC를 설명하기 전에 데이터베이스와 관계형 데이터베이스에 대해 간단히 복습하고 난 후 이번에 사용하는 데이터베이스인 PostgreSQL의 전용 관리 소프트웨어인 pgAdmin 4의 사용법에 관해 설명하겠습니다.

4-1-1 데이터베이스란?

데이터베이스(Database)란 데이터를 보관하기 위한 '상자'라고 할 수 있습니다. 데이터베이스에서 데이터를 모을 때는 특정한 규칙을 적용해서 데이터를 정리해서 보관합니다. 보통 데이터베이스를 DB라고 줄여서 부르는 경우가 많습니다(그림 4.1).

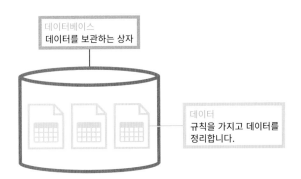

데이터베이스
데이터를 보관하는 상자

데이터
규칙을 가지고 데이터를 정리합니다.

그림 4.1 데이터베이스 개요

4-1-2 관계형 데이터베이스란?

관계형 데이터베이스(Relational Database)는 데이터를 표 형식으로 표현하고, 여러 표에서 항목의 값 사이에 관계를 맺고 있는 데이터베이스를 말합니다. 표는 테이블(Table)이라고 부르고 테이블과 테이블 간의 관계를 관계(Relationship)라고 합니다. 관계형 데이터베이스는 가장 일반적으로 사용되는 데이터베이스입니다. 보통 RDB로 줄여서 부릅니다(그림 4.2).

사원 테이블

사원 번호	사원 이름	부서 번호
1001	홍길동	101
1002	이순신	102
1003	김철수	101
1004	최영희	104

부서 테이블

부서 번호	부서 이름
101	총리부
102	경리부
103	인사부
104	개발부

부서 번호를 사용해서 테이블 간의 관계를 맺음

테이블 간의 관련성을 관계라고 함

그림 4.2 관계형 데이터베이스의 개요

4-1-3   PostgreSQL로 데이터베이스 확인

'1-4 개발 환경 준비(PostgreSQL)'에서 설치한 'PostgreSQL' 전용 관리 소프트웨어인 pgAdmin 4를 실행해서 데이터베이스를 확인하겠습니다.

01   pgAdmin 4 실행

윈도우 화면 왼쪽 밑에 있는 '검색하려면 여기에 입력하십시오'라고 적힌 검색란에 'pgAdmin4'를 입력하고 표시되는 결과 중에서 pgAdmin 4를 선택하면 pgAdmin이 실행됩니다.

패스워드 입력창에 설치할 때 지정한 패스워드를 입력하고 [OK]를 클릭합니다(그림 4.3).

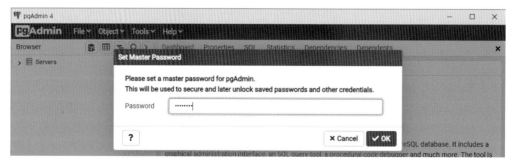

그림 4.3 pgAdmin 실행

02 데이터베이스 확인

Servers → PostgreSQL 14 → Databases를 선택합니다. PostgreSQL에서는 설치 후 초기화할 때 'postgres'라는 이름으로 데이터베이스가 생성되어 표시됩니다(그림 4.4).

이 책에서는 새로운 데이터베이스를 만들지 않고 `postgres` 데이터베이스를 사용하겠습니다.

그림 4.4 데이터베이스 확인

| 칼럼 | 데이터베이스에 대한 생각 |

저자가 데이터베이스를 처음 배울 때 떠오른 것은 '엑셀'이었습니다. 데이터베이스가 엑셀에서의 엑셀 파일이고 테이블은 엑셀의 시트로 생각했습니다.

하나의 데이터베이스 안에서 사원 정보를 관리하는 '사원 테이블'과 부서 정보를 관리하는 '부서 테이블'이 있다면 엑셀 파일명이 데이터베이스 이름이 되고 '사원 테이블'과 '부서 테이블'은 시트명이 될 것입니다. 테이블과 테이블 간의 관계는 엑셀의 VLOOKUP 함수로 바꿔서 이해했습니다.

테이블 생성

'4-1-2 관계형 데이터베이스란?'에서 표를 테이블이라고 설명했습니다. 이번 장에서는 테이블에 대해 조금 더 상세하게 설명한 후 postgres 데이터베이스에 테이블을 만들겠습니다.

4-2-1 테이블이란?

데이터베이스가 데이터를 보관하기 위한 상자라고 설명했지만 데이터베이스 안에서 실제로 규칙을 가진 데이터가 저장되는 상자를 테이블이라고 합니다. 테이블은 데이터를 항목으로 해서 이차원 표 형식으로 정리해서 저장합니다(그림 4.5).

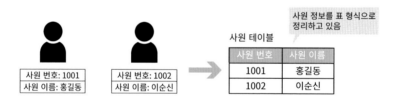

그림 4.5 **테이블 형식**

4-2-2 레코드와 칼럼

테이블의 가로 행(row)을 레코드(record)라고 합니다. 하나의 레코드가 한 건의 데이터입니다. 테이블의 세로 열(column)을 칼럼(column)이라고 합니다. 하나의 칼럼은 데이터의 각 요소가 됩니다(그림 4.6).

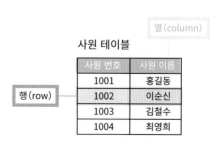

그림 4.6 **행과 열**

4-2-3 pgAdmin 4로 테이블 생성

회원의 정보(데이터)를 저장하는 member 테이블을 생성합니다. Servers → PostgreSQL 14 → Databases → postgres → Schemas → Tables를 선택합니다(그림 4.7).

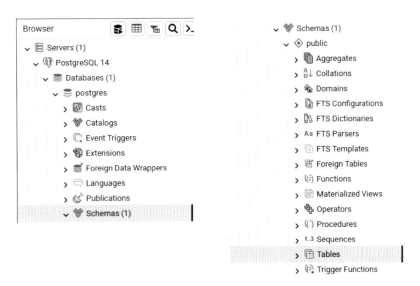

그림 4.7 Tables 선택

마우스 오른쪽 버튼을 클릭해서 [Create] → [Table]을 선택합니다. 'Create – Table' 화면에서 'General' 탭을 선택합니다. 'Name' 항목에 'member'라고 입력합니다 (그림 4.8). 여기서 member가 테이블의 이름 이 됩니다.

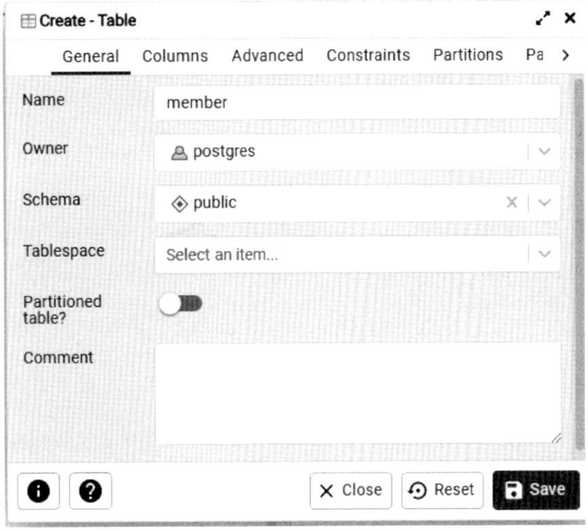

그림 4.8 테이블 생성

계속해서 'Columns' 탭을 선택합니다. Columns 옆에 있는 '+'를 클릭해서 입력란을 추가합니다. 'Name' 항목에 'id', 'Data type' 항목에는 'serial'을 입력하고 'Primary Key?' 항목에서 'Yes'를 선택합니다. 다시 'Columns' 옆에 있는 '+'를 클릭해서 입력란을 추가합니다.

'Name' 항목에 'name', 'Data type' 항목에 'character varying', 'Length/Precision' 항목에 '10'을 입력하고 'Not NULL?' 항목은 'Yes'를 선택합니다. 입력이 완료되었으면 [Save]를 클릭합니다.

이것으로 member 테이블이 생성되었습니다.

id 칼럼은 1에서 214748364까지 일련번호가 부여됩니다. 레코드의 제약 조건(Constraint)으로 'PRIMARY KEY'를 부여했습니다. name 칼럼은 문자 데이터로 10글자까지 입력되고 필수 입력의 의미로 'NOT NULL' 제약 조건을 설정했습니다(그림 4.9).

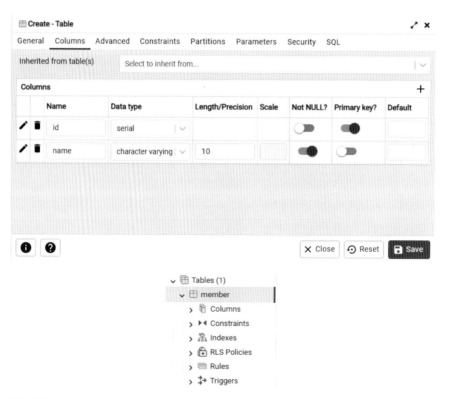

그림 4.9 테이블 생성 완료

제약 조건은 테이블에 존재하는 데이터가 불일치 상태가 되지 않게 하는 규칙입니다. 표 4.1에서는 간단하게 제약 조건에 관해 설명합니다.

표 4.1 제약 조건의 예

제약 조건	개요
NOT NULL	NULL 입력을 허용하지 않습니다(필수 입력).
UNIQUE	중복값 입력을 허용하지 않습니다(고유한 값).
CHECK	지정한 조건을 만족하지 않는 값의 입력을 허용하지 않습니다.
PRIMARY KEY	테이블 안에서 레코드를 식별하는 기본키를 설정합니다. 기본키는 NOT NULL과 UNIQUE가 함께 적용됩니다.
FOREIGN KEY	관련된 테이블을 연결하는 설정입니다. 외부 키라고도 부릅니다.
DEFAULT	칼럼의 초깃값을 설정합니다.

칼럼 ╱ 제약 조건

데이터 타입은 테이블에 저장하는 데이터의 종류를 제한하지만, 데이터 타입에서 제공하는 제약으로는 충분하지 않은 경우가 많습니다.

예를 들어, 상품의 가격 정보가 입력되는 칼럼에는 정수만 저장할 필요가 있지만 정수만 입력할 수 있는 기본 데이터 타입은 없습니다.

이 같은 문제를 해결하기 위해서 SQL에서는 칼럼 및 테이블에 대해서 제약 조건을 정의할 수 있습니다. 제약 조건에 따라 테이블 내의 데이터를 자유롭게 제약하여 불일치 값이 저장되는 것을 막을 수 있습니다.

4-3 데이터 입력

앞에서 postgres 데이터베이스에 member 테이블을 생성했습니다. 이번 장에서는 테이블의 데이터를 조작하는 방법인 SQL을 간단하게 설명하고 member 테이블에 데이터를 넣어보겠습니다.

4-3-1 SQL이란?

SQL은 데이터베이스를 조작하기 위한 언어입니다. SQL은 약어이며, 정식 명칭은 Structured Query Language(구조화 질의어)입니다. SQL은 ANSI(American National Standard Institute)와 ISO(국제 표준화 기구)에서 사양이 표준화되어 있어 다른 데이터베이스에서도 거의 같은 방법으로 조작이 가능합니다.

CRUD

CRUD란 영속적으로 데이터를 취급하는 4개의 기본적인 기능인 생성(Create), 읽기(Read), 갱신(Update), 삭제(Delete)의 머리글자를 따서 만든 단어입니다.

SQL은 테이블 상의 레코드에 대해서 CRUD를 조작하는 구문을 제공합니다(표 4.2).

표 4.2 SQL의 CRUD

CRUD	명령어	개요
생성(Create)	INSERT	데이터를 등록
읽기(Read)	SELECT	데이터를 참조
갱신(Update)	UPDATE	데이터를 갱신
삭제(Delete)	DELETE	데이터를 삭제

PostgreSQL에서의 CRUD 구문은 표 4.3에 정리했습니다.

표 4.3 PostgreSQL에서의 CRUD 구문

CRUD	구문
생성(Create)	INSERT INTO 테이블명 (칼럼명, 칼럼명…) VALUES(값, 값, ...);
읽기(Read)	SELECT 칼럼명 FROM 테이블명;
갱신(Update)	UPDATE 테이블명 SET 칼럼명 = 값 WHERE 갱신할_레코드를_특정하는_조건; ※ WHERE로 조건을 지정하지 않는 경우 모든 레코드가 대상이 됩니다.
삭제(Delete)	DELETE FROM 테이블명 WHERE 삭제할_레코드를_특정하는_조건; ※ WHERE로 조건을 지정하지 않는 경우 모든 레코드가 대상이 됩니다.

4-3-2 테이블에 데이터 입력

01 INSERT 실행

Tables → member를 선택하고 메뉴에서 Tools → Query Tool을 선택하면 Query Editor가 표시됩니다(그림 4.10).

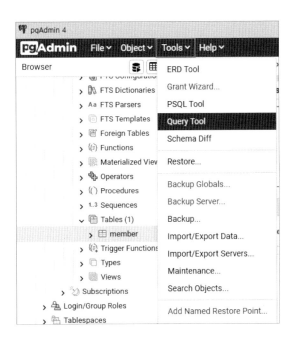

그림 4.10 Query Editor 표시

Query Editor 화면에 다음 SQL을 입력합니다. id 칼럼은 serial 타입으로 자동으로 일련번호가 설정되기 때문에 INSERT 문에 설정할 필요가 없습니다. 입력 후 Query Editor 화면의 [▶]을 클릭합니다(그림 4.11).

```
INSERT INTO member(name) VALUES ('홍길동');
INSERT INTO member(name) VALUES ('이순신');
```

그림 4.11 INSERT 실행

Tables → member를 선택하고 표 마크의 [View Data]를 클릭하면 자동으로 Query Editor가 표시되고 Data Output에 등록된 데이터를 확인할 수 있습니다(그림 4.12).

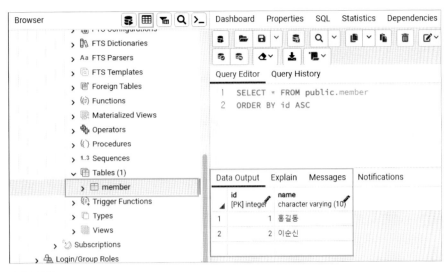

그림 4.12 데이터 확인

02 SELECT 실행

Tables → member를 선택하고 메뉴 바에서 Tools → Query Tool을 선택합니다. Query Editor 화면에서 다음 SQL을 입력합니다.

```
SELECT id, name FROM member;
```

Query Editor 화면의 [▶]을 클릭합니다. 앞에서 확인한 내용과 같이 member 테이블에서 데이터를 읽어와서 보여줍니다(그림 4.13).

그림 4.13 SELECT 실행

03 UPDATE 실행

Query Editor에서 다음 SQL을 입력합니다.

```
UPDATE member SET name='Yi Sun-sin' WHERE id=2;
```

Query Editor 화면의 [▶]을 클릭하고 'Query returned successfully'가 표시되면 앞에서와 같이 [View Data]를 클릭해서 대상 데이터가 갱신된 것을 확인합니다(그림 4.14).

그림 4.14 UPDATE 확인

04 DELETE 실행

Query Tool에 다음 SQL을 입력합니다.

```
DELETE FROM member WHERE id=2;
```

Query Editor 화면의 [▶]을 클릭하고 'Query returned successfully'가 표시되면 앞에서와 같이 [View Data]를 클릭해서 대상 데이터가 삭제된 것을 확인합니다(그림 4.15).

간단하지만 pgAdmin 4에서 SQL을 사용해 CRUD 처리를 해봤습니다. 개인적인 의견이지만 SQL 구문은 무리하게 기억할 필요는 없습니다. 요즘은 툴로 코드를 완성할 수 있고, 인터넷으로 조사하면 쉽게 필요한 SQL을 찾을 수 있습니다. 중요한 것은 'SQL 구문'이 아니고 CRUD 처리를 SQL로 할 수 있다는 것을 아는 지식입니다. SQL이 필요할 때마다 몇 번씩 찾아보고 사용하다 보면 SQL 구문은 자연스럽게 기억될 것입니다.

그림 4.15 DELETE 확인

엔티티와 리포지토리 알아보기

앞에서 SQL을 이용해 테이블에 CRUD를 조작하는 방법을 설명했습니다. 이번 절에서는 프로그램에서 데이터베이스를 조작할 때 사용하는 용어인 '엔티티(Entity)'와 '리포지토리(Repository)'에 대해 설명하겠습니다.

4-4-1 엔티티란?

엔티티를 한마디로 표현하면 '데이터를 담아두는 객체'입니다. 조금 더 상세하게 설명하자면 엔티티는 데이터베이스 테이블의 한 행(레코드)에 대응하는 객체입니다(그림 4.16). 엔티티의 필드는 테이블의 칼럼값에 대응합니다(예제 4.1).

그림 4.16 엔티티와 테이블의 대응 관계

예제 4.1 Member 엔티티의 예

```
001: /**
002: * Member 테이블: 엔티티
003: */
004: public class Member {
005:     /** id 칼럼 대응 */
006:     private Integer id;
007:     /** name 칼럼 대응 */
008:     private String name;
009:
010:     public Integer getId() {
011:         return id;
012:     }
013:     public void setId(Integer id) {
014:         this.id = id;
```

```
015:    }
016:    public String getName() {
017:        return name;
018:    }
019:    public void setName(String name) {
020:        this.name = name;
021:    }
022: }
```

엔티티는 실제 데이터를 담아 두는 개체입니다. 사용할 때는 다음 세 가지를 기억해두면 좋습니다.

○ 클래스명

클래스명은 대응하는 데이터베이스의 테이블명으로 하는 경우가 많습니다.

○ 데이터베이스에 값 넘겨주기

데이터베이스 값을 등록/갱신하는 경우에는 엔티티에 값을 넣어서 넘겨줍니다.

○ 데이터베이스에서 값 가져오기

데이터베이스에서 값을 가져오는 경우에는 값을 엔티티에 넣어서 가져옵니다.

4-4-2 리포지토리란?

리포지토리란 간단하게 말하면 데이터베이스를 조작하는 클래스입니다. 리포지토리를 생성하는 경우에는 반드시 인터페이스를 정의하고 구현해야 합니다. 그 이유는 리포지토리 인터페이스의 필드에 리포지토리 구현 클래스를 DI하여 특정 구현에 의존하는 것을 피할 수 있기 때문입니다(그림 4.17).

의존성에 대해서는 '3-2 DI 컨테이너 알아보기'에서 설명했습니다. 자바에서는 인터페이스를 구현한 클래스의 접미사에 'Impl'을 붙이는 경우가 많습니다(Impl은 implements의 약자입니다).

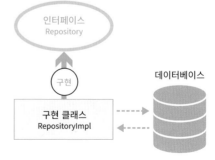

그림 4.17 리포지토리

스프링 데이터 JDBC
사용해보기

현재 자바 프로그램 개발에서는 데이터베이스에 대한 액세스 처리를 O/R 매퍼라는 프레임
워크를 사용해서 개발하는 경우가 많습니다. 여기서는 O/R 매퍼에 대해 간단하게 설명하고
O/R 매퍼의 한 종류인 스프링 데이터 JDBC를 사용해서 프로그램을 만들겠습니다.

4-5-1 O/R 매퍼란?

O/R 매퍼(Object-relational Mapper)를 간단하게 설명하면 애플리케이션에서 사용하는
O(Object): '객체'와 R(Relational): '관계형 데이터베이스'의 데이터를 매핑하는 것입니다.

조금 더 자세하게 설명하면 O/R 매퍼는 미리 설정된 객체와 관계형 데이터베이스 간의 대응 관계 정보
를 가지고 인터페이스의 데이터에 대응하는 테이블에 내보내거나 데이터베이스에서 값을 읽어 들여 인
터페이스에 대입하는 작업을 자동으로 실행합니다.

그림 4.18 O/R 매퍼

4-5-2 스프링 데이터 JDBC란?

스프링 데이터 JDBC는 O/R 매퍼입니다. 특징으로 스프링 데이터가 제공하는 `CrudRepository`를 상속
해서 자동으로 CRUD를 지원하는 메서드를 사용할 수 있습니다. 설명보다는 프로그램을 작성하는 편이
더 쉽게 이해될 것입니다. 바로 스프링 데이터 JDBC를 사용해서 데이터베이스에 액세스하는 프로그램
을 만들어 보겠습니다.

4-5-3 ⟩ 스프링 데이터 JDBC 프로그램 생성

'4-2 테이블 생성'에서 생성한 member 테이블에 스프링 데이터 JDBC를 사용해서 액세스하여 INSERT와
SELECT를 실행하는 프로그램을 생성하겠습니다.

01 ⟩ 프로젝트 생성

https://start.spring.io/에 접속해서 다음 설정 내용을 참조해서 입력합니다.

설정 내용

항목	값
Project	Gradle Project
Spring Boot	2.6.7
Artifact	SpringDataJDBCSample
Packaging	jar
Java	11

의존 관계(Dependencies)에서 다음과 같은 의존성을 추가한 후 프로젝트 파일을 다운로드하고 압축
을 풉니다.

- Spring Boot DevTools(개발 도구)

- Lombok(개발 도구)

- Spring Data JDBC(SQL)

- PostgreSQL Driver(SQL)

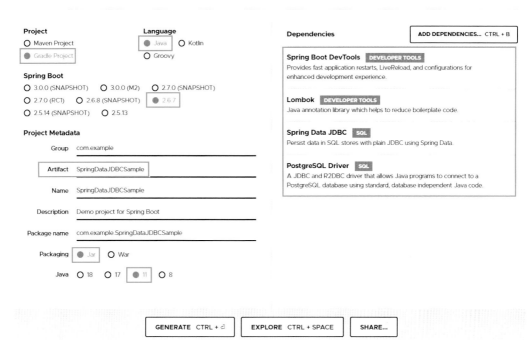

그림 4.19 Spring Initializr 페이지

IntelliJ IDEA를 실행한 후 [파일] → [열기]에서 압축을 푼 폴더를 선택합니다(그림 4.20).

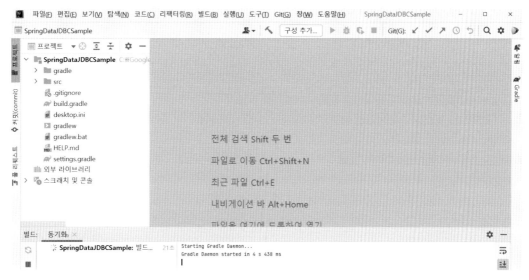

그림 4.20 프로젝트 열기

02 ▷ application.properties 열기

application.properties는 스프링 부트 프로젝트의 환경 설정용 파일입니다. 여기서는 postgres 데이터베이스 접속에 관련된 설정을 합니다.

IntelliJ IDEA에서 src/main/resources → application.properties를 더블클릭해서 엽니다.

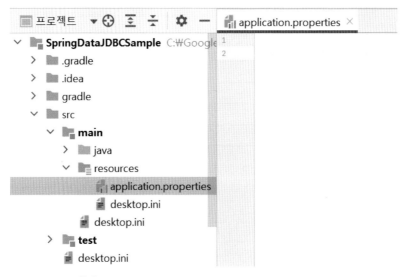

그림 4.21 application.properties 열기

03 ▷ application.properties 설정

application.properties 파일에 다음 설정을 입력합니다. 설정 항목에 관한 설명은 표 4.4를 참조하세요. password에는 PostgreSQL을 설치할 때 입력한 비밀번호를 입력합니다.

```
spring.datasource.driver-class-name=org.postgresql.Driver
spring.datasource.url=jdbc:postgresql://localhost:5432/postgres
spring.datasource.username=postgres
spring.datasource.password=postgres
```

표 4.4 application.properties 설정 항목

항목	설명
spring.datasource.driver-class-name	JDBC 드라이버의 클래스명을 지정합니다. 여기서는 PostgreSQL의 드라이버를 설정합니다.
spring.datasource.url	데이터베이스의 '접속 URL'을 설정합니다.
spring.datasource.username	데이터베이스에 접속하는 '유저명'을 설정합니다.
spring.datasource.password	데이터베이스에 접속하는 '패스워드'를 설정합니다.

04 엔티티 생성

엔티티에 대해서는 '4-4-1 엔티티란?'을 참조해주세요. 여기서는 member 테이블에 대응하는 Member 엔티티를 생성합니다.

src/main/java에서 마우스 오른쪽 버튼을 클릭해서 [새로 만들기] → [패키지]를 선택하여 com.example.demo.entity 패키지를 생성합니다.

com.example.demo.entity 폴더를 선택하고 마우스 오른쪽 버튼을 클릭하여 [새로 만들기] → [Java 클래스]를 선택합니다. 자바 클래스명을 Member로 지정하고 클래스의 내용은 예제 4.2와 같이 입력합니다.

예제 4.2 Member 클래스

```
001: package com.example.demo.entity;
002:
003: import lombok.AllArgsConstructor;
004: import lombok.Data;
005: import lombok.NoArgsConstructor;
006:
007: /**
008:  * Member 테이블 엔티티
009:  */
010: @Data
011: @NoArgsConstructor
012: @AllArgsConstructor
013: public class Member {
014:     /** Member 번호 */
015:     private Integer id;
```

```
016:     /** Member 이름 */
017:     private String name;
018: }
```

Lombok에서 제공하는 어노테이션을 사용합니다.

○ `@Data`

클래스에 부여하는 것으로, 전 필드에 대해 getter/setter로 액세스할 수 있습니다. `hashCode()`, `equals()`, `toString()`도 자동 생성됩니다.

○ `@NoArgsConstructor`

클래스에 부여하는 것으로, 기본 생성자가 자동 생성됩니다.

○ `@AllArgsConstructor`

클래스에 부여하는 것으로, 전 필드에 대해 초기화 값을 인수로 가지는 생성자가 자동 생성됩니다.

엔티티 생성 후 테이블의 기본키(Primary Key)에 해당하는 `id` 필드에 대해 `@Id` 어노테이션을 부여해 주세요. 부여하면 `org.springframework.data.annotation.Id`가 임포트됩니다.

```
/** Member 번호 */
@Id
private Integer id;
```

05 리포지토리 생성

리포지토리에 대해서는 '4-4-2 리포지토리란?'을 참조해 주세요. 여기서는 `member` 테이블에 대해서 데이터를 조작하는 리포지토리를 생성합니다.

`src/main/java` → `com.example.demo` 폴더를 선택하고 마우스 오른쪽 버튼을 클릭해서 [새로 만들기] → [패키지]를 선택한 후 `com.example.demo.repository` 패키지를 생성합니다. `repository` 패키지에서 마우스 오른쪽 버튼을 클릭해 [새로 만들기] → [Java 클래스]를 선택하고 `MemberCrudRepository`라는 이름으로 인터페이스를 생성합니다(그림 4.22). `MemberCrudRepository` 인터페이스에서 `CrudRepository`를 상속해서 사용하기 위해 클래스명 뒤에 `extends`를 추가합니다. `MemberCrudRepository` 인터페이스의 내용은 예제 4.3과 같습니다.

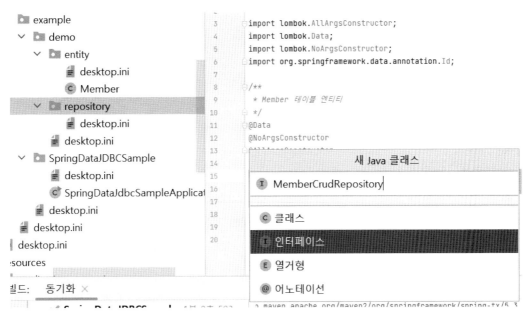

그림 4.22 MemberCrudRepository 인터페이스 생성

예제 4.3 MemberCrudRepository 인터페이스

```
001:  package com.example.demo.repository;
002:
003:  import org.springframework.data.repository.CrudRepository;
004:
005:  import com.example.demo.entity.Member;
006:
007:  /**
008:  * Member 테이블: 리포지토리
009:  */
010:  public interface MemberCrudRepository extends CrudRepository<Member, Integer> {
011:
012:  }
```

MemberCrudRepository 리포지토리는 CrudRepository를 상속하도록 작성했습니다. CrudRepository 인수의 타입인 Member와 @Id 어노테이션을 부여한 필드의 타입인 Integer의 순서로 지정합니다. 이것은 저장 대상 객체의 타입과 저장 대상 객체의 기본키 타입을 지정한 것입니다.

이것으로 MemberCrudRepository 인터페이스 안에서 메서드를 작성하지 않아도 사용 가능하게 되었습니다. 메서드에서 사용되는 반환값이나 인수의 엔티티나 ID는 <Member, Integer>로 지정한 타입이 됩니다.

CrudRepository의 CRUD 메서드를 표 4.5에 정리했습니다.

표 4.5 CrudRepository의 CRUD 메서드

반환형	메서드	개요
long	count()	취득한 엔티티의 수를 돌려줍니다.
void	delete(Member entity)	지정한 엔티티를 삭제합니다.
void	deleteAll()	리포지토리에서 관리하는 모든 엔티티를 삭제합니다.
void	deleteAll(Iterable entities)	지정한 복수의 엔티티를 삭제합니다.
void	deleteById(Integer id)	지정한 ID에 해당하는 엔티티를 삭제합니다.
boolean	existsById(Integer id)	지정한 ID에 해당하는 엔티티의 존재 여부를 확인합니다.
Iterable	findAll()	모든 엔티티를 반환합니다.
iterable	findAllById(Iterable ids)	지정한 복수의 ID에 해당하는 엔티티를 반환합니다.
Optional	findById(Integer id)	지정한 ID에 해당하는 엔티티를 반환합니다.
Member	save(Member entity)	지정한 엔티티를 저장합니다.
Iterable	saveAll(Iterable entities)	지정한 모든 엔티티를 저장합니다.

중요한 점은 save 메서드는 @Id 어노테이션이 부여된 필드의 값이 null인 경우에는 INSERT가 실행되고, 그 외에는 UPDATE가 실행된다는 점입니다.

06 클래스 생성

실제 작업을 처리하는 클래스로 SpringDataJdbcSampleApplication 클래스를 생성합니다(예제 4.4).

스프링 부트 애플리케이션의 기동 클래스인 SpringDataJdbcSampleApplication에서는 20~21번째 줄의 MemberCrudRepository를 @Autowired로 주입하고, 36~43번째 줄의 '등록' 메서드와 48~55번째 줄의 '전체 취득' 메서드를 만듭니다.

메서드 내에서는 **MemberCrudRepository**에 처리를 위임합니다. 26~31번째 줄의 execute 메서드로 등록 메서드와 전체 취득 메서드를 호출하도록 작성하고 **main** 메서드의 17번째 줄에서 execute 메서드를 호출합니다.

예제 4.4 SpringDataJdbcSampleApplication 클래스

```
001: package com.example.SpringDataJDBCSample;
002:
003: import org.springframework.beans.factory.annotation.Autowired;
004: import org.springframework.boot.SpringApplication;
005: import org.springframework.boot.autoconfigure.SpringBootApplication;
006:
007: import com.example.demo.entity.Member;
008: import com.example.demo.repository.MemberCrudRepository;
009:
010: /**
011:  * 스프링 부트 기동 클래스
012:  */
013: @SpringBootApplication
014: public class SpringDataJdbcSampleApplication {
015:   public static void main(String[] args) {
016:     SpringApplication.run(SpringDataJdbcSampleApplication.class, args)
017:         .getBean(SpringDataJdbcSampleApplication.class).execute();
018:   }
019:
020:   @Autowired
021:   MemberCrudRepository repository;
022:
023:   /**
024:    * 등록과 전체 취득 처리
025:    */
026:   private void execute() {
027:     // 등록
028:     executeInsert();
029:     // 전체 취득
030:     executeSelect();
031:   }
032:
```

```
033:    /**
034:     * 등록
035:     */
036:    private void executeInsert() {
037:        // 엔티티 생성(id는 자동 부여되기 때문에 null을 설정)
038:        Member member = new Member(null, "이순신");
039:        // 리포지토리를 이용해 등록을 수행하고 결과를 취득
040:        member = repository.save(member);
041:        // 결과를 표시
042:        System.out.println("등록 데이터:" + member);
043:    }
044:
045:    /**
046:     * 전체 취득
047:     */
048:    private void executeSelect() {
049:        System.out.println("--- 전체 데이터를 취득합니다 ---");
050:        // 리포지토리를 이용해 전체 데이터를 취득
051:        Iterable<Member> members = repository.findAll();
052:        for (Member member : members) {
053:            System.out.println(member);
054:        }
055:    }
056: }
```

07 실행

SpringDataJdbcSampleApplication 파일을 선택하고 마우스 오른쪽 버튼을 클릭해서 [실행]을 선택합니다.

그러면 CrudRepository를 상속한 MemberCrudRepository 클래스의 등록과 전체 취득 메서드가 호출됩니다(그림 4.23).

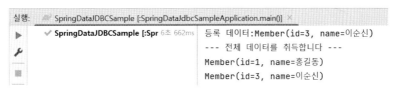

그림 4.23 실행 결과

pgAdmin 4를 실행해서 Servers → PostgreSQL 14 → Databases → postgres → Schemas → Tables → member를 선택하고 표 마크의 [View Data]를 클릭하면 Query Editor 화면이 표시되고 프로그램 실행 결과와 같은 결과가 표시되는 것을 확인할 수 있습니다(그림 4.24).

id [PK] integer	name character varying (10)
1	홍길동
3	이순신

그림 4.24 pgAdmin 4에서 확인

스프링 데이터가 제공하는 CrudRepository를 상속한 MemberCrudRepository 인터페이스를 사용하여 INSERT와 SELECT를 실행하는 프로그램을 만들었습니다.

CrudRepository를 상속한 것만으로 CRUD를 실행할 수 있는 메서드를 사용할 수 있는 것은 개발을 상당히 편리하게 해줍니다. 한 가지 주의할 점으로는 CrudRepository를 상속한 MemberCrudRepository 인터페이스에 @Repository를 부여하지 않는다는 것입니다. @Repository는 인스턴스 생성을 위한 어노테이션이며 인터페이스는 인스턴스화할 수 없습니다.

어디까지나 CrudRepository를 상속하는 것은 인터페이스입니다. 그럼 CrudRepository를 상속한 인터페이스의 구현 클래스는 어디서 생성되는 것일까요?

구현 클래스는 스프링 데이터 JDBC가 자동 생성하므로 직접 구현 클래스를 생성해 @Repository를 구현 클래스에 부여할 필요가 없습니다.

이 책은 초보자용이라서 CRUD를 처리하는 메서드만 설명하지만 스프링 데이터 JDBC에는 그 밖에도 여러 가지 기능이 있습니다. 스프링 데이터 JDBC의 더 자세한 사용법에 대해서는 다른 서적이나 인터넷에서 조사해 꼭 사용해 보기 바랍니다.

05장

장

MVC 모델 알아보기

MVC 모델 알아보기

이번 장에서는 스프링이 제공하는, 웹 애플리케이션을 간단하게 작성할 수 있는 기능인 스프링 MVC를 사용해서 웹 애플리케이션을 작성합니다. 우선 스프링 MVC를 설명하기 전에 MVC 모델에 대해 설명하겠습니다.

5-1-1 MVC 모델이란?

MVC 모델이란 '프로그램의 처리 역할을 나누어서 프로그램을 작성하는 방법'으로 웹 시스템 개발에 자주 사용되고 있습니다. 역할은 모델(Model: M), 뷰(View: V), 컨트롤러(Controller: C)의 세 종류로 분류합니다(그림 5.1).

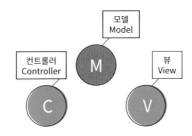

그림 5.1 MVC 모델의 분류

모델(Model: M)

모델은 시스템에서 비즈니스 로직(Business Logic)을 담당합니다. '비즈니스 로직'이라는 단어의 뜻을 찾아보면 '시스템의 코어 부분' 혹은 '시스템의 목적을 처리하는 부분' 등으로 그 뜻이 쉽게 이해되지 않는 사람도 있을 것입니다.

비즈니스 로직을 회원 가입할 때의 상황에 비유하면 사용자가 입력한 아이디의 중복 확인, 본인 인증, 비밀번호 규칙 확인 등이 필요할 것입니다. 이 중에서 아이디 중복 확인의 비즈니스 로직을 생각해 보면 우선 사용자가 입력한 아이디 값을 메모리에 저장하고 회원 데이터베이스에서 같은 아이디가 있는지 확인하고 중복 여부를 화면에 표시할 수 있게 전달하는 것까지가 비즈니스 로직이 됩니다.

우선 어렵게 생각하지 말고 모델은 시스템에서 제공하는 비즈니스 로직의 처리 내용을 작성하는 곳이라고 생각하면 됩니다(그림 5.2).

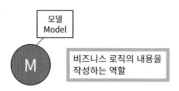

그림 5.2 모델 분류

뷰(View: V)

뷰는 한마디로 설명하면 '외형'입니다. 사용자 입력과 결과 출력 등 시스템에서 표현 부분을 담당하며 웹 애플리케이션에서는 주로 화면을 담당합니다(그림 5.3).

그림 5.3 뷰 분류

컨트롤러(Controller: C)

컨트롤러는 서비스 처리를 담당하는 모델과 화면 표시를 담당하는 뷰를 제어(Control)하는 역할을 합니다. 사용자가 입력한 내용을 뷰에서 받고, 받은 데이터를 기준으로 모델에 내용을 전달합니다. 또 모델에서 받은 데이터를 뷰에 전달해서 화면에 표시하는 역할을 합니다(그림 5.4).

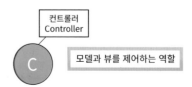

그림 5.4 컨트롤러 분류

5-1-2 MVC 모델의 개요와 이점

서비스 처리 모델(Model: M), 보기 뷰(View: V), 제어 컨트롤러(Controller: C)로 분류함으로써 프로그램의 독립성이 높아지고 다음과 같은 이점을 얻을 수 있습니다(그림 5.5).

- 역할 분담을 통해 효율적인 개발 가능

- 개발하는 엔지니어의 분업화가 용이

- 설계 변경에 유연하게 대응 가능

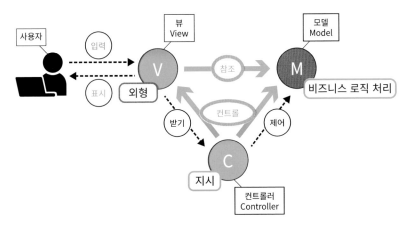

그림 5.5 MVC 모델의 개요

스프링 MVC 알아보기

MVC 모델의 역할 분담에 대해 이해하셨나요? 다음으로 스프링이 제공하는 웹 애플리케이션을 간단하게 만들 수 있는 기능인 스프링 MVC를 설명하겠습니다.

5-2-1 스프링 MVC란?

스프링 MVC를 간단히 설명하면 '웹 애플리케이션을 간단하게 만들 수 있는 기능을 제공하는 프레임워크'입니다.

'프런트 컨트롤러 패턴(Front Controller Pattern)'이란 디자인 패턴(Design Pattern)이라고 하는 '이런 경우에는 이런 식으로 작성하면 좋다'라는 선인들의 지혜가 담긴 설계 패턴의 하나로, 모든 요청을 프런트 컨트롤러가 받아, 그 후 담당하는 컨트롤러에 적절하게 할당하는 설계입니다.

스프링 MVC의 주요 기능으로 화면 전환이나 사용자가 사용하는 브라우저와 서버 간의 입출력 데이터 전달을 단순화하는 등의 기능이 있습니다.

스프링 MVC의 주요 구성 요소를 표 5.1에 정리했습니다.

표 5.1 스프링 MVC의 구성 요소

객체	기능 개요
DispatcherServlet	모든 요청을 수신하는 프런트 컨트롤러입니다.
Model	컨트롤러에서 뷰에 넘겨주는 표시용 데이터 등을 저장하는 객체입니다 (HttpServletRequest나 HttpSession과 같은 기능을 제공합니다).
컨트롤러	요청에 대응해서 처리할 내용이 있는 곳입니다.
서비스 처리	데이터베이스에 접속해서 데이터를 취득하거나 데이터를 가공하는 등 여러 가지 작업을 실행합니다. 개발자가 설계하고 구현합니다(스프링 MVC와 관계없음).
뷰	화면 표시 처리를 합니다(구체적으로는 JSP 등의 처리).

5-2-2   요청을 받고 응답을 보낼 때까지의 흐름

스프링 MVC에서 요청에서 응답까지의 흐름을 그림 5.6에 정리했습니다.

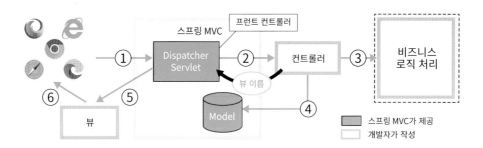

그림 5.6 요청을 받고 응답을 보낼 때까지의 흐름

그림 5.6을 간단히 설명하겠습니다.

모든 요청을 수신하는 프런트 컨트롤러인 DispatcherServlet이 클라이언트로부터 요청을 수신합니다 (①).

DispatcherServlet이 컨트롤러의 요청 핸들러 메서드를 호출합니다(②).

컨트롤러는 비즈니스 로직 처리를 호출하고, 처리 결과를 받아(③) 처리 결과를 모델로 설정하고, 뷰 이름을 반환합니다(④).

반환된 뷰 이름을 받아 DispatcherServlet이 뷰 이름에 대응하는 뷰에 대해 화면 표시 처리를 의뢰합니다(⑤).

마지막으로 클라이언트가 응답을 받고 브라우저에 화면이 표시됩니다(⑥).

요청 핸들러 메서드에 대해서는 '5-3-1 스프링 MVC 프로그램 만들기'에서 설명하겠습니다. 덧붙여 스프링 MVC는 내부에서 앞에서 말한 클래스 외에도 다양한 클래스의 처리가 일어나지만, 이 책에서는 우선 DispatcherServlet과 모델에 주목하기 위해 생략했습니다.

그림 5.6을 보면 번거로운 처리는 스프링 MVC가 담당하기 때문에 실제로 우리가 작성하는 부분은 컨트롤러, 비즈니스 로직 처리, 뷰의 세 가지뿐인 것을 알 수 있습니다.

5-3 스프링 MVC 사용해보기

지금부터 스프링 MVC를 사용해서 웹 애플리케이션을 만들어 보겠습니다. 혹시 웹에 대해 자신이 없는 사람은 '2-2 웹 애플리케이션 만들기의 필수 지식 확인'을 다시 읽고 프로그램을 작성해보기 바랍니다.

설명보다 프로그램을 작성하는 편이 이해하기 쉽기 때문에 스프링 MVC를 사용해 프로그램을 작성해 보겠습니다.

5-3-1 스프링 MVC 프로그램 만들기

요청에 보내온 URL에 대응하는 메서드를 '요청 핸들러 메서드'라고 부릅니다. 컨트롤러에 요청 핸들러 메서드를 만든 후 뷰를 생성해서 브라우저에 'Hello View!!!'를 표시하는 프로그램을 만들어 보겠습니다.

01 프로젝트 생성

앞서 생성했던 프로젝트와 같이 Spring Initializr(https://start.spring.io/)에서 다음 정보로 프로젝트를 생성합니다.

설정 내용

항목	값
Project	Gradle Project
Spring Boot	2.6.7
Artifact	SpringMVCViewSample
Packaging	jar
Java	11
Package name	com.example.demo

그림 5.7 스프링 프로젝트 정보 입력

의존 관계(Dependencies)에 다음 모듈을 추가하고 프로젝트 파일을 다운로드합니다(그림 5.8).

- Spring Boot DevTools(개발 툴)

- Thymeleaf(템플릿 엔진)

- Spring Web(웹)

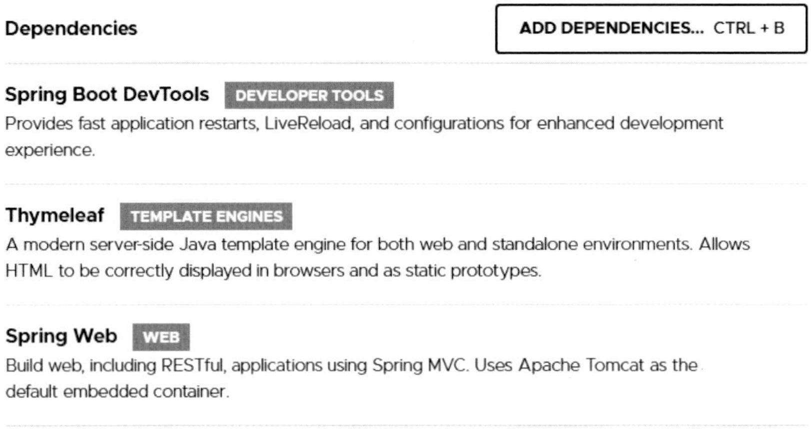

Dependencies   ADD DEPENDENCIES... CTRL + B

Spring Boot DevTools DEVELOPER TOOLS
Provides fast application restarts, LiveReload, and configurations for enhanced development experience.

Thymeleaf TEMPLATE ENGINES
A modern server-side Java template engine for both web and standalone environments. Allows HTML to be correctly displayed in browsers and as static prototypes.

Spring Web WEB
Build web, including RESTful, applications using Spring MVC. Uses Apache Tomcat as the default embedded container.

그림 5.8 의존 관계 선택

다운로드된 프로젝트 파일의 압축을 풀고 IntelliJ IDEA에서 [파일] → [열기]로 불러옵니다.

칼럼 ／ 타임리프란?

타임리프(Thymeleaf)는 데이터와 미리 정의한 템플릿을 바인딩(묶어주는)해서 뷰에 표시할 때 도움을 주는 '템플릿 엔진 (Template Engine)'의 한 종류로, 스프링 부트에서 사용하기를 추천하고 있습니다. 여기서 의존 관계에 타임리프를 추가 한 이유는 이번 장의 마지막에 설명하겠습니다.

---

02 컨트롤러 생성

HelloView의 컨트롤러를 생성하겠습니다. src/main/java → com.example.demo를 선택하고 마우스 오른쪽 버튼을 클릭해서 [새로 만들기] → [패키지]를 선택하고 com.example.demo.controller 패키 지를 생성합니다. 다시 controller 폴더를 선택하고 마우스 오른쪽 버튼을 클릭해서 [새로 만들기] → [Java 클래스]를 선택한 후 HelloViewController 클래스를 생성합니다(그림 5.9).

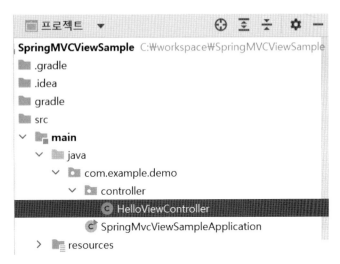

그림 5.9 HelloViewController 클래스

HelloViewController 클래스의 내용은 예제 5.1과 같습니다.

예제 5.1 HelloViewController 클래스

```
001:  package com.example.demo.controller;
002:
003:  import org.springframework.stereotype.Controller;
004:  import org.springframework.web.bind.annotation.GetMapping;
005:  import org.springframework.web.bind.annotation.RequestMapping;
006:
007:  @Controller
008:  @RequestMapping("hello")
009:  public class HelloViewController {
010:
011:      @GetMapping("view")
012:      public String helloView() {
013:          // 반환값으로 뷰의 이름을 돌려줌
014:          return "hello";
015:      }
016:  }
```

컨트롤러는 POJO 클래스로 작성합니다. POJO란 'Plain Old Java Object'의 줄임말로, 보통의 자바 객체, 즉 어떤 클래스를 상속하는 등의 특별한 처리를 하지 않는 클래스로 생각하면 됩니다.

@Controller

예제 5.1의 7번째 줄에 있는 **@Controller**는 표 3.3에서 설명한 인스턴스 생성 어노테이션입니다. **@Controller**는 클라이언트와 데이터 입출력을 제어하는 애플리케이션 레이어의 컨트롤러를 부여합니다. 요청 핸들러 메서드의 반환값을 뷰 이름으로 하여 템플릿 엔진의 뷰가 응답 HTML을 생성합니다.

@RequestMapping

예제 5.1의 8번째 줄에 나오는 **@RequestMapping** 어노테이션을 클래스나 메서드에 부여하는 것으로 컨트롤러의 요청 핸들러 메서드와 URL을 매핑하게 됩니다. **@RequestMapping** 어노테이션에는 여러 가지 속성을 지정할 수 있지만 기본적으로 표 5.2에 표시한 속성을 지정합니다.

표 5.2 @RequestMapping의 속성

속성	기능 개요
value	▪ 매핑할 URL 경로(path)를 지정합니다. ▪ **value**는 처음의 /를 생략할 수 있습니다. ▪ URL 경로만 지정하는 경우에는 속성에서 **value**를 생략할 수 있습니다. ▪ URL 경로를 여러 개 지정할 수 있습니다.
method	▪ GET과 POST 등의 HTTP 메서드를 지정합니다. ▪ GET을 지정하는 경우에는 **RequestMethod.GET**을 사용합니다. ▪ POST를 사용하는 경우에는 **RequestMethod.POST**를 사용합니다. ▪ HTTP 메서드를 여러 개 지정할 수 있습니다. ▪ 클래스에 **@RequestMapping**을 부여하는 경우에는 지정할 수 없습니다.

예제 5.2는 value 속성의 사용법을, 예제 5.3은 method 속성의 사용법을 보여줍니다.

예제 5.2 value 속성의 예

```
001:  // value 속성에 처리 대상의 URL 경로를 매핑
002:  @RequestMapping(value = "hello")
003:
004:  // value 속성만 지정하는 경우 생략 가능
005:  @RequestMapping("hello")
006:
007:  // URL 경로를 여러 개 지정 가능
008:  @RequestMapping(value = { "hello", "hellospring" })
```

예제 5.3 method 속성의 예

```
001:  // method에서 HTTP 메서드 'GET'을 지정합니다.
002:  @RequestMapping(value = "hello", method = RequestMethod.GET)
003:
004:  // 메서드를 여러 개 지정할 수 있습니다.
005:  @RequestMapping(value = "hello", method = { RequestMethod.GET, RequestMethod.POST })
```

@GetMapping

예제 5.1의 11번째 줄에 나온 @GetMapping은 @RequestMapping의 GET 요청용 어노테이션입니다. 이 어노테이션을 사용하는 것으로 작성 내용이 줄어들고 가독성이 높아집니다. 속성으로는 @RequestMapping의 value 속성은 같지만, method 속성은 없습니다. 예제 5.4는 @GetMapping의 사용법을 보여줍니다.

예제 5.4 @GetMapping의 예

```
001:  // value 속성만이라면 생략 가능합니다.
002:  @GetMapping("hello")
003:
004:  // URL을 여러 개 지정할 수 있습니다.
005:  @GetMapping(value = { "hello", "hellospring" })
```

@PostMapping

@RequestMapping의 POST 요청용 어노테이션이 @PostMapping입니다. 이 어노테이션을 사용하면 작성 내용이 줄어들고 가독성이 높아집니다. 속성으로는 @RequestMapping의 value 속성은 같지만, method 속성은 없습니다. 예제 5.5는 @PostMapping의 사용법을 보여줍니다.

예제 5.5 @PostMapping의 예

```
001:  // value 속성만이라면 생략 가능합니다.
002:  @PostMapping("hello")
003:
004:  // URL을 여러 개 지정할 수 있습니다.
005:  @PostMapping(value = { "hello", "hellospring" })
```

03 URL 매핑

HelloViewController 클래스는 클래스에 @RequestMapping("hello") 어노테이션(예제 5.1의 8번째 줄)을 부여하고 요청 핸들러 메서드에 @GetMapping("view") 어노테이션(예제 5.1의 11번째 줄)을 부여했습니다.

이것으로 클라이언트가 URL(http://localhost:8080/hello/view)로 GET 메서드를 보내면 HelloViewController 클래스의 helloView 메서드가 호출됩니다.

칼럼 / 스프링 부트에서의 URL 표기

브라우저의 주소 표시줄에 입력한 'http://localhost:8080/hello/view'에 대해 보충 설명하겠습니다.

localhost는 자기 자신을 의미하는 서버 이름입니다. 8080은 스프링 부트에 포함된 톰캣(Tomcat) 서버의 포트 번호입니다. 포트란 네트워크 상에서 데이터를 통신하기 위한 문 같은 것으로, 포토 번호가 그 문의 번호입니다.

일반적으로 'http://<서버 이름>(:포트 번호)/<컨텍스트 패스>/<매핑 URL>' 형식으로 애플리케이션에 액세스하지만 스프링 부트에서는 기본적으로 <컨텍스트 패스>(애플리케이션 이름)가 생략됩니다.

---

04 뷰 생성

스프링 부트의 프로젝트에서는 템플릿 엔진을 사용하는 경우 '뷰'를 두는 곳이 지정되어 다음과 같은 규칙을 지켜야 합니다(그림 5.10).

- resources/templates 폴더 밑에 뷰를 생성합니다.
- 뷰가 많이 필요한 경우에는 기능별로 폴더를 만들어서 보관합니다.
- 폴더를 나눈 경우는 templates 폴더 이하의 폴더명을 요청 핸들러 메서드의 반환값에 지정해야 합니다.
- CSS나 자바스크립트 등은 resources/static 폴더에 배치합니다.

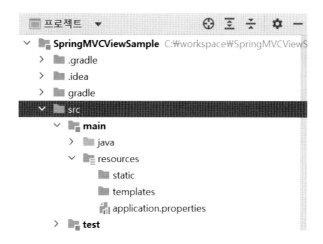

그림 5.10 뷰 배치 장소

hello.html을 생성해서 resources/templates 폴더에 배치해보겠습니다. src/main/resources/
templates를 선택하고 마우스 오른쪽 버튼을 클릭해서 [새로 만들기] → [HTML 파일]을 선택합니다.
새 HTML 파일의 이름으로 'hello.html'을 입력하고 엔터 키를 칩니다(그림 5.11). templates 폴더 안
에 hello.html이 만들어졌습니다(그림 5.12, 그림 5.13).

그림 5.11 뷰 생성(HTML 파일 선택)

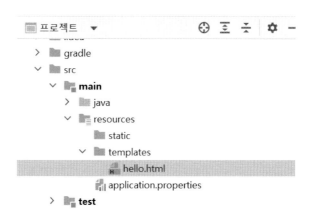

그림 5.12 생성된 뷰

그림 5.13 hello.html

hello.html의 내용을 예제 5.6과 같이 변경합니다. <body> 태그 안에 <h1> 태그(9번째 줄)로 'Hello View!!!'를 추가했습니다.

예제 5.6 hello.html

```
001:  <!DOCTYPE html>
002:  <html>
003:  <head>
004:    <meta charset="UTF-8">
005:    <title>View Sample</title>
006:  </head>
007:  <body>
008:    <!-- 추가 -->
009:    <h1>Hello View!!!</h1>
010:  </body>
011:  </html>
```

05 실행과 확인

이번에 만든 것은 웹 애플리케이션입니다. 웹 애플리케이션을 실행하는 방법에는 여러 가지가 있지만 여기서는 스프링 부트의 기동 클래스인 `SpringMvcViewSampleApplication`을 실행해서 웹 애플리케이션을 시작하겠습니다.

`com.example.demo` 폴더에 있는 `SpringMvcViewSampleApplication`을 선택하고 마우스 오른쪽 버튼을 클릭해서 [실행]을 선택합니다(그림 5.14).

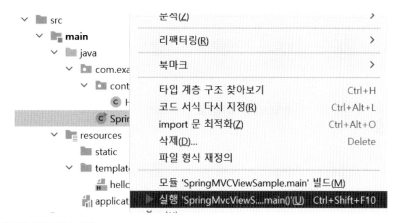

그림 5.14 스프링 부트 기동 클래스 실행

스프링 부트가 기동을 시작하면 자동으로 콘솔이 표시되고 스프링 부트에서 웹 애플리케이션을 처리하기 위한 내용이 표시됩니다(그림 5.15).

그림 5.15 스프링 부트 기동

정상적으로 실행되면 스프링 부트에서 톰캣 서버를 정상적으로 기동했다는 메시지를 확인할 수 있습니다(그림 5.16).

```
2022-05-10 08:09:57.301 INFO 22124 --- [  restartedMain] o.s.b.w.embedded.tomcat.TomcatWebServer  : Tomcat initialized with port(s): 8080 (http)
2022-05-10 08:09:57.320 INFO 22124 --- [  restartedMain] o.apache.catalina.core.StandardService    : Starting service [Tomcat]
2022-05-10 08:09:57.321 INFO 22124 --- [  restartedMain] org.apache.catalina.core.StandardEngine   : Starting Servlet engine: [Apache Tomcat/9.0.62]
2022-05-10 08:09:57.460 INFO 22124 --- [  restartedMain] o.a.c.c.C.[Tomcat].[localhost].[/]         : Initializing Spring embedded
WebApplicationContext
2022-05-10 08:09:57.460 INFO 22124 --- [  restartedMain] w.s.c.ServletWebServerApplicationContext  : Root WebApplicationContext: initialization
completed in 2670 ms
2022-05-10 08:09:58.020 INFO 22124 --- [  restartedMain] o.s.b.d.a.OptionalLiveReloadServer        : LiveReload server is running on port 35729
2022-05-10 08:09:58.061 INFO 22124 --- [  restartedMain] o.s.b.w.embedded.tomcat.TomcatWebServer   : Tomcat started on port(s): 8080 (http) with
context path ''
2022-05-10 08:09:58.074 INFO 22124 --- [  restartedMain] c.e.demo.SpringMvcViewSampleApplication   : Started SpringMvcViewSampleApplication in 4.209
seconds (JVM running for 4.985)
```

그림 5.16 웹 서버 기동 확인

이제 브라우저를 열어 주소 표시줄에 'http://localhost:8080/hello/view'를 입력해서 뷰가 표시되는 것을 확인합니다(그림 5.17).

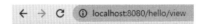

Hello View!!!

그림 5.17 브라우저 표시

그림 5.18에 이 웹 애플리케이션의 처리 내용을 정리했습니다.

그림 5.18 처리 흐름

비즈니스 로직을 처리하는 부분은 아직 작성하지 않았지만, 컨트롤러와 뷰만 만들어서 클라이언트가 요청한 URL에 대응해서 요청 핸들러 메서드가 반환값으로 뷰 이름을 돌려주고, 대응하는 뷰를 표시하는 스프링 MVC의 흐름을 조금 이해할 수 있었기를 바랍니다.

칼럼 ／ **타임리프에 대해**

그림 5.8의 스프링 부트 의존 관계에서 선택한 타임리프에 대해 보충 설명합니다.

타임리프는 이번에 만든 애플리케이션에서는 사용하지 않았지만, 그것을 '의존 관계'로 설정한 데는 이유가 있습니다. 앞에서 언급했듯이 타임리프는 스프링 부트에서 사용하도록 권장하는 템플릿 엔진입니다.

스프링 부트는 타임리프 등의 템플릿 엔진과 같이 개발한다는 전제로 설계되어 템플릿 엔진을 사용하는 경우 스프링 부트가 자동으로 src/main/resources/templates 폴더를 참조하게 됩니다.

이 때문에 그림 5.11 뷰의 배치 장소에서 설명한 바와 같이, 뷰의 배치 장소가 지정되어 있습니다. 타임리프에 대해서는 6장 '템플릿 엔진 알아보기'에서 사용법을 포함하여 자세히 설명하겠습니다.

템플릿 엔진 알아보기

템플릿 엔진의 개요

이번 장에서는 스프링 부트에서 추천하는 '타임리프'라는 템플릿 엔진의 사용법을 설명한 후에 타임리프를 뷰로 사용해 웹 애플리케이션을 만들겠습니다. 우선 템플릿 엔진에 관해 설명하겠습니다.

6-1-1 템플릿 엔진이란?

뷰는 사용자에게 보여줄 내용을 처리 결과 데이터를 가지고 HTML을 생성해서 클라이언트에 응답을 돌려주는 역할을 합니다. 템플릿 엔진은 프로그래밍 언어별로 많지만 간단하게 설명하면 '데이터를 미리 정의된 템플릿에 바인딩[1]해서 뷰의 표시를 도와주는 것'입니다(그림 6.1).

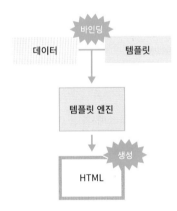

그림 6.1 템플릿 엔진

6-1-2 타임리프란?

타임리프의 특징을 간단하게 설명하면 다음 두 가지입니다.

---

1   바인딩이란 어떤 요소나 데이터, 파일 등을 서로 연결하는 것을 말합니다.

- HTML 기반의 템플릿 엔진으로, 정해진 문법으로 작성하면 페이지를 동적으로 조립해 줍니다(조건 분기나 반복 구문 등을 사용할 수 있습니다).

- HTML을 기반으로 하기 때문에 최종 출력을 생각하면서 뷰를 만들 수 있습니다. 즉, 타임리프를 사용하면 디자이너와 쉽게 분업할 수 있습니다.

타임리프의 자세한 사용법을 설명하기 전에 여러분이 꼭 기억했으면 하는 것이 있습니다. 바로 모델입니다. MVC 모델의 모델(Model: M)을 떠올렸을 수도 있겠지만 이번에 여러분이 기억해 줬으면 하는 것은 그림 5.6에서 나왔던 스프링 MVC가 제공하는 모델입니다(그림 6.2).

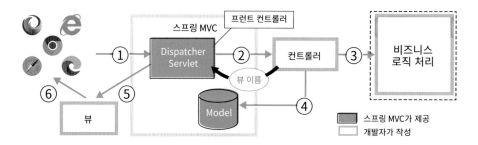

그림 6.2 요청을 받고 응답을 보낼 때까지의 흐름(그림 5.6)

① DispatcherServlet이 클라이언트에게서 요청을 받습니다(프런트 컨트롤러 패턴).

② DispatcherServlet이 컨트롤러의 요청 핸들러 메서드를 호출합니다.

③ 컨트롤러는 비즈니스 로직 처리를 실행하여 처리 결과를 취득합니다.

④ 처리 결과를 Model로 설정하고 뷰 이름을 반환합니다.

⑤ DispatcherServlet은 뷰 이름에 대응하는 뷰에 대해서 화면 표시 처리를 의뢰합니다.

⑥ 클라이언트가 응답을 받고 브라우저에 화면이 표시됩니다.

Model 인터페이스의 사용법

여기서는 스프링 MVC에서 제공하는 Model 인터페이스의 사용법을 설명한 후에 Model에 값을 설정해서 뷰 쪽의 타임리프에 데이터를 넘기는 웹 애플리케이션을 만들겠습니다. 우선 Model 인터페이스를 설명하겠습니다.

6-2-1 Model 인터페이스란?

Model 인터페이스의 특징을 간단하게 설명하면 다음 세 가지입니다.

- 처리한 데이터를 뷰에 표시하고 싶을 경우 데이터를 전달하는 역할을 합니다.

- 스프링 MVC에 의해 관리되며, 수동 또는 자동으로 객체를 저장하고 관리하는 기능을 제공합니다.

- Model을 이용하고 싶은 경우 요청 핸들러 메서드의 인수에 Model 타입을 전달합니다. 그러면 스프링 MVC가 자동으로 Model 타입 인스턴스를 설정합니다.

6-2-2 기억해야 할 중요한 메서드

Model에 객체를 저장하기 위한 메서드는 여러 가지가 준비되어 있지만, 다음 내용은 반드시 기억해 주세요.

addAttribute

특정 이름에 대해 값을 설정합니다. 저장하고 싶은 값에 별명을 붙인다고 생각하면 됩니다. 뷰에서는 별명에 사용한 이름을 이용합니다.

```
Model addAttribute(String name, Object value)
```

인수	
name	이름(별명)
value	값(저장하고 싶은 객체)

백 번 말하는 것보다 직접 프로그램을 작성하는 편이 이해하기 쉽기 때문에 **Model** 인터페이스를 사용해 뷰 측의 타임리프에 데이터를 연동하는 프로그램을 만들어 보겠습니다.

6-2-3 Model을 사용하는 프로그램 만들기

뷰 측에서 타임리프를 사용해서 컨트롤러에서 뷰를 표시하는 프로그램을 만들어 보겠습니다. 컨트롤러에 요청 핸들러 메서드를 작성하고 브라우저에 '타임리프!!!'라고 표시하는 프로그램을 만들겠습니다.

'5-3-1 스프링 MVC 프로그램 만들기'에서 만든 프로그램과 달리 뷰 측에 타임리프를 사용하기 때문에 타임리프에 데이터를 넘기는 **Model**을 사용하게 됩니다.

01 프로젝트 생성

앞서 생성했던 프로젝트와 같이 Spring Initializr(https://start.spring.io/)에서 다음 정보로 프로젝트를 생성합니다(그림 6.3).

설정 내용

항목	값
Project	Gradle Project
Spring Boot	2.6.7
Artifact	SpringMVCModelSample
Packaging	jar
Java	11
Package name	com.example.demo

의존 관계(Dependencies)는 '5-3-1 스프링 MVC 프로그램 만들기'와 같이 다음 모듈을 추가하고 프로젝트 파일을 다운로드합니다.

- Spring Boot DevTools(개발 툴)

- Thymeleaf(템플릿 엔진)

- Spring Web(웹)

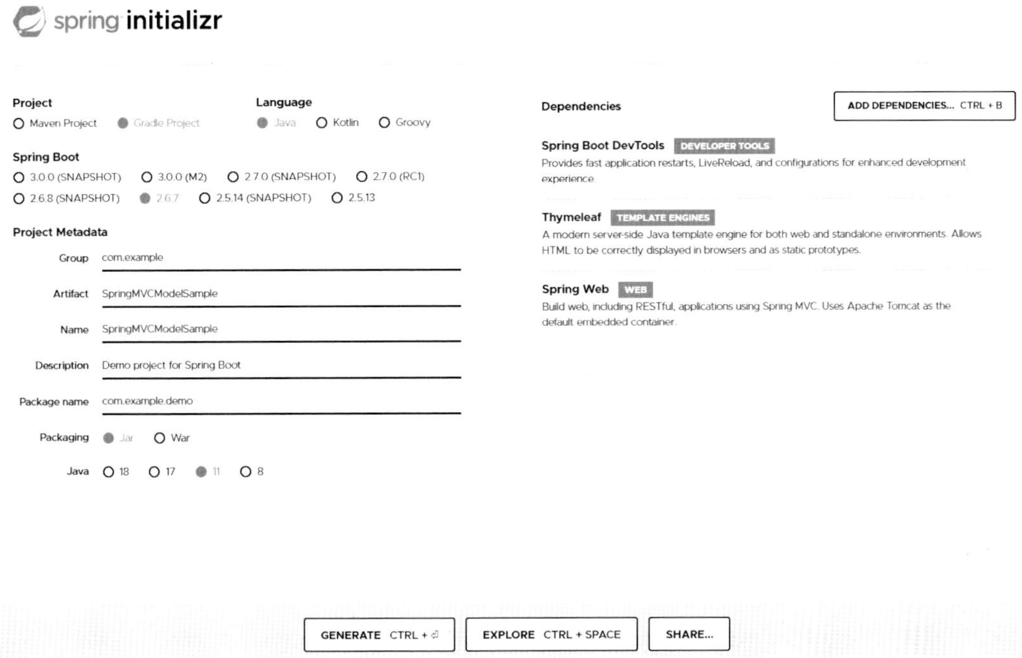

그림 6.3 Spring Initializr

다운로드된 프로젝트 파일의 압축을 풀고 IntelliJ IDEA에서 [파일] → [열기]로 불러옵니다.

02 컨트롤러 생성

이번에는 사용할 컨트롤러를 생성합니다. `src/main/java` → `com.example.demo` 폴더를 선택한 후 마우스 오른쪽 버튼을 클릭해서 [새로 만들기] → [패키지]를 선택하고 `com.example.demo.controller` 패키지를 생성합니다.

`controller` 폴더를 선택하고 마우스 오른쪽 버튼을 클릭해서 [새로 만들기] → [Java 클래스]를 선택하고 `HelloModelController`라는 클래스를 만듭니다(그림 6.4).

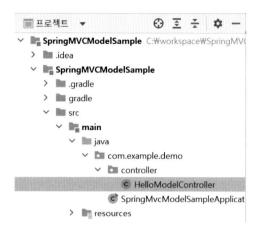

그림 6.4 HelloModelController 클래스

HelloModelController 클래스의 내용은 예제 6.1과 같습니다.

예제 6.1 HelloModelController 클래스

```
001:  package com.example.demo.controller;
002:
003:  import org.springframework.stereotype.Controller;
004:  import org.springframework.ui.Model;
005:  import org.springframework.web.bind.annotation.GetMapping;
006:  import org.springframework.web.bind.annotation.RequestMapping;
007:
008:  @Controller
009:  @RequestMapping("hello")
010:  public class HelloModelController {
011:
012:      @GetMapping("model")
013:      public String helloView(Model model) {
014:          // Model에 데이터를 저장
015:          model.addAttribute("msg", "타임리프!!!");
016:
017:          // 반환값으로 뷰 이름을 돌려줌
018:          return "helloThymeleaf";
019:      }
020:  }
```

타임리프를 사용하는 경우 컨트롤러에서 뷰에서 표시할 데이터를 준비해야 합니다. 그때 사용하는 것이 Model 인터페이스입니다. 13번째 줄의 Model 인터페이스를 사용하려면 요청 핸들러 메서드의 인수에 Model 타입을 전달합니다. 전달되면 스프링 MVC가 자동으로 Model 타입의 인스턴스를 설정하므로 Model의 addAttribute 메서드(15번째 줄)를 사용할 수 있습니다. addAttribute 메서드는 인수로 '이름: msg'에 '값: 타임리프!!!'를 저장합니다.

HelloModelController 클래스에서는 클래스에 @RequestMapping("hello") 어노테이션(9번째 줄)을 부여하고, 요청 핸들러 메서드에 @GetMapping("model") 어노테이션(12번째 줄)을 부여합니다. 클라이언트로부터 URL(http://localhost:8080/hello/model)이 GET 메서드로 송신되면 HelloModelController 클래스의 helloView 메서드가 호출되어 반환값으로 뷰 이름을 돌려주는 것으로 그에 대응되는 뷰가 표시됩니다.

03 뷰 생성

helloView 메서드의 반환값(뷰 이름: helloThymeleaf)에 대응하는 helloThymeleaf.html을 생성해서 resources/templates 폴더 아래에 두겠습니다.

src/main/resources → templates 폴더를 선택하고 마우스 오른쪽 버튼을 클릭해서 [새로 만들기] → [HTML 파일]을 선택하고 'helloThymeleaf.html'을 입력한 후 엔터 키를 칩니다(그림 6.5, 그림 6.6).

그림 6.5 뷰 생성 1

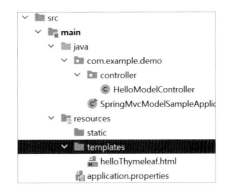

그림 6.6 뷰 생성 2

helloThymeleaf.html의 내용은 예제 6.2와 같습니다.

예제 6.2 helloThymeleaf.html

```
001:  <!DOCTYPE html>
002:  <!-- 타임리프 사용 선언 -->
003:  <html xmlns:th="http://www.thymeleaf.org">
004:  <head>
005:      <meta charset="UTF-8">
006:      <title>Hello Thymeleaf </title>
007:  </head>
008:  <body>
009:      <!-- 추가 -->
010:      <h1 th:text="${msg}">표시되는 부분</h1>
011:  </body>
012:  </html>
```

소스의 3번째 줄에 타임리프 사용을 선언했습니다. 10번째 줄과 같이 타임리프의 기능은 'th:xxx속성명' 형식으로 입력합니다(표 6.1).

표 6.1 th:text의 설명

속성	기능 개요
th:text	속성값에 지정된 값을 새니타이즈(Sanitize)하여 출력합니다
th:utext	속성값에 지정된 값을 출력합니다(새니타이즈 안 함)

칼럼 / 새니타이즈란?

새니타이즈(Sanitize)란 위험한 코드나 데이터를 변환 또는 제거하여 무력화하는 것입니다. 간단히 설명하면 '특별한 의미를 가진 문자의 특별함을 무효화하고 의도하지 않은 움직임을 봉쇄'하는 것입니다. 새니타이즈는 웹사이트의 입력 폼을 통해 악의적인 코드가 입력되었을 때 등에 유용하게 사용됩니다.

04 실행과 확인

우선 `src/main/resources` → `templates` 폴더의 `helloThymeleaf.html`을 선택하고 마우스 오른쪽 버튼을 클릭해서 [다음에서 열기] → [브라우저] → [Chrome] 혹은 사용 중인 브라우저를 선택합니다(그림 6.7).

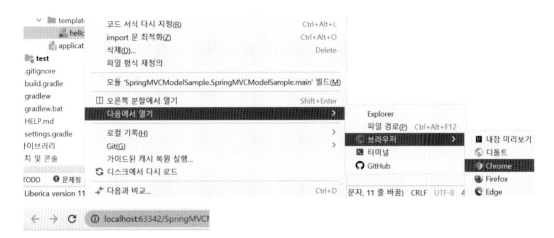

표시되는 부분

그림 6.7 웹 브라우저 선택

`<h1>` 태그로 둘러싸인 '표시되는 부분'이라는 문자가 브라우저에 표시됩니다. 이것은 애플리케이션을 시작하지 않고 HTML 파일의 내용을 표시했기 때문입니다.

이번에는 애플리케이션을 시작해서 확인해 보겠습니다.

`SpringMvcModelSampleApplication` 자바 파일에서 마우스 오른쪽 버튼을 클릭해서 [실행]을 선택합니다(그림 6.8).

```
실행: SpringMVCModelSample [:SpringMvcModelSampleApplication.m... ×
  SpringMVCModelSample [:Spring  14초    2022-05-10 20:39:45.469  INFO 1344 --- [ restartedMain] org.apache.catalina.core.StandardEngine  :
    :SpringMvcModelSampleApplic  10초       Starting Servlet engine: [Apache Tomcat/9.0.62]
                                          2022-05-10 20:39:45.615  INFO 1344 --- [ restartedMain] o.a.c.c.C.[Tomcat].[localhost].[/]        :
                                             Initializing Spring embedded WebApplicationContext
                                          2022-05-10 20:39:45.615  INFO 1344 --- [ restartedMain] w.s.c.ServletWebServerApplicationContext : Root
                                             WebApplicationContext: initialization completed in 2988 ms
                                          2022-05-10 20:39:46.203  INFO 1344 --- [ restartedMain] o.s.b.d.a.OptionalLiveReloadServer        :
                                             LiveReload server is running on port 35729
                                          2022-05-10 20:39:46.245  INFO 1344 --- [ restartedMain] o.s.b.w.embedded.tomcat.TomcatWebServer   : Tomcat
                                             started on port(s): 8080 (http) with context path ''
                                          2022-05-10 20:39:46.258  INFO 1344 --- [ restartedMain] c.e.d.SpringMvcModelSampleApplication     : Started
                                             SpringMvcModelSampleApplication in 4.573 seconds (JVM running for 5.396)
```

그림 6.8 애플리케이션 실행

그림 6.8과 같이 콘솔에서 애플리케이션이 시작된 것을 확인한 후 브라우저를 열어서 주소 표시줄에 'http://localhost:8080/hello/model'을 입력해서 결과를 확인합니다(그림 6.9).

타임리프!!!

그림 6.9 브라우저 표시

이번 프로그램의 처리 흐름은 그림 6.10과 같습니다.

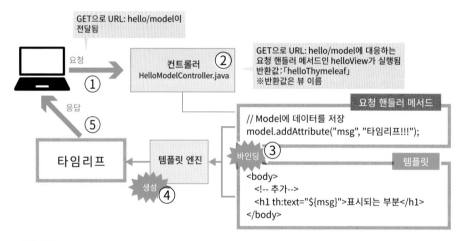

그림 6.10 처리 흐름

요청 핸들러 메서드에서 뷰로 표시하고 싶은 데이터를 Model의 'addAttribute(이름, 값)' 메서드를 사용해서 저장하고, 타임리프에서 데이터를 표시할 위치를 '${이름}' 형식으로 설정합니다(그림 6.11). 주의할 점은 뷰에서 사용할 수 있는 것은 'addAttribute(이름, 값)'의 '이름' 부분이라는 것입니다.

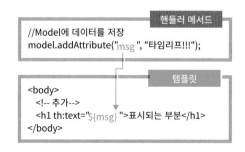

그림 6.11 '이름' 사용하기

'6-1-2 타임리프란?'에서 설명한 것과 같이 애플리케이션을 시작하지 않고도 `helloThymeleaf.html`의 파일 내용이 표시되는 것을 확인했습니다.

자바 웹 애플리케이션 개발에서는 뷰 측에서 사용되는 언어로 JSP가 유명하지만, JSP는 브라우저가 인식할 수 없는 '태그 라이브러리'를 이용해 HTML 문서를 생성하기 때문에 개발 중에 JSP의 내용을 웹 브라우저에서 정확하게 표시해서 확인할 수 없는 경우가 많습니다. 그러나 타임리프는 앞의 실습에서 확인한 바와 같이 HTML 기반이기 때문에 웹 브라우저에서 파일 내용을 확인하면서 뷰를 만들 수 있어 디자이너와의 분업을 쉽게 할 수 있습니다.

타임리프
사용법

여기서는 타임리프란 무엇인가를 재확인하고 구체적인 사용법을 설명합니다. 그다음 타임
리프의 여러 사용법에 따라 컨트롤러에서 뷰를 표시하는 프로그램을 작성하겠습니다.

6-3-1 타임리프 복습

타임리프의 특징을 간단하게 설명하면 다음 세 가지입니다.

- 스프링 부트에서 추천하는 템플릿 엔진입니다.

- HTML로 템플릿을 작성하기 때문에 웹 브라우저로 파일의 내용을 표시하고 확인하면서 뷰를 만들 수 있습니다.

- 스프링 부트의 기본 설정으로 `src/main/resources/templates` 폴더 아래에 '요청 핸들러 메서드의
  반환값 + .html' 파일이 참조됩니다.

6-3-2 타임리프 사용법

직접 문자를 삽입

직접 문자를 삽입하는 예는 예제 6.3과 같습니다.

예제 6.3 직접 문자를 삽입

```
001: <!-- 01: 직접 문자를 삽입 -->
002: <h1 th:text="'hello world'">표시하는 부분</h1>
```

직접 설정한 문자를 출력할 때는 `th:text="【 출력 문자 】"`로 문자를 출력할 수 있습니다. 또 【 출력
문자 】 부분에는 타임리프의 독자 문법인 '`${}`'를 사용할 수 있습니다. 속성값의 값 설정에 "(큰따옴표)
를 사용하므로 문자를 설정할 때는 '(작은따옴표)로 둘러쌉니다.

인라인 처리

인라인 처리의 예는 예제 6.4와 같습니다.

예제 6.4 인라인 처리

```
001:  <!-- 02: 인라인 처리 -->
002:  <h1>안녕하세요！[[${name}]]씨</h1>
```

[[${}]]를 사용하면 태그를 속성에 추가하는 대신 본문에 변수를 포함할 수 있습니다. 고정값과 변수를 조합하고 싶은 경우에는 이 방법이 편리합니다.

값 결합

값을 결합하는 예는 예제 6.5와 같습니다.

예제 6.5 값 결합

```
001:  <!-- 03: 값 결합 -->
002:  <h1 th:text="'오늘의 날씨는 ' + '맑음 ' + '입니다'">표시하는 부분</h1>
```

+를 이용해서 값을 결합할 수 있습니다.

값 결합(리터럴 치환)

값 결합(리터럴 치환)의 예는 예제 6.6과 같습니다.

예제 6.6 값 결합(리터럴 치환)

```
001:  <!-- 04: 값 결합(리터럴 치환) -->
002:  <h1 th:text="|안녕하세요 ${name}씨|">표시하는 부분</h1>
```

값 결합은 리터럴 치환을 사용하는 것으로 "| 문자 |"로 기술할 수 있습니다. 문자 안에서 '${}' 표현 식도 함께 사용할 수 있습니다.

지역 변수

지역 변수의 예는 예제 6.7과 같습니다.

예제 6.7 지역 변수

```
001:  <!-- 05: 지역 변수 -->
002:  <div th:with="a=1,b=2">
003:      <span th:text="|${a} + ${b} = ${a+b}|"></span>
004:  </div>
```

th:with="변수 이름 = 값"으로 변수에 값을 할당할 수 있습니다. 변수의 범위[2]는 정의된 태그 내부에서만 사용할 수 있습니다. 또한 산술 연산자인 +, -, *, /, %를 사용할 수 있습니다.

비교와 등가

비교와 등가의 예는 예제 6.8과 같습니다.

예제 6.8 비교와 등가

```
001:  <!-- 06: 비교와 등가 -->
002:  <span th:text="1 > 10"></span>
003:  <span th:text="1 < 10"></span>
004:  <span th:text="1 >= 10"></span>
005:  <span th:text="1 <= 10"></span>
006:  <span th:text="1 == 10"></span>
007:  <span th:text="1 != 10"></span>
008:  <span th:text="길동 == 길동"></span>
009:  <span th:text="길동 != 길동"></span>
```

비교 등가 연산자인 >, <, >=, <=, ==, !=를 사용할 수 있습니다(문자열 비교도 가능).

조건 연산자

조건 연산자의 예는 예제 6.9와 같습니다.

예제 6.9 조건 연산자

```
001:  <!-- 07: 조건 연산자 -->
002:  <p th:text="${name} == '길동'? '길동입니다!':'길동이 아닙니다'"></p>
```

---

2 범위(스코프)란 변수가 사용할 수 있는 유효 범위를 말합니다.

삼항 연산자(【 조건 】?【 값 1】:【 값 2】)를 이용할 수 있습니다. 【 조건 】이 true인 경우 【 값 1】이 출력되고, false인 경우에는 【 값 2】가 출력됩니다.

조건 분기(true)

조건 분기(true)의 예는 예제 6.10 과 같습니다.

예제 6.10 조건 분기(true)

```
001:  <!-- 08: 조건 분기(true) -->
002:  <div th:if="${name} == '길동'">
003:      <p>길동 씨입니다!</p>
004:  </div>
```

th:if="【 조건 】"에서 true(참)일 경우 th:if에서 작성한 태그와 자식 요소를 표시합니다.

조건 분기(false)

조건 분기(false)의 예는 예제 6.11과 같습니다.

예제 6.11 조건 분기(false)

```
001:  <!-- 09: 조건 분기(false) -->
002:  <div th:unless="${name} == '영희'">
003:      <p>영희 씨가 아닙니다</p>
004:  </div>
```

th:unless="【 조건 】"에서 false(거짓)일 경우, th:unless에서 작성한 태그와 자식 요소를 표시합니다.

switch

switch의 예는 예제 6.12와 같습니다.

예제 6.12 switch

```
001:  <!-- 10: switch -->
002:  <div th:switch="${name}">
```

```
003:     <p th:case="길동" th:text="|${name}입니다!|"></p>
004:     <p th:case="영희" th:text="|${name}입니다!|"></p>
005:     <p th:case="철수" th:text="|${name}입니다!|"></p>
006:     <p th:case="*">명부에 없습니다</p>
007: </div>
```

부모 요소의 **th:switch** 값과 자식 요소에 작성하는 **th:case**의 값이 동일한 경우, HTML 요소를 출력합니다. 어떤 값에도 일치하지 않는 값을 출력하는 경우는 **th:case="*"**를 지정합니다.

참조(데이터를 결합한 객체)

참조(데이터를 결합한 객체)의 예는 예제 6.13과 같습니다.

예제 6.13 참조(데이터를 결합한 객체)

```
001: <!-- 11: 참조(데이터를 결합한 객체) -->
002: <p th:text="${mb.id}">ID</p>
003: <p th:text="${mb.name}">이름</p>
004: <p th:text="${mb['id']}">ID: []로 접근</p>
005: <p th:text="${mb['name']}">이름: []로 접근</p>
```

캡슐화된 필드를 참조하는 경우 public 접근 제한자의 getXxx()라는 게터 메서드를 작성하여 '**객체명.필드**' 형식으로 값을 참조할 수 있습니다. 또 '**객체명['필드']**' 같이 대괄호로도 참조할 수 있습니다.

참조(th:object)

참조(**th:object**)의 예는 예제 6.14와 같습니다.

예제 6.14 th:object

```
001: <!-- 12: 참조(th:object) -->
002: <div th:object="${mb}">
003:     <p th:text="*{id}">ID</p>
004:     <p th:text="*{name}">이름</p>
005:     <p th:text="*{['id']}">ID: []로 접근</p>
006:     <p th:text="*{['name']}">이름: []로 접근</p>
007: </div>
```

데이터를 저장한 객체를 'th:object'에 설정하고, 자식 요소에서 '*{필드명}'으로 사용합니다.

참조(List)

참조(List)의 예는 예제 6.15와 같습니다.

예제 6.15 List

```
001: <!-- 13: 참조(List) -->
002: <p th:text="${list[0]}">방위</p>
003: <p th:text="${list[1]}">방위</p>
004: <p th:text="${list[2]}">방위</p>
005: <p th:text="${list[3]}">방위</p>
```

List나 배열의 요소를 참조할 때는 인덱스 번호를 입력해서 참조합니다.

참조(Map)

참조(Map)의 예는 예제 6.16과 같습니다.

예제 6.16 Map

```
001: <!-- 14: 참조(Map) -->
002: <p th:text="${map.kim.name}">이름 1</p>
003: <p th:text="${map.lee.name}">이름 2</p>
004: <p th:text="${map['kim']['name']}">이름 1 : []로 접근</p>
005: <p th:text="${map['lee']['name']}">이름 2 : []로 접근</p>
```

Map 요소를 참조하려면 '키'를 이용하여 값을 참조합니다. 'map.key' 형식으로도 참조할 수 있습니다.

또는 map['키']와 같이 대괄호를 사용해 참조할 수도 있습니다.

반복

반복의 예는 예제 6.17과 같습니다.

예제 6.17 반복

```
001:  <!-- 15: 반복 -->
002:  <div th:each="member : ${members}">
003:      <p>[[${member.id}]] : [[${member.name}]]</p>
004:  </div>
```

th:each="【요소 저장용 변수】: ${【반복 처리하는 객체】}"로 반복 처리할 수 있습니다. 【요소 저장용 변수】는 반복 처리 중에만 유효합니다. Iterable 인터페이스를 구현한 클래스라면 th:each로 반복 처리할 수 있습니다. 자바에서의 확장 for문과 같은 방식입니다.

반복 상태

반복 상태의 예는 예제 6.18과 같습니다.

예제 6.18 반복 상태

```
001:  <!-- 16: 반복 상태 -->
002:  <div th:each="member, s : ${members}" th:object="${member}">
003:      <p>
004:          index-> [[${s.index}]], count-> [[${s.count}]],
005:          size-> [[${s.size}]], current-> [[${s.current}]],
006:          even-> [[${s.even}]], odd-> [[${s.odd}]],
007:          first-> [[${s.first}]], last-> [[${s.last}]],
008:          [[*{id}]] : [[*{name}]]
009:      </p>
010:  </div>
```

th:each="【요소 저장용 변수】,【상태 변수】:【반복 처리할 객체】"와 같이, 【요소 저장용 변수】의 선언 다음에 【상태 변수】를 선언하여 반복 상태를 유지한 【상태 변수】를 사용할 수 있습니다. 앞의 예에서는 【상태 변수】로 s를 선언하고 있습니다. 반복 상태 변수의 목록은 표 6.2를 참조하세요.

표 6.2 반복 상태 변수

상태 변수	기능 개요
index	0부터 시작하는 인덱스. 현재 인덱스를 표시합니다.
count	1부터 시작하는 인덱스. 현재 인덱스를 표시합니다.
size	반복 처리하는 객체의 사이즈를 표시합니다.
current	현재 반복 요소의 객체를 표시합니다.
even	현재 요소가 짝수 번째인지 여부를 결정합니다. 짝수이면 true, 짝수가 아니면 false를 표시합니다.
odd	현재 요소가 홀수 번째인지 여부를 결정합니다. 홀수이면 true, 홀수가 아니면 false를 표시합니다.
first	현재 요소가 첫 번째 요소인지 여부를 결정합니다. 첫 번째이면 true, 첫 번째가 아니면 false를 표시합니다.
last	현재 요소가 마지막인지 여부를 결정합니다. 마지막이면 true, 마지막이 아니면 false를 표시합니다.

유틸리티 객체

타임리프에서는 자주 사용되는 클래스를 '#name'이라는 상수로 정의하고 있어서 그대로 변수 표현식에서 사용할 수 있습니다(표 6.3). 데이터를 출력할 때 자주 이용되는 것이 '수치, 일시, 문자열'의 포맷 변환입니다.

표 6.3 유틸리티 객체 목록

유틸리티 객체	기능 개요
#strings	문자 관련 편의 기능
#numbers	숫자 서식 지원
#bools	불리언(Boolean) 관련 기능
#dates	java.util.Date 서식 지원
#objects	객체 관련 기능
#arrays	배열 관련 기능
#lists	List 관련 기능

유틸리티 객체	기능 개요
#sets	Set 관련 기능
#maps	Map 관련 기능

정숫값 형식 변환에는 `#numbers.formatInteger`, 부동 소수점 형식 변환에는 `#numbers.`
`formatDecimal`을 사용합니다. 쉼표를 사용하는 경우에는 'COMMA'를 쓰고 소수점을 사용하는 경우
'POINT'를 씁니다(예제 6.19).

예제 6.19 유틸리티 객체(숫자)

```
001: <!-- 17: 유틸리티 객체(숫자) -->
002: <div th:with="x=1000000, y=123456.789">
003:     정수 형식:
004:        <span th:text="${#numbers.formatInteger(x, 3, 'COMMA')}"></span>
005:          <br/>
006:     부동 소수점 형식:
007:         <span th:text="${#numbers.formatDecimal(y, 3, 'COMMA', 2,'POINT')}"></span>
008: </div>
```

날짜의 포맷 변환을 위해 현재 날짜를 취득하거나, 연, 월, 일, 또는 요일을 취득하는 메서드 등이 제공됩
니다. `createNow()` 메서드를 사용하면 현재 날짜와 시간을 구할 수 있습니다.

`format()` 메서드에는 날짜가 담긴 변수와 포맷 변환 문자열을 지정합니다. `year`, `month`, `day` 메서드에
는 날짜가 담긴 변수를 인수로 전달해서 '연, 월, 일'을 취득할 수 있습니다. `dayOfWeek()` 메서드로 요일
을 나타내는 정수[3]를 취득할 수 있습니다(예제 6.20).

예제 6.20 유틸리티 객체(날짜)

```
001: <!-- 17: 유틸리티 객체(날짜 및 시간) -->
002: <div th:with="today=${#dates.createNow()}">
003:     yyyy/mm/dd 형식:<span th:text="${#dates.format(today, 'yyyy/MM/dd')}"></span><br/>
004:     yyyy년 mm월 dd일 형식:<span th:text="${#dates.format(today, 'yyyy년 MM월 dd일')}"></span><br/>
005:      yyyy 년:<span th:text="${#dates.year(today)}"></span><br/>
```

---

3   일요일~토요일을 정수(1~7)로 표현합니다.

```
006:         MM월:<span th:text="${#dates.month(today)}"></span><br/>
007:         dd일:<span th:text="${#dates.day(today)}"></span><br/>
008:         요일:<span th:text="${#dates.dayOfWeek(today)}"></span><br/>
009:     </div>
```

'#strings'는 문자열의 길이와 대소문자 변환과 같은 String 클래스와 유사한 메서드를 제공합니다(예제 6.21).

예제 6.21 유틸리티 객체(문자열)

```
001: <!-- 17: 유틸리티 객체(문자열) -->
002: <div th:with="str1='abcdef'">
003:     대문자 변환:<span th:text="${#strings.toUpperCase(str1)}"></span><br/>
004:     빈 문자열 판정:<span th:text="${#strings.isEmpty(str1)}"></span><br/>
005:     길이: <span th:text="${#strings.length(str1)}"></span><br/>
006: </div>
```

다른 템플릿 삽입하기

'프래그먼트(fragment)'란 단편이라는 의미입니다. 프래그먼트화란 여러 템플릿에서 같은 내용이 사용되는 경우 공통 내용을 별개의 파일로 만들고 필요한 부분에 추가하는 것을 말합니다.

프래그먼트의 사용법은 다음과 같습니다.

fragment.html에 공통 내용을 작성하고 useThymeleaf.html에 공통 내용을 가져와 출력하는 부분을 작성합니다.

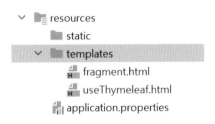

그림 6.12 파일 구성

프래그먼트를 이용하려면 th:fragment 속성을 이용합니다. th:fragment 속성을 지정한 요소 내의 자식 요소가 프래그먼트 대상이 됩니다. 속성에는 프래그먼트를 식별할 이름을 지정합니다(예제 6.22).

예제 6.22 fragment.html

```
001: <!-- 18:프래그먼트를 정의-->
002: <span th:fragment="one">하나</span>
003: <span th:fragment="two">둘</span>
004: <span th:fragment="three">셋</span>
```

프래그먼트를 삽입할 때는 th:insert 속성을 이용합니다.

'::'의 왼쪽에 프래그먼트의 파일명을, 오른쪽에 th:fragment 속성에 앞에서 정의한 프래그먼트 이름을 지정합니다. 전체 내용을 프래그먼트로 완전히 바꾸려면 th:replace 속성을 이용합니다(예제 6.23).

예제 6.23 useThymeleaf.html

```
001: <!-- 18: 프래그먼트 사용하기-->
002: <h1>Fragment를 아래에 삽입하기</h1>
003: <div id="one" th:insert="fragment :: one"></div>
004: <div id="three" th:replace="fragment :: three"></div>
```

th:insert의 경우는 삽입되는 useThymeleaf.html의 태그 안에 삽입 대상 fragment.html의 태그의 내용(th:fragment를 부여한 태그의 자식 요소)이 삽입됩니다. th:replace의 경우에는 삽입 대상 fragment.html의 태그 전체(th:fragment를 부여한 태그 전체)로 대체됩니다(그림 6.13).

```
<!-- 18: 프래그먼트 사용하기-->
<h1>Fragment를 아래에 삽입하기</h1>
▼<div id="one">
  <span>하나</span>
</div>
<span>셋</span>
</body>
</html>
```

그림 6.13 th:insert와 th:replace 비교

레이아웃

레이아웃화란 여러 템플릿에서 같은 디자인 레이아웃을 사용하는 경우 공통 레이아웃을 만들고 공유하는 것을 말합니다. 레이아웃을 이용하려면 전용 라이브러리인 `thymeleaf-layout-dialect`가 필요합니다.

Thymeleaf Layout Dialect에서는 공통 레이아웃을 Decorator라 하고 공통 레이아웃을 이용하는 측을 Fragment라고 정의합니다. Thymeleaf Layout Dialect를 이용할 때의 단점으로는 전체 화면을 타임리프의 변환 처리 후에 확인할 수 있다는 것입니다(그림 6.14).

그림 6.14 Decorator와 Fragment

실제 설정 방법과 사용법은 '6-4 타임리프를 사용해서 프로그램 만들기'에서 설명하겠습니다.

> **칼럼 / 공통 레이아웃**
>
> 머리글, 바닥글, 사이드 메뉴 같은 레이아웃을 가진 애플리케이션을 개발하는 경우 모든 HTML에서 각 요소를 한 덩어리로 묶어 각 페이지마다 따로 작성했다고 하면 머리글을 수정해야 할 경우 모든 HTML을 수정해야 합니다.
>
> 타임리프의 템플릿 레이아웃 기능을 사용하면 코드의 중복도 줄어들고 공통 부분에 대한 변경도 간단하게 할 수 있습니다.

타임리프를 사용해서
프로그램 만들기

이번 절에서는 '6-3 타임리프 사용법'에서 설명한 내용을 토대로 실제로 프로그램을 만들어 동작을 확인하겠습니다.

6-4-1 프로젝트 생성과 thymeleaf-layout-dialect의 설정

앞에서 생성했던 프로젝트와 같이 Spring Initializr(https://start.spring.io/)에서 다음 정보로 프로젝트를 생성합니다(그림 6.15).

설정 내용

항목	값
Project	Gradle Project
Spring Boot	2.6.7
Artifact	ThymeleafSample
Packaging	jar
Java	11
Package name	com.example.demo

의존 관계(Dependencies)는 '5-3-1 스프링 MVC 프로그램 만들기'와 같이 다음 모듈을 추가하고 프로젝트 파일을 다운로드합니다.

- Spring Boot DevTools(개발 툴)

- Lombok(개발 툴)

- Thymeleaf(템플릿 엔진)

- Spring Web(웹)

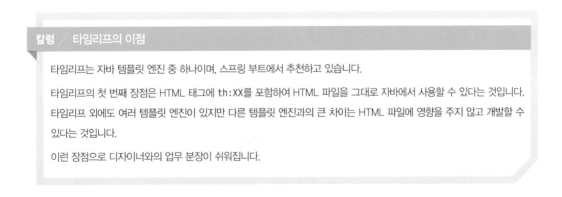

그림 6.15 프로젝트 파일 생성

다운로드된 프로젝트 파일의 압축을 풀고 IntelliJ IDEA에서 [파일] → [열기]로 불러옵니다.

칼럼 / 타임리프의 이점

타임리프는 자바 템플릿 엔진 중 하나이며, 스프링 부트에서 추천하고 있습니다.

타임리프의 첫 번째 장점은 HTML 태그에 th:XX를 포함하여 HTML 파일을 그대로 자바에서 사용할 수 있다는 것입니다. 타임리프 외에도 여러 템플릿 엔진이 있지만 다른 템플릿 엔진과의 큰 차이는 HTML 파일에 영향을 주지 않고 개발할 수 있다는 것입니다.

이런 장점으로 디자이너와의 업무 분장이 쉬워집니다.

01 build.gradle 수정

타임리프의 레이아웃에 필요한 전용 라이브러리인 thymeleaf-layout-dialect를 그레이들의 설정 파일인 build.gradle에 추가합니다. 구체적으로는 dependencies의 4번째 줄과 같이 implementation 'nz.net.ultraq.thymeleaf:thymeleaf-layout-dialect'를 추가합니다(예제 6.24).

예제 6.24 build.gradle 수정

```
001:  dependencies {
002:      implementation 'org.springframework.boot:spring-boot-starter-thymeleaf'
003:      implementation 'org.springframework.boot:spring-boot-starter-web'
004:      implementation 'nz.net.ultraq.thymeleaf:thymeleaf-layout-dialect' //추가
005:      compileOnly 'org.projectlombok:lombok'
006:      developmentOnly 'org.springframework.boot:spring-boot-devtools'
007:      annotationProcessor 'org.projectlombok:lombok'
008:      testImplementation 'org.springframework.boot:spring-boot-starter-test'
009:  }
```

6-4-2　컨트롤러와 뷰 생성

01　컨트롤러 생성

컨트롤러를 생성합니다. src/main/java → com.example.demo 폴더를 선택하고 마우스 오른쪽 버튼을 클릭한 후 [새로 만들기] → [패키지]를 선택해서 com.example.demo.controller 패키지를 생성합니다.

controller 폴더를 선택하고 마우스 오른쪽 버튼을 클릭해서 [새로 만들기] → [Java 클래스]를 선택하고 ThymeleafController라는 클래스를 만듭니다(그림 6.16).

ThymeleafController 클래스의 내용은 예제 6.25와 같습니다.

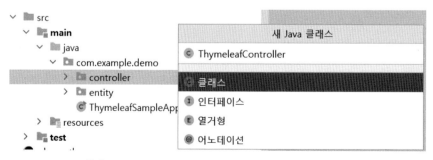

그림 6.16 ThymeleafController 클래스

예제 6.25 ThymeleafController 클래스

```
001:  package com.example.demo.controller;
002:
003:  import org.springframework.stereotype.Controller;
004:  import org.springframework.ui.Model;
005:  import org.springframework.web.bind.annotation.GetMapping;
006:
007:  @Controller
008:  public class ThymeleafController {
009:
010:      @GetMapping("show")
011:      public String showView(Model model) {
012:          // 반환값으로 뷰 이름을 설정
013:          return "useThymeleaf";
014:      }
015:  }
```

ThymeleafController 클래스는 요청 핸들러 메서드에 @GetMapping("show") 어노테이션(10번째 줄)을 부여합니다. 클라이언트로부터 URL(http://localhost:8080/show)이 GET 메서드로 송신되면 ThymeleafController 클래스의 showView 메서드가 호출되고 13번째 줄에서 반환값으로 '뷰 이름: useThymeleaf'를 돌려줍니다. showView 메서드의 인수로 11번째 줄의 Model 타입을 설정합니다.

02 뷰 생성

showView 메서드의 반환값(뷰 이름: useThymeleaf)에 대응하는 useThymeleaf.html을 resources/templates 폴더 아래에 두겠습니다.

resources/templates 폴더를 선택하고 마우스 오른쪽 버튼을 클릭해서 [새로 만들기] → [HTML 파일]을 선택합니다. 파일명으로 'useThymeleaf.html'을 입력하고 엔터를 칩니다.

useThymeleaf.html의 내용은 예제 6.26과 같습니다. 2번째 줄에 타임리프 사용 선언이 있습니다.

예제 6.26 useThymeleaf.html

```
001:  <!DOCTYPE html>
002:  <html xmlns:th="http://www.thymeleaf.org">
003:  <head>
```

```
004:     <meta charset="UTF-8">
005:     <title>Thymeleaf Sample</title>
006: </head>
007: <body>
008:
009: </body>
010: </html>
```

6-4-3 직접 문자를 삽입하여 값 결합 만들기

01 컨트롤러에 추가

컨트롤러인 ThymeleafController의 showView 메서드에 예제 6.27의 내용을 추가합니다.

예제 6.27 ThymeleafController에 추가

```
001: @GetMapping("show")
002: public String showView(Model model) {
003:     // Model에 데이터 추가
004:     model.addAttribute("name", "이순신");
005:
006:     // 반환값으로 뷰 이름을 설정
007:     return "useThymeleaf";
008: }
```

요청 핸들러 메서드에서 뷰로 표시하고 싶은 데이터를 4번째 줄과 같이 Model의 'addAttribute(이름, 값)' 메서드를 사용해서 저장합니다. 이름으로 name을, 값으로 '이순신'을 설정했습니다.

타임리프에서는 '${이름}'을 사용해서 데이터를 표시할 위치를 설정합니다.

02 뷰에 추가

뷰인 useThymeleaf.html의 <body> 태그 안에 예제 6.28의 내용을 추가합니다.

예제 6.28 useThymeleaf.html에 추가

```
001:  <!-- 01 : 직접 문자를 삽입 -->
002:  <h1 th:text="'hello world'">표시하는 부분</h1>
003:  <!-- 02 : 인라인 처리 -->
004:  <h1>안녕하세요 ! [[${name}]]씨</h1>
005:  <!-- 03 : 값 결합-->
006:  <h1 th:text="'오늘의 날씨는 ' + '맑음 ' + '입니다'">표시하는 부분</h1>
```

예제의 4번째 줄에서는 Model에 값으로 '이순신'을 저장할 때 설정한 이름인 name을 [[${name}]] 형식으로 사용합니다. [[${}]]을 사용하면 태그의 속성에 추가되는 것이 아니라 본체에 변수로 삽입됩니다.

03 확인

ThymeleafSampleApplication 자바 파일에서 마우스 오른쪽 버튼을 클릭해서 [실행]을 선택합니다. 애플리케이션이 시작된 것을 확인한 후 브라우저를 열어 주소 표시줄에 'http://localhost:8080/show'를 입력해 결과를 확인합니다(그림 6.17).

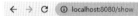

hello world

안녕하세요 ! 이순신씨

오늘의 날씨는 맑음 입니다

그림 6.17 실행 결과

6-4-4 값 결합(리터럴 치환)에서의 비교와 등가

01 뷰에 추가

뷰인 useThymeleaf.html의 <body> 태그 안에 예제 6.29의 내용을 추가합니다.

예제 6.29 useThymeleaf.html에 추가

```
001:  <hr>
002:  <!-- 04:값 결합(리터럴 치환) -->
003:  <h1 th:text="¦안녕하세요 ${name}씨¦">표시하는 부분</h1>
004:  <!-- 05: 지역 변수 -->
005:  <div th:with="a=1,b=2">
006:    <span th:text="¦${a} + ${b} = ${a+b}¦"></span>
007:  </div>
```

```
008:  <!-- 06: 비교와 등가 -->
009:  <span th:text="1 > 10"></span>
010:  <span th:text="1 < 10"></span>
011:  <span th:text="1 >= 10"></span>
012:  <span th:text="1 <= 10"></span>
013:  <span th:text="1 == 10"></span>
014:  <span th:text="1 != 10"></span>
015:  <span th:text="길동 == 길동"></span>
016:  <span th:text="길동 != 길동"></span>
```

3번째 줄에서 "¦ 문자 ¦"를 사용하여 '리터럴 대체 값 결합'을 수행합니다. 5번째 줄에서는 th:with="변수명=값"으로 변수에 값을 대입하고 있습니다.

02 확인

ThymeleafSampleApplication을 재시작(IntelliJ IDEA에서 Ctrl + F5를 입력하거나 그림 6.18의 재시작 아이콘을 클릭)한 후 브라우저에서 새로고침하면 화면에 결과가 표시됩니다.

그림 6.18 실행 결과

6-4-5 ▶ 조건 연산자를 이용한 조건 분기(false)

01 뷰에 추가

뷰인 useThymeleaf.html의 <body> 태그 안에 예제 6.30의 내용을 추가합니다.

예제 6.30 useThymeleaf.html에 추가

```
001: <hr>
002: <!-- 07: 조건 연산자 -->
003: <p th:text="${name} == '이순신'? '이순신입니다!':'이순신이 아닙니다'"></p>
004: <!-- 08: 조건 분기(true) -->
005: <div th:if="${name} == '이순신'">
006:     <p>이순신씨입니다!</p>
007: </div>
008: <!-- 09: 조건 분기(false) -->
009: <div th:unless="${name} == '영희'">
010:     <p>영희씨가 아닙니다</p>
011: </div>
```

th:if 또는 th:unless 처리만을 위해 <div> 태그를 늘리고 싶지 않다면 <th:block> 태그의 속성에
th:if 또는 th:unless를 추가합니다(예제 6.31). <th:block> 태그는 렌더링[4] 후 지워져서 HTML 소
스에 남아 있지 않습니다(그림 6.19).

예제 6.31 th:block 예

```
001: <!-- 08: 조건 분기(true) -->
002: <th:block th:if="${name} == '이순신'">
003:     <p>이순신씨입니다!</p>
004: </th:block>
```

```
<!-- 07: 조건 연산자 -->
<p>이순신입니다!</p>
<!-- 08: 조건 분기(true) -->
<div>
    <p>이순신씨입니다!</p>
</div>
<!-- 09: 조건 분기(false) -->
<div>
    <p>영희씨가 아닙니다</p>
</div>
<hr>
<!-- 10: switch -->
<div>
    <p>이순신입니다!</p>
```

그림 6.19 렌더링 후의 소스

---

4   렌더링이란 데이터를 가지고 내용을 정리해서 표시하는 것을 말합니다.

02 확인

ThymeleafSampleApplication을 재시작(IntelliJ IDEA에서 Ctrl + F5를 입력하거나 그림 6.18의 재시작 아이콘을 클릭)한 후 브라우저에서 새로고침하면 화면에 결과가 표시됩니다(그림 6.20).

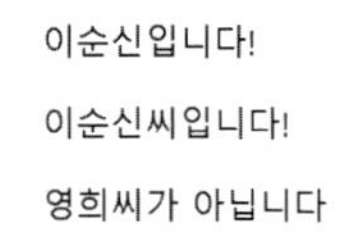

이순신입니다!

이순신씨입니다!

영희씨가 아닙니다

그림 6.20 실행 결과

6-4-6 switch에서 th:object 만들기

01 엔티티 생성

src/main/java → com.example.demo 폴더를 선택하고 마우스 오른쪽 버튼을 클릭해서 [새로 만들기] → [패키지]를 선택해서 com.example.demo.entity 패키지를 생성합니다.

entity 폴더를 선택하고 마우스 오른쪽 버튼을 클릭해서 [새로 만들기] → [Java 클래스]를 선택하고 Member라는 클래스를 만듭니다.

Member 클래스의 내용은 예제 6.32와 같습니다.

예제 6.32 Member 클래스

```
001:  package com.example.demo.entity;
002:
003:  import lombok.AllArgsConstructor;
004:  import lombok.Data;
005:
006:  @Data
007:  @AllArgsConstructor
008:  public class Member {
009:
010:      private Integer id;
011:      private String name;
012:  }
```

예제의 6번째 줄에서는 Lombok의 기능으로 getter/setter를 **@Data**로 생성하고 7번째 줄에서는 전체 필드에 대한 초깃값을 인수로 받는 생성자를 **@AllArgsConstructor**로 생성합니다.

02 **컨트롤러에 추가**

컨트롤러인 **ThymeleafController**의 **showView** 메서드에 예제 6.33의 내용을 추가합니다.

예제 6.33 ThymeleafController에 추가

```
001:  @GetMapping("show")
002:  public String showView(Model model) {
003:      // Member를 생성
004:      Member member = new Member(1, "회원01");
005:
006:      // Model에 데이터 추가
007:      model.addAttribute("name", "이순신");
008:      model.addAttribute("mb",member);
009:
010:      // 반환값으로 뷰 이름을 설정
011:      return "useThymeleaf";
012:  }
```

예제의 4번째 줄에서는 **Member** 인스턴스를 생성하고 **member** 변수에 할당합니다. 8번째 줄에서는 **Model**에 대해 '이름: mb', '값: member'를 addAttribute 메서드로 저장합니다.

03 **뷰에 추가**

뷰인 useThymeleaf.html의 **<body>** 태그 안에 예제 6.34를 추가합니다.

예제 6.34 useThymeleaf.html에 추가

```
001:  <hr>
002:  <!-- 10 : switch -->
003:  <div th:switch="${name}">
004:      <p th:case="이순신" th:text="|${name}입니다!|"></p>
005:      <p th:case="영희" th:text="|${name}입니다!|"></p>
006:      <p th:case="철수" th:text="|${name}입니다!|"></p>
007:      <p th:case="*">명부에 없습니다</p>
```

```
008:  </div>
009:  <!-- 11 : 참조(데이터를 결합한 객체) -->
010:  .으로 접근: <span th:text="${mb.id}">ID</span> - <span th:text="${mb.name}">이름</span><br>
011:  []로 접근: <span th:text="${mb['id']}">ID</span> - <span th:text="${mb['name']}">이름</span>
      <br>
012:  <!-- 12 : 참조(th:object) -->
013:  <th:block th:object="${mb}">
014:      .으로 접근: <span th:text="*{id}">ID</span> - <span th:text="*{name}">이름</span><br>
015:      []로 접근: <span th:text="*{id}">ID</span> - <span th:text="*{['name']}">이름</span>
016:  </th:block>
```

어느 값과도 일치하지 않는 값을 출력하는 경우에는 7번째 줄과 같이 th:case="*"로 지정합니다. 자바 구문에서 switch문의 default 구문과 같은 사용법입니다. 캡슐화된 필드를 참조하는 경우 10번째 줄과 같이 public 접근 제한자의 'getXxx()'라는 게터 메서드를 생성하여 '객체명.필드'로 참조할 수 있습니다. 13번째 줄과 같이 데이터가 저장된 객체를 'th:object'의 형태로 설정하면 자식 요소에서 '*{필드명}'으로 참조할 수 있습니다. '*{'의 앞에 '$'가 붙지 않는 것에 주의하세요.

04 확인

뷰에 추가한 후 ThymeleafSampleApplication을 재시작(IntelliJ IDEA에서 Ctrl + F5를 입력하거나 그림 6.18의 재시작 아이콘을 클릭)한 후 브라우저에서 새로고침하면 화면에 결과가 표시됩니다(그림 6.21).

이순신입니다!

.로 접속:1 - 회원01
[]로 접속:1 - 회원01
.로 접속:1 - 회원01
[]로 접속:1 - 회원01

그림 6.21 결과 표시

6-4-7 리스트 반복하기

01 컨트롤러에 추가

컨트롤러인 ThymeleafController의 showView 메서드에 예제 6.35의 내용을 추가합니다.

예제 6.35 ThymeleafController에 추가

```
001:    @GetMapping("show")
002:    public String showView(Model model) {
003:        // Member를 생성
004:        Member member = new Member(1, "회원01");
005:
006:        // 컬렉션 저장용 Member 생성
007:        Member member1 = new Member(10, "홍길동");
008:        Member member2 = new Member(20, "이영희");
009:
010:        // List 생성
011:        List<String> directionList = new ArrayList<String>();
012:        directionList.add("동");
013:        directionList.add("서");
014:        directionList.add("남");
015:        directionList.add("북");
016:
017:        // Map을 생성해서 Member를 저장
018:        Map<String, Member> memberMap = new HashMap<>();
019:        memberMap.put("hong", member1);
020:        memberMap.put("lee", member2);
021:
022:        // List를 생성해서 Member를 저장
023:        List<Member> memberList = new ArrayList<>();
024:        memberList.add(member1);
025:        memberList.add(member2);
026:
027:        // Model에 데이터 추가
028:        model.addAttribute("name", "이순신");
029:        model.addAttribute("mb",member);
030:        model.addAttribute("list",directionList);
```

```
031:        model.addAttribute("map", memberMap);
032:        model.addAttribute("members", memberList);
033:
034:        // 반환값으로 뷰 이름을 설정
035:        return "useThymeleaf";
036:    }
```

11~15번째 줄에서는 List 타입 변수인 directionList에 문자열을 저장합니다. 그리고 30번째 줄과 같이 Model에 '이름: list', '값: directionList'로 저장합니다.

7~8번째 줄에서는 Member 인스턴스를 생성해 변수에 대입한 후 Map과 List에 각각 인스턴스를 저장합니다. 18~20번째 줄에서는 Map 타입 변수인 memberMap에 저장하고 23~25번째 줄에서 List 타입 변수인 memberList에 저장합니다. 31번째 줄에서는 Model에 대해 '이름: map', '값: memberMap'으로 저장하고, 32번째 줄에서는 '이름: members', '값: memberList'로 저장합니다.

02 뷰에 추가

뷰인 useThymeleaf.html의 <body> 태그 안에 예제 6.36을 추가합니다.

예제 6.36 useThymeleaf.html에 추가

```
001: <hr>
002: <!-- 13: 참조(List) -->
003: <span th:text="${list[0]}">방위</span>
004: <span th:text="${list[1]}">방위</span>
005: <span th:text="${list[2]}">방위</span>
006: <span th:text="${list[3]}">방위</span> <br>
007: <!-- 14: 참조(Map)-->
008: .으로 접근: <span th:text="${map.hong.name}">이름 1</span> -
009: <span th:text="${map.lee.name}">이름 2</span> <br>
010: []로 접근: <span th:text="${map['hong']['name']}">이름 1</span> -
011: <span th:text="${map['lee']['name']}">이름 2</span>
012: <!-- 15: 반복 -->
013: <div th:each="member : ${members}">
014:     <p>[[${member.id}]] : [[${member.name}]]</p>
015: </div>
```

List나 배열의 요소를 참조하려면 3~6번째 줄과 같이 인덱스를 이용합니다. Map의 요소를 참조하려면 8~11번째 줄과 같이 '키'를 이용해 값을 참조합니다. 13번째 줄과 같이 th:each="【 요소 저장용 변수 】: ${【 반복 처리하는 객체 】}"로 반복 처리할 수 있습니다. 이때 【 요소 저장용 변수 】는 반복 처리 중에만 유효합니다.

03　확인

뷰에 추가한 후 ThymeleafSampleApplication을 재시작(IntelliJ IDEA에서 Ctrl + F5를 입력하거나 그림 6.18의 재시작 아이콘을 클릭)한 후 브라우저에서 새로고침하면 화면에 결과가 표시됩니다(그림 6.22).

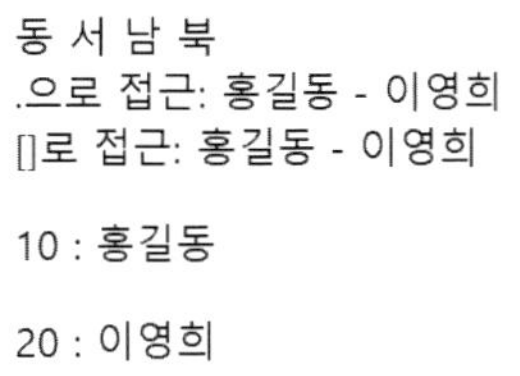

동 서 남 북
.으로 접근: 홍길동 - 이영희
[]로 접근: 홍길동 - 이영희

10 : 홍길동

20 : 이영희

그림 6.22 실행 결과

6-4-8　반복 상태에서 유틸리티 객체 만들기

01　뷰에 추가

뷰인 useThymeleaf.html의 <body> 태그 안에 예제 6.37을 추가합니다.

예제 6.37 useThymeleaf.html에 추가

```
001: <hr>
002: <!-- 16:  반복 상태-->
003: <div th:each="member, s : ${members}" th:object="${member}">
004:   <p>
005:     index-> [[${s.index}]], count-> [[${s.count}]],
006:     size-> [[${s.size}]], current-> [[${s.current}]],
007:     even-> [[${s.even}]], odd-> [[${s.odd}]],
008:     first-> [[${s.first}]], last-> [[${s.last}]],
009:     [[*{id}]] : [[*{name}]]
010:   </p>
011: </div>
012: <!-- 17: 유틸리티 객체(숫자) -->
013: <div th:with="x=1000000, y=123456.789">
014:     정수 형식:
```

```
015:      <span th:text="${#numbers.formatInteger(x, 3, 'COMMA')}"></span>
016:      <br/>
017:      부동 소수점 형식:
018:      <span th:text="${#numbers.formatDecimal(y, 3, 'COMMA', 2,'POINT')}"></span>
019: </div>
020: <br>
021: <!-- 17: 유틸리티 객체(날짜 및 시간) -->
022: <div th:with="today=${#dates.createNow()}">
023:      yyyy/mm/dd 형식:
024:      <span th:text="${#dates.format(today, 'yyyy/MM/dd')}">
025:            </span><br/>
026:      yyyy년 mm월 dd일 형식:
027:      <span th:text="${#dates.format(today, 'yyyy년 MM월 dd일')}">
028:            </span><br/>
029:      yyyy년: <span th:text="${#dates.year(today)}"></span><br/>
030:      MM월: <span th:text="${#dates.month(today)}"></span><br/>
031:      dd일: <span th:text="${#dates.day(today)}"></span><br/>
032:      요일: <span th:text="${#dates.dayOfWeek(today)}"></span><br/>
033: </div>
034: <br>
035: <!-- 17: 유틸리티 객체(문자열) -->
036: <div th:with="str1='abcdef'">
037:      대문자 변환: <span th:text="${#strings.toUpperCase(str1)}"></span><br/>
038:      빈 문자열 판정: <span th:text="${#strings.isEmpty(str1)}"></span><br/>
039:      길이: <span th:text="${#strings.length(str1)}"></span><br/>
040: </div>
```

3번째 줄의 th:each에서는 상태 변수를 사용할 수 있습니다. 상태 변수의 사용법은 '표 6.2 반복 상태 변수'를 참조하세요. 타임리프는 자주 사용되는 클래스를 '#이름'이라는 상수로 정의하기 때문에 변수 식 안에서 이용할 수 있습니다. 사용법은 유틸리티 객체를 참조해 주세요.

02 확인

뷰에 추가한 후 ThymeleafSampleApplication을 재시작(IntelliJ IDEA에서 Ctrl + F5를 입력하거나 그림 6.18의 재시작 아이콘을 클릭)한 후 브라우저에서 새로고침하면 화면에 결과가 표시됩니다(그림 6.23).

index-> 0, count-> 1, size-> 2, current-> Member(id=10, name=홍길동), even-> false, odd-> true, first-> true, last-> false, 10 : 홍길동

index-> 1, count-> 2, size-> 2, current-> Member(id=20, name=이영희), even-> true, odd-> false, first-> false, last-> true, 20 : 이영희

정수 형식: 1,000,000
부동 소수점 형식: 123,456.79

yyyy/mm/dd 형식: 2022/08/22
yyyy년 mm월 dd일 형식: 2022년 08월 22일
yyyy년: 2022
MM월: 8
dd일: 22
요일: 2

대문자 변환: ABCDEF
공문자 판정: false
길이: 6

그림 6.23 실행 결과

6-4-9   다른 템플릿 포함시키기

01   프래그먼트 생성

src/main/resources → templates를 선택하고 마우스 오른쪽 버튼을 클릭해서 [새로 만들기] → [HTML 파일]을 선택하고 파일명으로 'fragment.html'을 입력한 후 엔터를 칩니다.

fragment.html의 내용은 예제 6.38과 같습니다.

예제 6.38 fragment.html

```
001:  <!DOCTYPE html>
002:  <html xmlns:th="http://www.thymeleaf.org">
003:  <head>
004:    <meta charset="UTF-8">
005:    <title>fragment</title>
006:  </head>
007:  <body>
008:    <!-- 18: 프래그먼트를 정의 -->
009:    <span th:fragment="one">하나</span>
010:    <span th:fragment="two">둘</span>
011:    <span th:fragment="three">셋</span>
012:  </body>
013:  </html>
```

9~11번째 줄의 th:fragment 속성을 지정한 요소의 자식 요소가 프래그먼트의 대상이 됩니다. 속성에는 프래그먼트를 식별할 이름을 지정합니다.

02   뷰에 추가

뷰인 useThymeleaf.html의 <body> 태그 안에 예제 6.39의 내용을 추가합니다.

예제 6.39 useThymeleaf.html에 추가

```
001:  <!-- 18: 프래그먼트 사용하기 -->
002:  <h1>Fragment를 아래에 삽입하기</h1>
003:  <div id="one" th:insert="fragment :: one"></div>
004:  <div id="three" th:replace="fragment :: three"></div>
```

프래그먼트로 내용을 삽입하려면 3번째 줄과 같이 th:insert 속성을 사용합니다.

'::'의 왼쪽에 프래그먼트 파일명을, 오른쪽에 th:fragment 속성에 정의된 프래그먼트를 식별하는 이름을 지정합니다. 프래그먼트의 내용으로 완전히 바꾸려면 4번째 줄과 같이 th:replace 속성을 사용합니다.

03   확인

뷰에 추가한 후 ThymeleafSampleApplication을 재시작(IntelliJ IDEA에서 Ctrl + F5를 입력하거나 그림 6.18의 재시작 아이콘을 클릭)한 후 브라우저에서 새로고침하면 화면에 결과가 표시됩니다(그림 6.24).

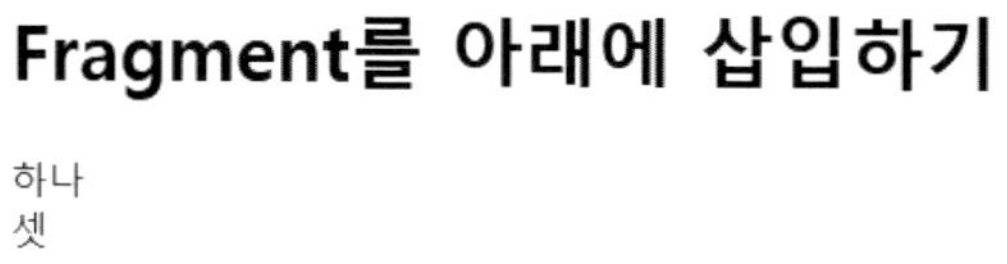

Fragment를 아래에 삽입하기

하나
셋

그림 6.24 실행 결과

6-4-10   레이아웃 생성

01   Decorator 생성

공통 레이아웃인 Decorator를 만듭니다. src/main/resources → templates를 선택하고 [새로 만들기] → [경로]를 선택해서 commons 폴더를 만듭니다.

commons 폴더 아래에 layout.html을 생성합니다. layout.html의 내용은 예제 6.40과 같습니다.

예제 6.40 layout.html

```
001: <!DOCTYPE html>
002: <html xmlns:th="http://www.thymeleaf.org"
003:       xmlns:layout="http://www.ultraq.net.nz/thymeleaf/layout">
004: <head>
005:     <meta charset="UTF-8">
006:     <title>베이스: 레이아웃</title>
007: </head>
008: <body>
009:     <!-- 공통 머리글 -->
010:     <header>
011:         <div align="center">
012:             <h1>공통 머리글</h1>
013:         </div>
014:         <hr />
015:     </header>
016:     <!-- 대체 위치 -->
017:     <div layout:fragment="content" align="center">
018:         여기를 대체함
019:     </div>
020:     <!-- 공통 바닥글 -->
021:     <footer>
022:         <hr />
023:         <div align="center">
024:             <h1>공통 바닥글</h1>
025:         </div>
026:     </footer>
027: </body>
028: </html>
```

3번째 줄에서 Thymeleaf Layout Dialect를 사용하기 위해 선언했습니다.

17번째 줄에서 layout:fragment="【 프래그먼트를 식별하는 이름 】"으로 대체할 곳을 설정합니다.

10~15번째 줄과 21~26번째 줄에서는 레이아웃으로 <body> 태그와 </body> 사이에 머리글과 바닥글을 배치했습니다.

02 Fragment 생성

공통 레이아웃을 이용하는 쪽의 Fragment를 생성합니다. `src/main/resources` → `templates`를 선택하고 마우스 오른쪽 버튼을 클릭해서 [새로 만들기] → [HTML 파일]을 선택한 후 파일명으로 'pageA.html'을 입력한 후 엔터 키를 칩니다.

`pageA.html`의 내용은 예제 6.41과 같습니다.

예제 6.41 pageA.html

```
001: <!DOCTYPE html>
002: <html xmlns:th="http://www.thymeleaf.org"
003:       xmlns:layout="http://www.ultraq.net.nz/thymeleaf/layout"
004:       layout:decorate="~{commons/layout}">
005: <head>
006:   <meta charset="UTF-8">
007:   <title>페이지 A</title>
008: </head>
009: <body>
010:   <!-- 대체되는 내용 -->
011:   <div layout:fragment="content">
012:     <h1>PageA</h1>
013:   </div>
014: </body>
015: </html>
```

4번째 줄에서 Decorator의 `commons` 폴더에 있는 `layout.html`을 사용한다고 선언했습니다. `pageA.html`에서 11번째 줄의 `layout:fragment="content"`로 둘러싸여 있는 내용이 Decorator로 기술하고 있는 `layout: fragment="content"` 부분을 대체하게 됩니다.

03 컨트롤러에 추가

컨트롤러인 `ThymeleafController`에 `pageA.html`을 표시하는 메서드를 만듭니다(예제 6.42).

예제 6.42 showA 메서드

```
001: @GetMapping("a")
002: public String showA() {
```

```
003:     return "pageA";
004: }
```

클라이언트에서 URL(http://localhost:8080/a)에 GET 메서드로 접속하면 ThymeleafController 클래스의 showA 메서드가 호출되어 pageA.html이 표시됩니다.

04 확인

ThymeleafSampleApplication을 재시작(IntelliJ IDEA에서 Ctrl + F5를 입력하거나 그림 6.18의 재시작 아이콘을 클릭)한 후 http://localhost:8080/a로 접속하면 Decorator에 Fragment의 내용이 대체된 것을 확인할 수 있습니다(그림 6.25).

공통 머리글
PageA
공통 바닥글

그림 6.25 실행 결과

6-4-11 요약

이것으로 타임리프의 사용법을 충분히 익혔을 것입니다. 지금은 뷰와 컨트롤러에서 설정한 값을 표시하는 방법만 설명했지만 이것만으로는 뷰에서 입력한 내용에 대한 비즈니스 로직을 처리했다고 할 수는 없습니다.

다음 장에서는 뷰에서 입력한 값을 서버에 보내고 컨트롤러가 받는 방법에 관해 설명하겠습니다(그림 6.26).

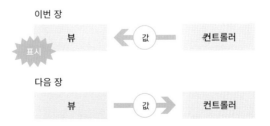

그림 6.26 이번 장에서 작성한 내용과 다음 장의 내용

07장

장

요청 파라미터 취득하기

요청 파라미터의 종류

이번 장에서는 뷰에서 입력한 값을 서버로 보내고 컨트롤러가 받는 방법에 관해 설명합니다. 서버에 전송되는 값을 '요청 파라미터'라고 합니다. 먼저 요청 파라미터에 관해 설명하겠습니다.

7-1-1 요청 파라미터란?

서버에 전송되는 값을 요청 파라미터(request parameter)라고 합니다. 요청 파라미터에는 표 7.1과 같은 종류가 있습니다.

표 7.1 요청 파라미터의 종류

요청 파라미터	내용
요청 쿼리 스트링(query string)으로 보내지는 값 ※ HTTP 메서드: GET으로 서버로 데이터 전송	뷰에서 입력값 및 선택한 값이나 숨김 파라미터(hidden parameter) 등에서 미리 뷰에 입력해둔 값 등
요청 본문(body)에 저장되어 보내지는 값 ※ HTTP 메서드: POST로 서버로 데이터 전송	
뷰에서 클릭한 버튼의 name 속성값	하나의 뷰에 버튼이 여러 개 있을 때 어느 버튼인지 판별할 수 있는 값
URL 경로(path)의 일부로 보내지는 값	링크 등으로 URL의 일부로 보내지는 값

7-1-2 요청 파라미터의 취득 방법

뷰에서 입력한 값이나 선택 값 혹은 숨김 파라미터로 전송된 값들은 표 7.2의 방법으로 취득할 수 있습니다.

표 7.2 요청 파라미터 취득 방법

방법	내용
@RequestParam 사용	@RequestParam 어노테이션을 이용해 파라미터를 하나씩 취득
Form 클래스 사용 (Form 클래스는 따로 만들어야 함)	스프링 MVC가 Form 클래스 내의 필드에 대해 값을 저장합니다. 요청 파라미터를 모아서 하나의 객체로 받아들이기 때문에 자주 사용되는 방법입니다. 받을 때는 '형변환'이나 '포맷 지정'이 가능합니다.

하나의 뷰에 버튼이 여러 개 있을 때 어느 버튼이 클릭되어 요청이 보내졌는지를 식별해야 하는 경우 사용되는 것이 '요청 매핑(RequestMapping)' 어노테이션의 'params 속성'입니다. 구체적인 사용법은 이후에 프로그램을 작성할 때 설명하겠습니다.

링크 등 URL의 일부로 포함된 값을 취득할 때는 요청 매핑 어노테이션의 value 속성에 값이 저장된 경로를 지정하고 요청 핸들러 메서드의 인수에 @PathVariable 어노테이션과 값을 저장할 인수를 지정합니다. 자세한 사용법은 프로그램을 작성할 때 함께 설명하겠습니다.

칼럼 / 요청을 보내는 여러 가지 방법

서버로 값을 보내는 방법에는 여러 가지가 있습니다. 왜 하나의 방법으로 통일하지 않는지 의문인 분도 있을지 모르지만, 여러 가지 방법이 존재하는 것의 이점을 생각해 봅시다.

여행으로 부산에 가는 방법을 생각해 보면 자동차나 기차 혹은 비행기 등 여러 가지 이동 방법이 있을 것입니다. 가는 길이 비행기뿐이라고 가정하면 날씨가 좋지 않은 날에는 출발하지 못할 것입니다. 대신 기차도 이용할 수 있다면 비행기 대신 기차를 이용해서 출발할 수 있을 것입니다. 이렇듯 여러 가지 방법이 있으면 발생할지도 모를 문제에 대응할 수 있습니다(그림 7.A).

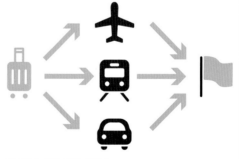

프로그램을 배울 때도 같은 내용을 처리하는 여러 구현 방법을 배우는 것을 귀찮아 하지 말고, 여러 방법을 알아둠으로써 문제가 생겼을 때 대응할 수 있는 스킬을 쌓는다고 생각해주세요.

그림 7.A 여러 가지 선택지

입력값을 받는 프로그램 만들기 (@RequestParam)

뷰에 입력한 값을 서버에 보내고 컨트롤러에서 받는 웹 애플리케이션을 만들어 보겠습니다. 우선 '입력 화면'을 표시하고 입력값을 @RequestParam 어노테이션으로 받겠습니다.

7-2-1 프로젝트 생성

Spring Initializr(https://start.spring.io/)에서 다음 정보로 프로젝트를 생성합니다(그림 7.1).

설정 내용

항목	값
Project	Gradle Project
Spring Boot	2.6.7
Artifact	RequestParamSample
Packaging	jar
Java	11
Package name	com.example.demo

의존 관계(Dependencies)로는 다음 모듈을 추가하고 프로젝트 파일을 다운로드합니다.

- Spring Boot DevTools(개발 툴)

- Lombok(개발 툴)

- Thymeleaf(템플릿 엔진)

- Spring Web(웹)

Project
○ Maven Project
● Gradle Project

Language
● Java ○ Kotlin
○ Groovy

Spring Boot
○ 3.0.0 (SNAPSHOT) ○ 3.0.0 (M2) ○ 2.7.0 (SNAPSHOT)
○ 2.7.0 (RC1) ○ 2.6.8 (SNAPSHOT) ● 2.6.7
○ 2.5.14 (SNAPSHOT) ○ 2.5.13

Project Metadata

Group com.example

Artifact RequestParamSample

Name RequestParamSample

Description Demo project for Spring Boot

Package name com.example.demo

Packaging ● Jar ○ War

Dependencies ADD DEPENDENCIES... CTRL + B

Spring Boot DevTools DEVELOPER TOOLS
Provides fast application restarts, LiveReload, and configurations for
enhanced development experience.

Lombok DEVELOPER TOOLS
Java annotation library which helps to reduce boilerplate code.

Thymeleaf TEMPLATE ENGINES
A modern server-side Java template engine for both web and
standalone environments. Allows HTML to be correctly displayed in
browsers and as static prototypes.

Spring Web WEB
Build web, including RESTful, applications using Spring MVC. Uses
Apache Tomcat as the default embedded container.

GENERATE CTRL + ↵   EXPLORE CTRL + SPACE   SHARE...

그림 7.1 프로젝트 파일 생성

다운로드한 프로젝트 파일의 압축을 풀고 IntelliJ IDEA에서 [파일] → [열기]로 불러옵니다.

7-2-2 컨트롤러와 뷰 생성

01 컨트롤러 생성

우선 컨트롤러를 생성합니다. src/main/java → com.example.demo 폴더를 선택하고 마우스 오른쪽 버튼을 클릭해서 [새로 만들기] → [패키지]를 선택하고 com.example.demo.controller 패키지를 생성합니다.

클래스 생성을 위해 controller 패키지를 선택하고 마우스 오른쪽 버튼을 클릭해서 [새로 만들기] → [Java 클래스]를 선택하고 클래스명으로 'RequestParamController'를 입력한 후 엔터 키를 칩니다(그림 7.2).

RequestParamController 클래스의 내용은 예제 7.1과 같습니다.

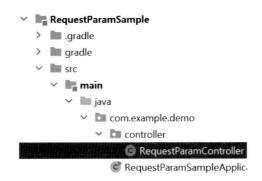

그림 7.2 RequestParamController 클래스

예제 7.1 RequestParamController 클래스

```
001:  package com.example.demo.controller;
002:
003:  import org.springframework.stereotype.Controller;
004:  import org.springframework.web.bind.annotation.GetMapping;
005:
006:  @Controller
007:  public class RequestParamController {
008:      /** 입력 화면을 표시 */
009:      @GetMapping("show")
010:      public String showView() {
011:          // 반환값으로 뷰 이름을 돌려줌
012:          return "entry";
013:      }
014:  }
```

RequestParamController 클래스는 요청 핸들러 메서드에 @GetMapping("show") 어노테이션(9번째 줄)을 부여했습니다. 클라이언트로부터 URL(http://localhost:8080/show)이 GET 메서드로 전달되면 RequestParamController 클래스의 showView 메서드가 호출되고 12번째 줄에서 반환값으로 뷰 이름인 'entry'를 돌려줍니다.

02 뷰 생성(입력 화면)

showView 메서드의 반환값인 '뷰 이름: entry'에 대응하는 entry.html을 생성해서 resources/templates 폴더 아래에 두겠습니다.

src/main/resources → templates 폴더를 선택하고 마우스 오른쪽 버튼을 클릭해서 [새로 만들기] → [HTML 파일]을 선택하고 'entry.html'을 입력한 후 엔터를 칩니다.

entry.html의 내용은 예제 7.2와 같습니다.

예제 7.2 entry.html

```
001:   <!DOCTYPE html>
002:   <html xmlns:th="http://www.thymeleaf.org">
003:   <head>
004:       <meta charset="UTF-8">
005:       <title>입력 화면</title>
006:   </head>
007:   <body>
008:   <form th:action="@{/confirm}" method="post">
009:       <div>
010:           <label for="name">이름:</label>
011:           <input type="text" name="name">
012:       </div>
013:       <div>
014:           <label for="age">나이:</label>
015:           <input type="number" name="age" min="1" max="100">
016:       </div>
017:       <div>
018:           <label for="birth">생년월일:</label>
019:           <input type="date" name="birth">
020:       </div>
021:       <input type="submit" value="전송">
022:   </form>
023:   </body>
024:   </html>
```

화면을 구성하는 입력 항목에는 여러 가지가 있지만 프레임워크를 이용해서 개발하는 경우에는 입력 항목의 명칭(name 속성)과 그것을 받는 변수명을 같게 하는 것이 일반적입니다.

2번째 줄에서 타임리프를 사용한다고 선언하고 있고, 8번째 줄의 `th:action="@{/confirm}"`은 `/confirm` URL로 보낸다는 뜻입니다[1].

15번째 줄의 `type` 속성으로 'type=number'를 지정하면 숫자만 입력할 수 있게 됩니다. `max` 속성에는 입력할 수 있는 최댓값을, `min` 속성에는 입력해야 하는 최솟값을 지정합니다. 19번째 줄과 같이 'type=date'를 지정하면 날짜 입력란이 만들어집니다. 주의할 점은 표시되는 날짜 서식은 실제 `value` 값과 다르다는 것입니다. 표시되는 날짜 서식은 사용자의 브라우저에 설정된 로캘에 따르지만 `value` 값은 항상 'yyyy-MM-dd' 형식입니다[2].

03 컨트롤러에 추가

컨트롤러인 `RequestParamController`에 요청 핸들러 메서드를 추가합니다(예제 7.3).

예제 7.3 RequestParamController에 추가

```
001:   /** 확인 화면을 표시 */
002:   @PostMapping("confirm")
003:   public String confirmView(
004:       Model model, @RequestParam String name, @RequestParam Integer age,
005:       @DateTimeFormat(iso = DateTimeFormat.ISO.DATE) @RequestParam LocalDate birth
006:   ) {
007:       // Model에 저장
008:       model.addAttribute("name",name);
009:       model.addAttribute("age",age);
010:       model.addAttribute("birth",birth);
011:
012:       // 반환값으로 뷰 이름을 돌려줌
013:       return "confirm";
014:   }
```

2번째 줄의 `@PostMapping("confirm")`은 POST 메서드로 온 URL(/confirm)에 대응합니다. 4번째 줄의 `Model`은 8~10번째 줄에서 값을 저장하기 위해 인수로 설정합니다. 4~5번째 줄에서는 `@RequestParam` 다음에 뷰에서 지정한 입력값의 'name 속성'과 같은 이름으로 변수명을 사용해서 요

---

1   '@'을 '{' 앞에 붙이면 컨텍스트 경로를 의식하지 않습니다.
2   로캘은 시스템이나 소프트웨어에서 언어 및 국가, 지역 설정을 말합니다.

청 파라미터의 변수로 설정하고 있습니다. 뷰에서 type="date"의 값은 항상 'yyyy-MM-dd'이기 때문에 @DateTimeFormat[3](5번째 줄)으로 'iso=DateTimeFormat.ISO.DATE'를 지정해서 날짜 형식을 받습니다. 요청 파라미터는 지정한 형식으로 분석 및 변환되어 변수로 설정됩니다.

04 뷰 생성(확인 화면)

confirm 메서드의 반환값 '뷰 이름: confirm'에 대응하는 confirm.html을 생성해서 resources/templates 폴더 아래에 두겠습니다.

src/main/resources → templates 폴더를 선택하고 마우스 오른쪽 버튼을 클릭해서 [새로 만들기] → [HTML 파일]을 선택하고 'confirm.html'을 입력한 후 엔터를 칩니다.

confirm.html의 내용은 예제 7.4와 같습니다.

예제 7.4 confirm.html

```
001:  <!DOCTYPE html>
002:  <html xmlns:th="http://www.thymeleaf.org">
003:  <head>
004:    <meta charset="UTF-8">
005:    <title>확인 화면</title>
006:  </head>
007:  <body>
008:    <ul>
009:      <li>이름    : [[${name}]]</li>
010:      <li>나이    : [[${age}]]</li>
011:      <li>생년월일: [[${birth}]]</li>
012:    </ul>
013:  </body>
014:  </html>
```

고정값과 변수를 조합하고 싶은 경우에는 9~11번째 줄과 같이 [[${}]] 형태로 사용합니다.

---

3   DataTimeFormat.ISO는 열거형(Enum)입니다.

확인

`RequestParamSampleApplication` 자바 파일에서 마우스 오른쪽 버튼을 클릭해서 [실행]을 선택합니다. 애플리케이션이 시작된 것을 확인한 후 브라우저를 열어서 주소 표시줄에 '`http://localhost:8080/show`'를 입력해서 결과를 확인합니다(그림 7.3).

입력 화면에서 이름, 나이, 생년월일을 입력한 후(그림 7.4), [전송] 버튼을 클릭하면 입력한 내용이 확인 화면에 표시됩니다(그림 7.5).

그림 7.3 **입력 화면**

그림 7.4 **입력 화면 표시**

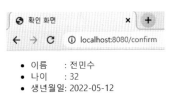

그림 7.5 **입력 확인 화면**

SECTION 7-3

입력값을 받는 프로그램 만들기 (Form 클래스)

@RequestParam 어노테이션은 편리하지만, 요청 파라미터를 하나씩 인수로 받기 때문에 입력 항목이 늘어날수록 인수도 함께 늘려야 하므로 확장성에 문제가 발생합니다. 이런 문제를 해결하기 위해 스프링 MVC에서는 '입력값을 저장하는 클래스'를 준비해서 요청 파라미터를 모아서 넘겨주는 것이 가능합니다. 앞에서 작성한 프로그램에 입력값을 저장하는 클래스를 만들어 사용해 보겠습니다.

7-3-1 Form 클래스 생성

입력값을 저장하는 클래스는 입력 항목이 뷰에서 `<form>` 태그 안에 작성되어 있고 Form 클래스라고 하는 뷰의 폼을 표현하는 클래스를 생성합니다.

src/main/java → com.example.demo 폴더를 선택하고 마우스 오른쪽 버튼을 클릭해서 [새로 만들기] → [패키지]를 선택하고 com.example.demo.form 패키지를 생성합니다.

클래스 생성을 위해 form 패키지를 선택하고 마우스 오른쪽 버튼을 클릭해서 [새로 만들기] → [Java 클래스]를 선택한 후 클래스명으로 'Form'을 입력한 후 엔터 키를 칩니다(그림 7.6).

Form 클래스의 내용은 예제 7.5와 같습니다.

그림 7.6 Form 클래스

예제 7.5 Form 클래스

```
001:  package com.example.demo.form;
002:
003:  import java.time.LocalDate;
004:
005:  import org.springframework.format.annotation.DateTimeFormat;
006:
007:  import lombok.Data;
008:
009:  @Data
010:  public class Form {
011:      private String name;
012:
013:      private Integer age;
014:
015:      @DateTimeFormat(iso = DateTimeFormat.ISO.DATE)
016:      private LocalDate birth;
017:  }
```

9번째 줄의 @Data 어노테이션으로 Lombok의 기능을 사용해 자동으로 getter/setter를 생성합니다.
15번째 줄에서는 @DateTimeFormat으로 'iso = DateTimeFormat.ISO.DATE'를 지정해서 날짜 형식을
'yyyy-MM-dd'로 받아들이도록 지정했습니다.

01) 컨트롤러 수정 및 추가

컨트롤러인 RequestParamController의 요청 핸들러 메서드를 수정하고 내용을 추가합니다(예제 7.6).

예제 7.6 RequestParamController 수정 및 추가

```
001:  //    /** 확인 화면을 표시 */
002:  //    @PostMapping("confirm")
003:  //    public String confirmView(
004:  //        Model model, @RequestParam String name, @RequestParam Integer age,
005:  //        @DateTimeFormat(iso = DateTimeFormat.ISO.DATE) @RequestParam LocalDate birth
006:  //    ) {
007:  //        // Model에 저장
008:  //        model.addAttribute("name",name);
009:  //        model.addAttribute("age",age);
```

```
010: //      model.addAttribute("birth",birth);
011: //
012: //      // 반환값으로 뷰 이름을 돌려줌
013: //      return "confirm";
014: //    }
015:     /** 확인 화면을 표시: Form 클래스용 */
016:     @PostMapping("confirm")
017:     public String confirmView(Form f) {
018:        // 반환값으로 뷰 이름을 돌려줌
019:        return "confirm2";
020:     }
```

1~14번째 줄과 같이 앞에서 @RequestParam에서 사용한 부분을 주석 처리합니다.

16~20번째 줄의 @PostMapping("confirm")에서 POST 메서드로 온 URL(/confirm)에 대응하는 요청 핸들러 메서드인 confirmView를 만들고 Form을 인수로 지정합니다. 반환값으로는 뷰 이름인 'confirm2'를 지정합니다.

요청 핸들러 메서드인 confirmView에서는 인수에서 Model을 삭제하고 Model 대신에 Form의 인수로 설정합니다. 데이터를 표시하고 싶은 경우 데이터를 넘겨주는 역할을 가진 Model을 인수로 설정해야 합니다. 왜 Model을 인수에서 삭제했는지에 대해서는 나중에 자세히 설명하겠습니다.

02 ▷ 뷰 생성(확인 화면: Form 클래스 사용)

confirmView 메서드의 반환값(뷰 이름: confirm2)에 대응하는 confirm2.html을 resources/templates에 생성하겠습니다.

src/main/resources → templates 폴더를 선택하고 마우스 오른쪽 버튼을 클릭해서 [새로 만들기] → [HTML 파일]을 선택한 후 'confirm2.html'을 입력하고 엔터를 칩니다.

confirm2.html의 내용은 예제 7.7과 같습니다

예제 7.7 confirm2.html

```
001: <!DOCTYPE html>
002: <html xmlns:th="http://www.thymeleaf.org">
003: <head>
004:    <meta charset="UTF-8">
005:    <title>확인 화면:Form 클래스 사용</title>
```

```
006:  </head>
007:  <body>
008:  <ul>
009:    <li>이름    :[[${form.name}]]</li>
010:    <li>나이    :[[${form.age}]]</li>
011:    <li>생년월일:[[${form.birth}]]</li>
012:  </ul>
013:  </body>
014:  </html>
```

9~11번째 줄의 화면 출력 부분에 form을 이용해서 '객체명·필드명' 형식으로 저장된 데이터를 참조합니다.

소문자 form에 대해 왠지 Form 클래스를 가리키고 있을 것으로 추측은 하겠지만, 왜 form인지에 대해서는 뒤쪽에서 자세하게 설명하겠습니다.

03 확인

RequestParamSampleApplication 자바 파일에서 마우스 오른쪽 버튼을 클릭해서 [실행]을 선택합니다. 애플리케이션이 시작된 것을 확인한 후 브라우저를 열어서 주소 표시줄에 'http://localhost:8080/show'를 입력하고 이동하면 입력 화면이 표시됩니다.

입력 화면에서 이름, 나이, 생년월일을 입력한 후(그림 7.7) [전송] 버튼을 클릭하면 확인 화면이 표시됩니다(그림 7.8).

그림 7.7 입력 화면

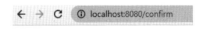

- 이름   :Form이순신
- 나이   :30
- 생년월일:2020-01-15

그림 7.8 확인 화면

칼럼 / Form의 개념

인터넷 쇼핑 사이트에서 여러 가지 상품을 구입해서 배송받을 때 각 상품을 따로 배송받고 싶나요?

보통은 구입한 상품을 한군데 모아서 하나의 큰 박스에 넣어서 배송받고 싶을 것입니다. 여기서 하나의 큰 박스를 Form으로 생각하면 Form을 이해하기가 쉬울 것입니다.

SECTION 7-4

URL에 포함된 값을 받는 프로그램 만들기

이번 절에서는 링크를 클릭했을 때 등 URL의 일부로 사용되는 값을 취득하는 방법과 하나의 뷰에 여러 개의 버튼이 있을 때 처리 내용을 구별하는 방법을 프로그램을 작성하면서 설명하겠습니다.

7-4-1 프로젝트 생성

Spring Initializr(https://start.spring.io/)에서 다음 정보로 프로젝트를 생성합니다(그림 7.9).

설정 내용

항목	값
Project	Gradle Project
Spring Boot	2.6.7
Artifact	PathVariableSample
Packaging	jar
Java	11
Package name	com.example.demo

의존 관계(Dependencies)는 다음의 모듈을 추가하고 프로젝트 파일을 다운로드합니다.

- Spring Boot DevTools(개발 툴)
- Thymeleaf(템플릿 엔진)
- Spring Web(웹)

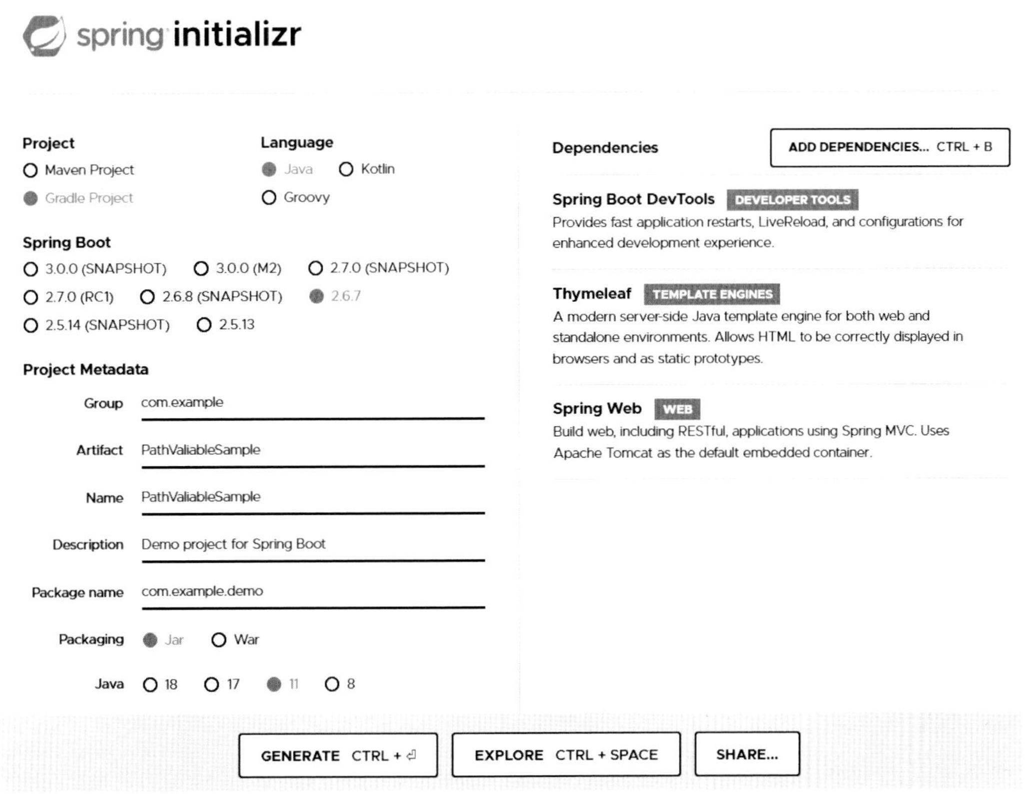

그림 7.9 프로젝트 파일 생성

다운로드된 프로젝트 파일의 압축을 풀고 IntelliJ IDEA에서 [파일] → [열기]로 불러옵니다.

7-4-2 컨트롤러와 뷰 생성

01 컨트롤러 생성

우선 컨트롤러를 생성합니다. src/main/java → com.example.demo 폴더를 선택하고 마우스 오른쪽 버튼을 클릭해서 [새로 만들기] → [패키지]를 선택한 후 com.example.demo.controller 패키지를 생성합니다.

클래스 생성을 위해 controller 패키지를 선택하고 마우스 오른쪽 버튼을 클릭해서 [새로 만들기] → [Java 클래스]를 선택한 후 클래스명으로 'PathVariableController'를 입력하고 엔터 키를 칩니다(그림 7.10).

PathVariableController 클래스의 내용은 예제 7.8과 같습니다.

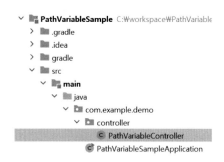

그림 7.10 PathVariableController 클래스

예제 7.8 PathVariableController 클래스

```
001:  package com.example.demo.controller;
002:
003:  import org.springframework.stereotype.Controller;
004:  import org.springframework.web.bind.annotation.GetMapping;
005:
006:  @Controller
007:  public class PathVariableController {
008:
009:      /** 화면 표시 */
010:      @GetMapping("show")
011:      public String showView() {
012:          // 반환값으로 뷰 이름을 돌려줌
013:          return "show";
014:      }
015:  }
```

PathVariableController 클래스는 요청 핸들러 메서드에 @GetMapping("show") 어노테이션(10번째 줄)을 부여합니다. 클라이언트에서 GET 메서드로 URL(http://localhost:8080/show)에 접속하면 PathVariableController 클래스의 showView 메서드가 호출되고 13번째 줄에서 반환값으로 뷰 이름인 'show'를 돌려줍니다.

02 뷰 생성(입력 화면)

showView 메서드의 반환값인 '뷰 이름: show'에 대응하는 show.html을 생성해서 resources/templates 폴더 아래에 두겠습니다.

src/main/resources → templates 폴더를 선택하고 마우스 오른쪽 버튼을 클릭해서 [새로 만들기] → [HTML 파일]을 선택한 후 'show.html'을 입력하고 엔터를 칩니다.

show.html의 내용은 예제 7.9와 같습니다.

예제 7.9 show.html

```
001: <!DOCTYPE html>
002: <html xmlns:th="http://www.thymeleaf.org">
003: <head>
004:     <meta charset="UTF-8">
005:     <title>URL 경로에 포함된 값과 클릭된 버튼 식별</title>
006: </head>
007: <body>
008: <div>
009:     <!-- URL에 값 넣기 -->
010:     <h3><a th:href="@{/function/1}">기능-1</a></h3>
011:     <h3><a th:href="@{/function/2}">기능-2</a></h3>
012:     <h3><a th:href="@{/function/3}">기능-3</a></h3>
013:     <!-- 같은 form 태그 안에 포함된 여러 개의 버튼 -->
014:     <form th:action="@{/send}" method="post">
015:         <input type="submit" value="버튼A" name="a">
016:         <input type="submit" value="버튼B" name="b">
017:         <input type="submit" value="버튼C" name="c">
018:     </form>
019: </div>
020: </body>
021: </html>
```

우선 2번째 줄에서 타임리프 사용을 선언합니다. 10~12번째 줄의 th:href="@{/function/1}"은 URL(/function/1)의 링크를 생성합니다. 참고로 이전에도 언급했듯이 '@'을 '{'의 앞에 붙이면 컨텍스트 경로를 의식하지 않아도 됩니다. URL의 제일 끝에 적은 숫자가 'URL에 포함된 값'이 됩니다.

14~18번째 줄에서는 하나의 <form> 태그 안에 3개의 버튼을 만들었습니다. 어느 버튼을 클릭하더라도 URL(/send)로 POST 송신됩니다. 어느 버튼을 클릭했는지 확인할 때 중요한 것은 name 속성입니다. 이 name 속성을 이용해 컨트롤러의 요청 핸들러 메서드에서 처리를 나눕니다.

컨트롤러에 추가(링크 처리)

컨트롤러인 PathVariableController의 요청 핸들러 메서드에 처리 내용을 추가합니다(예제 7.10).

예제 7.10 PathVariableController의 링크 처리

```
001: /** 링크 처리 */
002: @GetMapping("/function/{no}")
003: public String selectFunction(@PathVariable Integer no) {
004:     // 뷰 이름을 초기화
005:     String view = null;
006:     switch (no) {
007:         case 1:
008:             view = "pathvariable/function1";
009:             break;
010:         case 2:
011:             view = "pathvariable/function2";
012:             break;
013:         case 3:
014:             view = "pathvariable/function3";
015:             break;
016:     }
017:
018:     // 반환값으로 뷰 이름을 돌려줌
019:     return view;
020: }
```

2번째 줄의 @GetMapping("/function/{no}"가 GET으로 온 URL(/function/{no})에 대응합니다. '{no}'는 자리 표시자(placeholder)입니다. 자리 표시자는 URL에 포함된 값을 저장합니다. 3번째 줄의 @PathVariable에 자리 표시자와 같은 변수명으로 지정하면 자리 표시자에 저장된 값이 @PathVariable 의 변수에 저장됩니다.

6~16번째 줄에서는 no 변수의 값을 토대로 switch문을 이용해 뷰 이름을 확정합니다.

03 뷰 생성(기능 화면)

selectFunction 메서드의 반환값(뷰 이름)에 대응하는 파일을 만들어서 resources/templates 폴더 아래에 두겠습니다.

src/main/resources → templates 폴더를 선택하고 마우스 오른쪽 버튼을 클릭해서 [새로 만들기] → [경로]를 선택하고 'pathvariable'을 입력한 후 엔터를 칩니다. HTML 파일을 만들기 위해 pathvariable 폴더를 선택하고 마우스 오른쪽 버튼을 클릭해서 [새로 만들기] → [HTML 파일]을 선택한 후 'function1.html'을 입력하고 엔터를 칩니다.

function1.html의 내용은 예제 7.11과 같습니다.

예제 7.11 function1.html

```
001: <!DOCTYPE html>
002: <html>
003: <head>
004:    <meta charset="UTF-8">
005:    <title>기능 1</title>
006: </head>
007: <body>
008:    <h1>기능 1의 화면</h1>
009: </body>
010: </html>
```

같은 방법으로 function2.html과 function3.html을 생성합니다. HTML에서 숫자는 각 파일명에 맞게 변경해서 저장합니다(5번째 줄의 <title> 태그와 8번째 줄의 <h1> 태그).

확인(링크)

PathVariableSampleApplication 자바 파일에서 마우스 오른쪽 버튼을 클릭해서 [실행]을 선택합니다. 애플리케이션이 시작된 것을 확인한 후 브라우저를 열어서 주소 표시줄에 'http://localhost:8080/show'를 입력해 이동하면 입력 화면이 표시됩니다. 각 링크를 클릭하여 대응되는 뷰가 표시되는 것을 확인합니다.

컨트롤러에 추가(버튼 판별 처리)

컨트롤러인 `PathVariableController`에 요청 핸들러 메서드를 추가합니다(예제 7.12).

예제 7.12 PathVariableController 버튼 처리

```
001:  /** 버튼 A 클릭 처리 */
002:  @PostMapping(value = "send", params = "a")
003:  public String showAView() {
004:      // 반환값으로 뷰 이름을 돌려줌
005:      return "submit/a";
006:  }
007:  /** 버튼 B 클릭 처리 */
008:  @PostMapping(value = "send", params = "b")
009:  public String showBView() {
010:      // 반환값으로 뷰 이름을 돌려줌
011:      return "submit/b";
012:  }
013:  /** 버튼 C 클릭 처리 */
014:  @PostMapping(value = "send", params = "c")
015:  public String showCView() {
016:      // 반환값으로 뷰 이름을 돌려줌
017:      return "submit/c";
018:  }
```

2, 8, 14번째 줄과 같이 요청 매핑 어노테이션의 `params` 속성에 뷰의 버튼에 대응하는 `name` 속성을 설정하면 같은 URL(/send)에 POST로 전달된 요청에서 어느 버튼이 클릭되었는지 판별합니다. 다른 속성도 설정하기 위해 `value` 속성을 명시적으로 작성했습니다.

04 뷰 생성(버튼 클릭 확인 화면)

메서드의 반환값(뷰 이름)에 대응하는 파일을 생성해서 `resources/templates` 폴더 아래에 두겠습니다.

`src/main/resources` → `templates` 폴더를 선택하고 마우스 오른쪽 버튼을 클릭해서 [새로 만들기] → [경로]를 선택하고 'submit'을 입력한 후 엔터를 칩니다. HTML 파일을 만들기 위해 `submit` 폴더를 선택하고 마우스 오른쪽 버튼을 클릭해서 [새로 만들기] → [HTML 파일]을 선택한 후 'a.html'을 입력하고 엔터를 칩니다.

a.html의 내용은 예제 7.13과 같습니다.

예제 7.13 a.html

```
001:  <!DOCTYPE html>
002:  <html>
003:  <head>
004:    <meta charset="UTF-8">
005:    <title>a</title>
006:  </head>
007:  <body>
008:    <h1>버튼 A클릭 화면</h1>
009:  </body>
010:  </html>
```

같은 방법으로 b.html과 c.html을 생성합니다. 5번째 줄의 <title> 태그와 8번째 줄의 <h1> 태그의 버튼명은 각자의 파일에 맞게 변경해주세요.

확인(링크)

PathVariableSampleApplication 자바 파일에서 마우스 오른쪽 버튼을 클릭해서 [실행]을 선택합니다. 애플리케이션이 시작된 것을 확인한 후 브라우저를 열어서 주소 표시줄에 'http://localhost:8080/show'를 입력해서 이동하면 입력 화면이 표시됩니다. 각 링크를 클릭하여 대응되는 뷰가 표시되는 것을 확인합니다(그림 7.11).

그림 7.11 URL에 포함된 값과 버튼을 클릭한 모습

칼럼 / 요청 핸들러 메서드 confirmView의 인수에서 Model이 사라진 이유

확인 화면에서 사용한 소문자 form과 Form 클래스에 대해 다음에 정리했습니다.

- 뷰마다 입력 데이터 및 표시 데이터를 하나의 클래스로 취급하는 경우 Form 클래스를 이용합니다. 뷰 단위로 데이터를 처리할 수 있어서 실무에서 많이 이용되는 방법입니다. Form 클래스는 POJO로 작성합니다.

- 뷰 입력 항목의 이름(name 속성)과 그것을 받는 Form 클래스의 필드명을 같은 이름으로 하면 데이터가 바인딩됩니다.

- 요청 파라미터는 Form 클래스의 필드 타입으로 자동 변환되어 저장됩니다.

- Form 클래스는 요청 파라미터를 받은 후 요청 핸들러 메서드의 인수에 Form 클래스가 있는 경우에는 자동으로 생성되어 Model에 저장됩니다.

- Model에 저장된 Form 클래스는 기본적으로 '요청 스코프'로 설정되어 응답을 송신한 후 삭제됩니다.

- Model에 저장할 때 명시적으로 '이름'을 주지 않으면 저장하는 클래스명에 소문자 카멜 표기법(lower camel case)을 적용해서 Model에 저장합니다[4].

예: CalcForm → calcForm, Form → form

---

4 '카멜 표기법'은 단어의 첫 문자를 대문자로 표시하는 표기법입니다. 소문자 카멜 표기법은 첫 문자를 소문자로 표기하는 카멜 표기법입니다.

08 장

유효성 검사 기능
알아보기

7장에서 설명한 요청 파라미터 취득에 대해 이해가 되셨나요? 뷰에 정보를 입력할 때 숫자를 입력해야 하는 곳에 문자를 입력하면 어떻게 될까? 이런 의문점이 생긴 사람도 있을 겁니다. 이번 장에서는 뷰에 입력한 값에 대해 입력 체크를 수행하는 유효성 검사 기능에 관해 설명하겠습니다.

8-1-1 유효성 검사란?

유효성 검사(validation)란 입력 내용이 요건에 만족하는지 그 타당성을 확인하는 입력 체크를 말합니다. 유효성 검사는 크게 두 개로 나눕니다.

- 단일 항목 검사
- 상관 항목 검사(서로 관련이 있는 항목을 함께 체크하는 방법)

8-1-2 단일 항목 검사란?

단일 항목 검사란 입력 항목 하나에 대해 설정하는 입력 체크 기능입니다. Form 클래스 등의 필드에 어노테이션을 부여해서 사용합니다.

입력 체크를 위한 어노테이션은 Java EE에서 제공하는 어노테이션(Bean Validation)이나 하이버네이트(Hibernate) 프레임워크에서 제공하는 어노테이션(Hibernate Validator)이 있습니다. 또 수치 입력 항목에 알파벳 등의 문자열을 입력한 경우 등의 '형변환 체크'는 입력 체크를 설정하는 것만으로도 이용할 수 있기 때문에 '형변환 체크'용 어노테이션을 추가할 필요는 없습니다.

표 8.1 단일 항목 검사에 이용되는 주요 어노테이션

어노테이션	기능 설명	사용 예
@NotNull	null 값이 아닌 것을 검증합니다.	@NotNull Integer no;
@NotEmpty	문자열이 null 혹은 공백문자("")가 아닌 것을 검증합니다.	@NotEmpty String name;
@NotBlank	문자열이 null 혹은 공백(스페이스나 탭 등)이 아닌 것을 검증합니다.	@NotBlank String name;
@Max	지정한 숫자 이하인 것을 검증합니다.	#100 이하인 것을 검증 @Max(100) Integer price;
@Min	지정한 숫자 이상인 것을 검증합니다.	#10 이상인 것을 검증 @Min(10) Integer age;
@Size	문자열이나 컬렉션(Collection)이 지정한 범위의 크기 내인 것을 검증합니다.	#요소의 수가 0에서 10의 범위인 것을 검증(문자열은 문자열 길이, 컬렉션은 사이즈) @Size(min=0,max=10) List<Integer> selected;
@AssetTrue	값이 true인 것을 검증합니다.	@AssertTrue Boolean empty;
@AssertFalse	값이 false인 것을 검증합니다.	@AssertFalse Boolean empty;
@Pattern	지정한 정규 표현과 일치하는 것을 검증합니다.	#영숫자 검증 @Pattern(regexp="[a-zA-Z0-9]*")
@Range	지정한 숫자 범위 안에 있는 것을 검증합니다.	#1 이상, 10 이하인 것을 검증 @Range(min=1, max=10) Integer point;
@DecimalMax	지정한 숫자 이하인 것을 검증합니다.	#100.0 이하 검증(소수점 이하를 포함해서 검증할 때는 Max가 아니고 DecimalMax를 사용) @DecimalMax("100.0") BigDecimal val;
@DecimalMin	지정한 숫자 이상인 것을 검증합니다.	#10.0 이상 검증(소수점 이하를 포함해서 검증할 때는 Min이 아니라 DecimalMin을 사용) @DecimalMin("10.0") BigDecimal val;

어노테이션	기능 설명	사용 예
@Digits	정수부와 소수부의 자릿수를 검증합니다.	#정수부가 3, 소수부가 1인 것을 검증 @Digits(integer=3, fraction=1) BigDecimal val;
@Future	미래의 날짜인 것을 검증합니다.	@Future Date date;
@Past	과거의 날짜인 것을 검증합니다.	@Past Date date;
@Valid	중첩된 Form을 검증합니다.	@Valid SampleForm sampleForm;
@Length	문자열 길이가 지정한 범위 안에 있는 것을 검증합니다(문자열 전용 Size).	@Length(min=0, max=10) String name;
@Email	문자열이 이메일 주소 형식인지 검증합니다.	@Email String email;
@CreditCardNumber	문자열이 신용카드 번호 형식인지 검증합니다.	@CreditCardNumber String card;
@URL	문자열이 URL 형식인지 검증합니다.	@URL String url;

칼럼 ╱ null 체크를 하는 어노테이션에 대해서

null 체크를 확인하는 어노테이션(@NotNull, @NotEmpty, @NotBlank) 모두 미입력(null) 체크 기능을 제공하지만, 각각의 특징을 잘 이해하고 적절하게 사용해야 합니다(표 8.A).

표 8.A null 체크 어노테이션

어노테이션	null인 경우	공백 문자("")인 경우	스페이스나 탭인 경우
@NotNull	체크 에러	허가	허가
@NotEmpty	체크 에러	체크 에러	허가
@NotBlank	체크 에러	체크 에러	체크 에러

@NotEmpty, @NotBlank는 컬렉션, 문자열, 배열용입니다. 정수(Integer 타입)에 사용하면 'javax.validation.UnexpectedTypeException'이 발생합니다. Integer 타입에는 @NotNull을 사용합니다.

8-1-3 커스텀 유효성 검사란?

단일 항목 검사는 하나의 필드를 체크합니다. 여러 필드에 대해 혼합해서 체크하는 것을 상관 항목(서로 관련이 있는 항목) 검사라고 합니다.

상관 항목 검사를 수행하는 방법은 다음 두 가지입니다.

- Bean Validation을 사용하는 방법
- 스프링 프레임워크에서 제공하는 Validator 인터페이스를 구현하는 방법

Bean Validation을 이용하는 방법의 경우 어노테이션을 작성할 수 있는 지식이 필요하기 때문에 이 책에서는 Validator 인터페이스를 구현하는 클래스를 작성하는 방법에 관해서 설명하겠습니다.

> **칼럼 / 입력 체크가 필요한 이유**
>
> 왜 입력 체크가 필요한지 생각해 보겠습니다.
>
> 앞에서 이야기한 내용이지만, 입력 체크가 없고 숫자 입력 항목에 문자열이 입력됐을 때 시스템은 에러가 날 것입니다.
>
> 또 검색 폼의 조건에 날짜 기간을 입력하는 경우 From과 To의 날짜 범위를 'From:2022/05/16'에서 'To:2019/01/01'로 입력하는 경우 생각했던 날짜 입력이 달라서 정상적으로 검색되지 않을 것입니다. 뷰의 input 요소의 type 속성에 number를 설정하고 사용자가 숫자를 입력하도록 제한하더라도 브라우저의 개발 툴을 이용해서 강제적으로 다른 값을 넣을 수도 있습니다.
>
> 앞에서 언급한 위험을 생각하더라도 입력 체크는 애플리케이션을 개발할 때 꼭 필요한 기능입니다.

단일 항목 검사를 사용하는 프로그램 만들기

단일 항목 검사를 사용해서 뷰에 입력한 값에 대해 유효성 검사를 수행하는 프로그램을 만들겠습니다. 여기서 만들 내용은 입력 화면에 숫자를 입력해서 계산 결과를 표시하는 간단한 프로그램이지만, 유효성 검사를 만들고 체크에 걸렸을 경우에 입력 화면에 에러 메시지를 표시하도록 하겠습니다.

8-2-1 프로젝트 생성

Spring Initializr(https://start.spring.io/)에서 다음 정보로 프로젝트를 생성합니다.

설정 내용

항목	값
Project	Gradle Project
Spring Boot	2.6.7
Artifact	ValidationSample
Packaging	jar
Java	11
Package name	com.example.demo

의존 관계(Dependencies)는 다음 모듈을 추가하고 프로젝트 파일을 다운로드합니다.

- Spring Boot DevTools(개발 툴)

- Lombok(개발 툴)

- Validation(I/O)

- Thymeleaf(템플릿 엔진)

- Spring Web(웹)

8-2-2　애플리케이션 레이어 생성

01　Form 클래스 생성

Form 클래스라는 뷰의 폼에 대응하는 클래스를 생성합니다. src/main/java → com.example.demo 폴더를 선택하고 마우스 오른쪽 버튼을 클릭해서 [새로 만들기] → [패키지]를 선택한 후 com.example.demo.form 패키지를 생성합니다.

클래스 생성을 위해 form 패키지를 선택하고 마우스 오른쪽 버튼을 클릭해서 [새로 만들기] → [Java 클래스]를 선택한 후 클래스명으로 'CalcForm'을 입력하고 엔터 키를 칩니다.

CalcForm 클래스의 내용은 예제 8.1과 같습니다.

예제 8.1 CalcForm 클래스

```
001: package com.example.demo.form;
002:
003: import javax.validation.constraints.NotNull;
004:
005: import org.hibernate.validator.constraints.Range;
006:
007: import lombok.Data;
008:
009: @Data
010: public class CalcForm {
011:     @NotNull(message = "왼쪽: 숫자를 입력해주세요.")
012:     @Range(min=1,max=10, message = "왼쪽: {min}~{max} 범위의 숫자를 입력해주세요.")
013:     private Integer leftNum;
014:
015:     @NotNull(message = "오른쪽: 숫자를 입력해주세요.")
016:     @Range(min=1,max=10, message = "오른쪽: {min}~{max} 범위의 숫자를 입력해주세요.")
017:     private Integer rightNum;
018: }
```

유효성 검사에 걸렸을 경우 에러 메시지를 설정하려면 11~12번째 줄과 같이 단일 항목 검사 어노테이션에 message 속성을 추가하고 에러 메시지 내용을 설정합니다. 에러 메시지 안에서 **{속성명}**을 사용하면 속성값을 넣을 수 있습니다.

02 컨트롤러 생성

컨트롤러를 생성합니다. src/main/java → com.example.demo 폴더를 선택하고 마우스 오른쪽 버튼을 클릭해서 [새로 만들기] → [패키지]를 선택한 후 com.example.demo.controller 패키지를 생성합니다.

클래스 생성을 위해 controller 패키지를 선택하고 마우스 오른쪽 버튼을 클릭해서 [새로 만들기] → [Java 클래스]를 선택한 후 클래스명으로 'ValidationController'를 입력한 후 엔터 키를 칩니다.

ValidationController 클래스의 내용은 예제 8.2와 같습니다.

예제 8.2 ValidationController 클래스

```
001: package com.example.demo.controller;
002:
003: import org.springframework.stereotype.Controller;
004: import org.springframework.web.bind.annotation.GetMapping;
005: import org.springframework.web.bind.annotation.ModelAttribute;
006:
007: import com.example.demo.form.CalcForm;
008:
009: @Controller
010: public class ValidationController {
011:
012:     /** form-backing bean 초기화 */
013:     @ModelAttribute
014:     public CalcForm setUpForm() {
015:         return new CalcForm();
016:     }
017:
018:     /** 입력 화면 표시 */
019:     @GetMapping("show")
020:     public String showView() {
021:         // 반환값으로 뷰 이름을 돌려줌
022:         return "entry";
023:     }
024: }
```

유효성 검사를 하기 위해서는 13~16번째 줄과 같이 'form-backing bean'의 설정이 필요합니다. HTML의 `<form>` 태그에 바인딩되는 Form 클래스 인스턴스를 'form-backing bean'이라고 부르고 `@ModelAttribute` 어노테이션을 사용해서 연결합니다.

'form-backing bean'의 초기화는 `@ModelAttribute` 어노테이션을 부여한 메서드에서 작성합니다. 작성 방법은 `@ModelAttribute` 어노테이션을 부여하고 HTML의 `<form>` 태그에 바인딩할 Form 클래스를 초기화해서 반환값으로 돌려줍니다.

`@ModelAttribute` 어노테이션이 부여된 메서드는 이 클래스의 요청 바인딩 메서드가 실행되기 전에 호출되어 '요청 스코프'로 Model에 저장됩니다. Model에 저장될 때 명시적으로 이름을 지정하지 않으면 Form 클래스의 이름은 소문자 카멜케이스가 적용되어 Model에 저장됩니다.

03 뷰 생성(입력 화면)

showView 메서드의 반환값인 '뷰 이름: entry'에 대응하는 entry.html을 생성해서 resources/templates 폴더 아래에 두겠습니다.

src/main/resources → templates 폴더를 선택하고 마우스 오른쪽 버튼을 클릭해서 [새로 만들기] → [HTML 파일]을 선택한 후 'entry.html'을 입력하고 엔터를 칩니다.

entry.html의 내용은 예제 8.3과 같습니다.

예제 8.3 entry.html

```
001:  <!DOCTYPE html>
002:  <html xmlns:th="http://www.thymeleaf.org">
003:  <head>
004:      <meta charset="UTF-8">
005:      <title>입력 화면</title>
006:  </head>
007:  <body>
008:  <form th:action="@{/calc}" method="post" th:object="${calcForm}">
009:      <div>
010:          <input type="text" th:field="*{leftNum}">
011:          +
012:          <input type="text" th:field="*{rightNum}">
013:      </div>
```

```
014:     <input type="submit" value="계산">
015:   </form>
016:   </body>
017:   </html>
```

8~15번째 줄에서는 th:object 속성을 설정하고 값으로 Model에 저장된 Form 클래스의 소문자 카멜케이스 이름을 설정합니다. Form 클래스의 필드와 관계를 설정하기 위해 'th:field 속성'에 '*{필드명}'을 설정합니다. 'th:field 속성'을 사용하면 HTML로 표시되었을 때 'id 속성, name 속성, value 속성'이 생성됩니다.

04 컨트롤러에 추가

컨트롤러인 ValidationController에 요청 바인딩 메서드를 추가합니다(예제 8.4).

예제 8.4 ValidationController에 추가

```
001:   /** 확인 화면을 표시: Form 클래스 이용 */
002:   @PostMapping("calc")
003:   public String confirmView(@Validated CalcForm form,
004:                             BindingResult bindingResult, Model model) {
005:       // 입력 체크에서 에러가 발생한 경우
006:       if (bindingResult.hasErrors()) {
007:           // 입력 화면으로
008:           return "entry";
009:       }
010:
011:       // 값 더하기
012:       Integer result = form.getLeftNum() + form.getRightNum();
013:
014:       // Model에 저장
015:       model.addAttribute("result", result);
016:
017:       // 확인 화면으로
018:       return "confirm";
019:   }
```

3번째 줄과 같이 @Validated 어노테이션을 단일 항목 검사 어노테이션을 설정한 Form 클래스에 부여하면 유효성 검사가 실행됩니다. 실행한 결과(에러 정보)는 BindingResult 인터페이스에 보관됩니다.

6~9번째 줄과 같이 BindingResult 인터페이스의 hasErrors 메서드의 반환값으로 에러의 유무(true: 에러가 발생/false: 에러가 발생하지 않음)를 확인할 수 있습니다. 에러가 발생한 경우에는 입력 화면으로 이동합니다.

또한 유효성 검사를 실행할 때 @Validated 어노테이션을 부여한 클래스와 BindingResult 인터페이스를 함께 인수로 사용하고 반드시 @Validated → BindingResult 순으로 사용해야 합니다.

05 뷰에 추가(입력 화면)

뷰인 entry.html에 에러 표시 처리를 추가합니다(예제 8.5).

예제 8.5 entry.html에 추가

```
001:  <!-- 에러 표시 -->
002:  <ul th:if="${#fields.hasErrors('*')}">
003:  <li th:each="err:${#fields.errors('*')}" th:text="${err}"></li>
004:  </ul>
```

<form> 태그 안에서 에러를 표시하고 싶은 곳에 위의 내용을 추가합니다(여기서는 계산 버튼의 밑에 추가했습니다).

2번째 줄의 '#fields.hasErrors' 메서드에서 에러가 발생했는지 판단합니다.

3번째 줄의 '#fields.errors' 메서드에서 에러 메시지를 배열로 돌려주기 때문에 'th:each 속성'을 이용해서 표시하고 있습니다. 여기서는 모든 필드의 에러를 받아서 출력하기 때문에 '#fields.errors' 메서드의 인수로 '*'를 전달했지만 특정 필드의 에러를 받아서 출력하고 싶을 때는 인수에 **필드명**을 설정하면 됩니다.

06 뷰 생성(확인 화면)

confirmView 메서드의 반환값인 '뷰 이름: confirm'에 대응하는 confirm.html을 생성해서 resources/templates 폴더 아래에 두겠습니다.

src/main/resources → templates 폴더를 선택하고 마우스 오른쪽 버튼을 클릭해서 [새로 만들기] → [HTML 파일]을 선택한 후 'confirm.html'을 입력하고 엔터를 칩니다.

9번째 줄의 calcForm을 내용은 예제 8.6과 같습니다.

예제 8.6 confirm.html

```
001: <!DOCTYPE html>
002: <html xmlns:th="http://www.thymeleaf.org">
003: <head>
004:   <meta charset="UTF-8">
005:   <title>확인 화면</title>
006: </head>
007: <body>
008:   <h2>계산 결과</h2>
009:   <h3>[[${calcForm.leftNum}]]+[[${calcForm.rightNum}]]=[[${result}]]</h3>
010: </body>
011: </html>
```

9번째 줄의 calcForm을 이용해 '객체.필드'에 저장된 결과를 표시하고 result에 계산 결과를 표시합니다.

07 확인

ValidationSampleApplication 자바 파일에서 마우스 오른쪽 버튼을 클릭해서 [실행]을 선택합니다. 애플리케이션이 시작된 것을 확인한 후 브라우저를 열어서 주소 표시줄에 'http://localhost:8080/show'를 입력해서 결과를 확인합니다(그림 8.1).

입력 화면에서 미입력이나 입력 범위 밖의 값을 입력한 후에 [계산] 버튼을 클릭하면 입력 화면에 에러 메시지가 표시됩니다. 입력값에 에러가 없는 경우에는 계산 결과가 확인 화면에 표시됩니다.

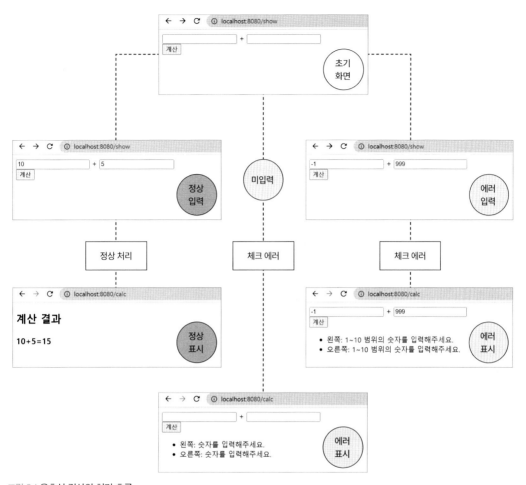

그림 8.1 유효성 검사의 처리 흐름

메시지 관리에 대해 알아보기

일반적으로 애플리케이션에서 표시하는 메시지는 프로그램과 별도로 관리합니다. 이번 절에서는 '8-2 단일 항목 검사를 사용하는 프로그램 만들기'에서 작성한 프로그램을 커스터마이징하면서 프로퍼티 파일의 사용법에 대해 배우겠습니다.

8-3-1 일반적인 메시지 관리

앞에서 설명했지만 일반적으로 애플리케이션에서 표시하는 메시지는 프로그램과 별도로 관리합니다. 그렇게 하는 이유로는 메시지를 템플릿에서 분리해서 메시지만 프로퍼티 파일로 관리하는 편이 유지 관리가 편리하기 때문입니다.

스프링 부트를 이용한 개발에서 유효성 검사에 대응하는 메시지는 `ValidationMessages.properties`로, 그 외의 메시지는 `messages.properties`에 작성합니다.

8-3-2 스프링 부트에서 메시지 관리하기

01 messages.properties 생성

IntelliJ IDEA에서 `properties` 파일의 글자 깨짐을 방지하기 위해 인코딩을 UTF-8로 변경합니다. 메뉴에서 [파일] → [설정] → [파일 인코딩]을 선택하고, '프로퍼티 파일에 대한 디폴트 인코딩'을 UTF-8로 변경하고 [확인]을 클릭합니다.

`src/main/resources` 폴더를 선택하고 마우스 오른쪽 버튼을 클릭해서 [새로 만들기] → [파일]을 선택합니다. 파일명을 `messages.properties`로 해서 프로퍼티 파일을 생성합니다.

스프링 부트는 기본 설정으로 `src/main/resources` 폴더 아래의 `messages.properties`에서 메시지를 가져옵니다.

`messages.properties`의 내용은 예제 8.7과 같습니다.

예제 8.7 messages.properties

```
001:  # entry 화면용
002:  title.entry=입력 화면
003:  button.send=계산
004:  # CalcForm용
005:  calcForm.leftNum=왼쪽
006:  calcForm.rightNum=오른쪽
```

messages.properties는 '키 = 값'의 형태로 프로퍼티를 정의합니다. CalcForm용 항목은 5번째 줄과 같이 '필드명' 혹은 '객체.필드명'으로 작성할 수 있습니다.

객체명은 소문자 카멜케이스로 표현됩니다. 여기서는 CalcForm 클래스의 필드명을 항목으로 하고 싶을 경우에는 'calcForm.필드명' 형태가 됩니다.

02 뷰 수정(입력 화면)

뷰인 entry.html을 예제 8.8과 같이 수정합니다.

타임리프에서는 5, 14번째 줄과 같이 '#{키}' 형태로 messages.properties의 값을 가져옵니다. 14번째 줄에서는 메시지를 사용하기 위해서 <input> 태그에서 <button> 태그로 변경했습니다.

예제 8.8 entry.html

```
001:  <!DOCTYPE html>
002:  <html xmlns:th="http://www.thymeleaf.org">
003:  <head>
004:      <meta charset="UTF-8">
005:      <title th:text="#{title.entry}">제목</title>
006:  </head>
007:  <body>
008:  <form th:action="@{/calc}" method="post" th:object="${calcForm}">
009:      <div>
010:          <input type="text" th:field="*{leftNum}">
011:          +
012:          <input type="text" th:field="*{rightNum}">
013:      </div>
014:      <button type="submit" th:text="#{button.send}"></button>
```

```
015:    <!-- 에러 표시 -->
016:    <ul th:if="${#fields.hasErrors('*')}">
017:        <li th:each="err:${#fields.errors('*')}" th:text="${err}"></li>
018:    </ul>
019:    </form>
020:    </body>
021:    </html>
```

03 ValidationMessages.properties 생성

다음으로 유효성 검사에 대응하는 메시지인 ValidationMessages.properties를 생성합니다.

src/main/resources 폴더를 선택하고 마우스 오른쪽 버튼을 클릭해서 [새로 만들기] → [파일]을 선택합니다. 파일명을 ValidationMessages.properties로 해서 프로퍼티 파일을 생성합니다.

ValidationMessages.properties의 내용은 예제 8.9와 같습니다

예제 8.9 ValidationMessages.properties

```
001:    # 단일 항목 검사용 메시지
002:    javax.validation.constraints.NotNull.message={0}: 숫자를 입력해주세요.
003:    org.hibernate.validator.constraints.Range.message={0}: {min}~{max} 범위의 숫자를 입력해주세요.
004:    # 형변환 체크용 메시지
005:    typeMismatch.java.lang.Integer={0}은 정수를 입력해주세요.
```

단일 항목 검사 어노테이션과 메시지에 대응하기 위해서는 어노테이션의 FQCN.message가 메시지를 취득하기 위한 '키'가 됩니다.

여기서 FQCN(Fully Qualified Class Name)이란 '클래스가 속한 패키지명을 모두 포함한 이름'이라는 뜻입니다. 메시지 중에서 '{수치}'는 자리표시자로서, 0부터 시작하는 수치에는 화면상의 항목 이름이 설정됩니다. {min} 등의 영어에는 어노테이션의 속성에 지정된 값이 설정됩니다. 또한 형 변환 검사의 메시지는 'type.Mismatch.클래스의FQCN'의 키로 설정합니다.

04   Form 클래스 수정

마지막으로 단일 항목 검사 어노테이션의 메시지 속성을 삭제하기 위해 Form 클래스인 CalcForm을 예제 8.10과 같이 수정합니다.

예제 8.10 CalcForm 클래스

```
001:  @Data
002:  public class CalcForm {
003:      @NotNull
004:      @Range(min=1,max=10)
005:      private Integer leftNum;
006:
007:      @NotNull
008:      @Range(min=1,max=10)
009:      private Integer rightNum;
010:  }
```

05   확인

ValidationSampleApplication 자바 파일에서 마우스 오른쪽 버튼을 클릭해서 [실행]을 선택합니다. 애플리케이션이 시작된 것을 확인한 후 브라우저를 열어 주소 표시줄에 'http://localhost:8080/show'를 입력하고 결과를 확인합니다. 입력 화면에서 미입력이나 범위 밖의 입력값을 입력한 후 [계산] 버튼을 클릭해서 입력 화면에 에러 메시지가 표시되는 것을 확인합니다.

에러 메시지는 ValidationMessages.properties에서 가져오고, 제목과 버튼명은 messages.properties에서 가져옵니다(그림 8.2).

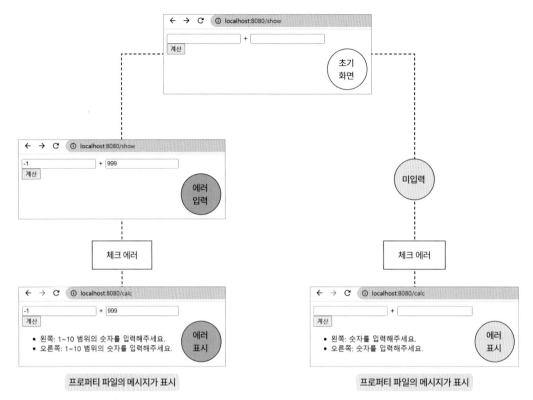

그림 8.2 유효성 검사의 처리 흐름

유효성 검사의 메시지 취득 흐름에 대해서는 그림 8.3을 참조해주세요.

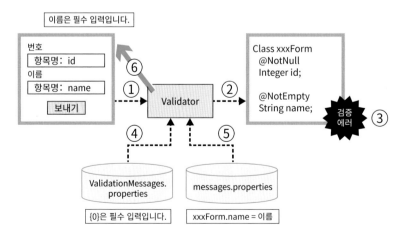

그림 8.3 메시지 취득

ValidationMessages.properties는 클래스패스의 바로 아래(보통 src/main/resources)에 하나를 생성합니다. 클래스패스의 바로 아래에 ValidationMessages.properties가 여러 개 있는 경우에는 그중 하나가 읽어 들여지고 나머지는 무시됩니다.

① 화면에서 'id=100', 'name=' '으로 입력하고 [보내기] 버튼을 클릭합니다.

② 설정된 어노테이션으로 값을 검증합니다.

③ 검증에서 에러가 발생하지 않으면 값을 요청 파라미터와 같은 필드에 저장하고, 에러가 발생하면 메시지를 취득합니다.

④ 어노테이션과 같은 메시지를 취득합니다.

⑤ 항목명과 같은 키 이름으로 값을 취득합니다.

⑥ 메시지를 만들어서 송신합니다.

커스텀 유효성 검사기를 사용하는 프로그램 만들기

다음으로 '8-2 단일 항목 검사를 사용하는 프로그램 만들기'에서 작성한 프로그램을 토대로 스프링 프레임워크가 제공하는 Validator 인터페이스를 구현해서 커스텀 유효성 검사기를 만들겠습니다. 여기서 만들 커스텀 유효성 검사기는 좌측 입력 항목이 '홀수'이고 우측 입력 항목이 '짝수'가 아니면 에러가 발생하는 커스텀 유효성 검사기입니다.

8-4-1 커스텀 유효성 검사기 생성

01 Validator 인터페이스 작성 절차

Validator 인터페이스를 구현하는 커스텀 유효성 검사기를 만드는 절차는 크게 다음과 같습니다.

① 스프링 프레임워크가 제공하는 Validator 인터페이스를 구현하는 커스텀 유효성 검사기를 생성

② 컨트롤러에 앞에서 만든 커스텀 유효성 검사기를 주입(인젝션)하고 WebDataBinder 인터페이스의 addValidators 메서드로 커스텀 유효성 검사기를 등록하여 스프링 MVC에서 이용할 수 있게 하기

02 Validator 구현 클래스 생성

src/main/java → com.example.demo 폴더를 선택하고 마우스 오른쪽 버튼을 클릭해서 [새로 만들기] → [패키지]를 선택한 후 com.example.demo.validator 패키지를 생성합니다.

클래스 생성을 위해 validator 패키지를 선택하고 마우스 오른쪽 버튼을 클릭해서 [새로 만들기] → [Java 클래스]를 선택한 후 클래스명으로 'CalcValidator'를 입력하고 엔터 키를 칩니다. CalcValidator 클래스는 org.springframework.validation.Validator 인터페이스를 구현합니다 (그림 8.4).

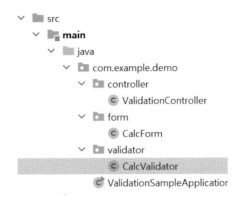

그림 8.4 클래스 생성

CalcValidator 클래스의 내용은 예제 8.11과 같습니다.

예제 8.11 CalcValidator 클래스

```
001:  package com.example.demo.validator;
002:
003:  import org.springframework.stereotype.Component;
004:  import org.springframework.validation.Errors;
005:  import org.springframework.validation.Validator;
006:
007:  import com.example.demo.form.CalcForm;
008:
009:  @Component
010:  public class CalcValidator implements Validator {
011:      @Override
012:      public boolean supports(Class<?> clazz) {
013:          // 인수로 전달받은 Form이 입력 체크의 대상인지를 논리값으로 돌려줍니다.
014:          return CalcForm.class.isAssignableFrom(clazz);
015:      }
016:
017:      @Override
018:      public void validate(Object target, Errors errors) {
019:          // 대상 Form을 취득
020:          CalcForm form = (CalcForm) target;
021:
022:          // 값이 입력되어 있는지 판단
```

```
023:            if (form.getLeftNum() != null && form.getRightNum() != null) {
024:                // 왼쪽 입력값이 홀수이고 오른쪽 입력값이 짝수가 아닌 경우
025:                if (!((form.getLeftNum() % 2 == 1) && (form.getRightNum() % 2 == 0))) {
026:                    // 에러인 경우에는 Errors 인터페이스의 reject 메서드에
027:                    // 에러 메시지의 키를 지정합니다.
028:                    errors.reject("com.example.demo.validator.CalcValidator.message");
029:                }
030:            }
031:        }
032: }
```

9번째 줄의 @Component 어노테이션을 클래스에 부여해서 인스턴스 생성 대상으로 지정합니다.

12~15번째 줄의 supports 메서드에서 인수로 전달된 Form이 입력 체크의 대상인지를 논리값으로 반환합니다. 여기서 CalcForm 클래스는 체크 대상입니다.

18~31번째 줄의 validate 메서드에서 인수로 전달된 Object 타입의 target을 CalcForm 타입으로 변환해서 커스텀 유효성 검사를 수행합니다. 에러인 경우에는 인수로 전달된 Errors 타입의 errors의 reject 메서드에 메시지 키를 지정합니다. 메시지 키는 messages.properties에 작성합니다.

03 messages.properties에 추가

messages.properties에 추가할 내용은 예제 8.12와 같습니다.

예제 8.12 messages.properties 추가

```
001: # 커스텀 유효성 검사용
002: com.example.demo.validator.CalcValidator.message=왼쪽에는 홀수를, 오른쪽에는 짝수를 입력해주세요.
```

8-4-2 컨트롤러에 커스텀 유효성 검사기 등록

01 컨트롤러에 추가

컨트롤러인 ValidationController에 커스텀 유효성 검사기를 추가합니다(예제 8.13).

예제 8.13 ValidationController에 추가

```
001: /** 주입(인젝션) */
002: @Autowired
003: CalcValidator calcValidator;
004:
005: /** 커스텀 유효성 검사기 등록 */
006: @InitBinder("calcForm")
007: public void initBinder(WebDataBinder webDataBinder){
008:     webDataBinder.addValidators(calcValidator);
009: }
```

2~3번째 줄에서는 컨트롤러에 앞에서 만든 커스텀 유효성 검사기인 CalcValidator를 주입합니다.

6~9번째 줄에서는 @InitBinder 어노테이션을 부여한 메서드에 커스텀 유효성 검사기를 등록합니다. @InitBinder 어노테이션에는 체크 대상 Form 클래스의 Model에 식별명을 지정합니다. '식별명'을 지정 하지 않는 경우 Model에 저장되는 모든 객체에 대해 적용되어 유효성 검사를 통과하지 못하면 예외가 발 생합니다. WebDataBinder 인터페이스의 addValidators 메서드에 커스텀 유효성 검사기를 등록하면 스프링 MVC에서 이용할 수 있습니다.

02 확인

ValidationSampleApplication 자바 파일에서 마우스 오른쪽 버튼을 클릭해서 [실행]을 선택합니다. 애플리케이션이 시작된 것을 확인한 후 브라우저를 열어서 주소 표시줄에 'http://localhost:8080/ show'를 입력해서 결과를 확인합니다. 입력 화면에 커스텀 유효성 검사에서 에러가 발생하는 값을 입력 하고 [계산] 버튼을 클릭하면 입력 화면에 에러 메시지가 표시됩니다(그림 8.5).

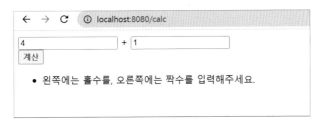

그림 8.5 커스텀 유효성 검사

칼럼 / 유효성 검사의 실행 순서

하나의 필드에 대해 유효성 검사 어노테이션이 여러 개 설정된 경우 모든 유효성 검사가 실행되어 에러 메시지가 여러 개 표시되는 경우가 있습니다.

예제 8.A Form 클래스 예

```
@NotBlank(message = "필수 입력 항목입니다")
@Length(min = 1, message = "한 글자 이상 입력해 주세요")
private String name;
```

뷰에서 아무것도 입력하지 않았을 경우 @NotBlank와 @Length(min = 1)의 두 개의 체크에 걸려서 다음과 같은 메시지가 표시됩니다.

> 필수 입력 항목입니다
> 한 글자 이상 입력해 주세요

체크되는 순서는 @NotBlank → @Length(min = 1)과 같이 유효성 검사 어노테이션을 설정한 순서대로 실행되는 것은 아닙니다. 대신 무작위로 체크하기 때문에 에러 메시지의 표시 순서도 다음과 같은 두 가지로 무작위로 표시됩니다.

> 필수 입력 항목입니다
> 한 글자 이상 입력해 주세요

또는

> 한 글자 이상 입력해 주세요
> 필수 입력 항목입니다

에러 메시지가 무작위로 표시되는 것을 방지하기 위해 유효성 검사를 그룹화하고 실행 순서를 지정하는 방법이 있습니다. 그 방법은 인터페이스에 @GroupSequence 어노테이션을 설정하는 것입니다.

이 책에서는 @GroupSequence 어노테이션을 만드는 방법에 관해 설명하지 않지만 관심이 있다면 인터넷에서 @GroupSequence라는 키워드로 검색해 보기 바랍니다.

애플리케이션 만들기

애플리케이션 설명

여기서부터는 1장~8장까지 공부한 내용을 토대로 웹 애플리케이션을 만들어보겠습니다. 만들 내용은 'OX 퀴즈' 애플리케이션입니다. 'OX 퀴즈'란 제출된 퀴즈에 대해서 O 혹은 X 로 대답하는 퀴즈입니다. 이번 절에서는 'OX 퀴즈' 애플리케이션을 만들기 위한 준비로 기능 설명과 데이터베이스 및 프로젝트를 생성하겠습니다.

9-1-1 기능 목록

'OX 퀴즈' 애플리케이션 기능은 표 9.1에 정리한 다섯 가지입니다. 1~4번은 CRUD 처리입니다. 5번은 등록한 퀴즈를 무작위로 표시하고 답하는 기능입니다.

표 9.1 작성할 기능 목록

No	기능	설명
1	등록 기능	퀴즈를 등록합니다.
2	갱신 기능	등록된 퀴즈를 갱신합니다.
3	삭제 기능	등록된 퀴즈를 삭제합니다.
4	목록 표시 기능	등록된 퀴즈의 목록을 표시합니다.
5	게임 기능	퀴즈 게임을 실시합니다.

'OX 퀴즈' 애플리케이션의 URL에 대한 역할은 표 9.2에 정리했습니다.

표 9.2 URL 목록

No	역할	HTTP 메서드	URL
1	퀴즈 목록을 표시합니다.	GET	/quiz
2	등록 처리를 실행합니다.	POST	/quiz/insert
3	갱신 화면을 표시합니다.	GET	/quiz/{id}
4	갱신 처리를 실행합니다.	POST	/quiz/update

No	역할	HTTP 메서드	URL
5	삭제 처리를 실행합니다.	POST	`/quiz/delete`
6	퀴즈 화면을 표시합니다.	GET	`/quiz/play`
7	퀴즈 답을 체크합니다.	POST	`/quiz/check`

9-1-2 예제 애플리케이션의 레이어

'3-3-2 레이어별로 사용할 인스턴스 생성 어노테이션'에서 애플리케이션을 생성할 때 레이어를 분리하는 것을 추천한다고 설명했습니다. 이번에 만들 'OX 퀴즈' 애플리케이션도 레이어를 나누어 설명하겠습니다. 'OX 퀴즈' 애플리케이션은 다음 세 개의 레이어로 나뉩니다.

- 애플리케이션 레이어
- 도메인 레이어
- 인프라스트럭처 레이어

애플리케이션 레이어, 도메인 레이어, 인프라스트럭처 레이어는 에릭 에반스의 ≪도메인 주도 설계≫(위키북스, 2011), 줄여서 'DDD'라고 하는 책에서 사용된 개념입니다. 이 책에서는 일부 용어는 사용하지만, DDD의 개념을 따라가는 것은 아닙니다.

'5-1-1 MVC 모델이란?'에서 설명한 MVC 모델에서는 업무 기능이나 취급하는 데이터의 처리 요건이 복잡해지면 비즈니스 로직 처리를 담당하는 모델(Model: M) 부분이 많아져서 '모델의 비대화'라는 문제가 발생합니다. MVC 모델은 설계 개념상 모델이 담당하는 부분 자체를 줄이는 것은 안 되기 때문에 모델 안에서 역할 분담을 명확하게 하고 애플리케이션의 레이어 구성을 적용하고 비대해지는 모델을 분할하는 것이 레이어를 나누는 목적입니다. 각 레이어에는 그림 9.1에 표시된 구성 요소(컴포넌트)가 포함됩니다.

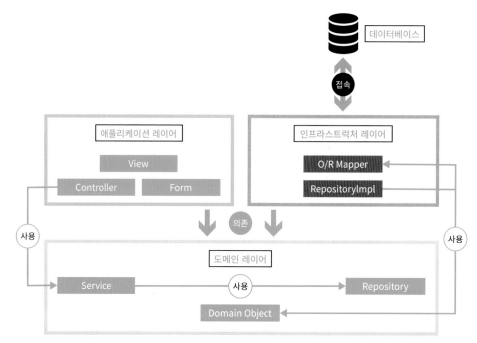

그림 9.1 레이어별 컴포넌트

○ 애플리케이션 레이어

▪ 클라이언트에서 받은 요청을 제어하고 도메인 레이어를 사용하여 애플리케이션을 제어합니다.

○ 도메인 레이어

▪ 도메인 객체에 대해 애플리케이션의 서비스 처리를 실행합니다.

○ 인프라스트럭처 레이어

▪ 도메인 객체에 대해 CRUD 조작을 해서 데이터의 영속화(데이터를 영구 저장하는)를 담당합니다.

레이어를 나누는 엄격한 규칙으로서 애플리케이션 레이어도 인프라스트럭처 레이어도 도메인 레이어에 의존하지만 도메인 레이어는 다른 레이어에 의존해서는 안 된다는 규칙이 있습니다. 즉, 도메인 레이어의 변경에 의해 '애플리케이션 레이어'의 변경은 허용하지만 애플리케이션 레이어의 변경으로 도메인 레이어의 변경이 발생해서는 안 된다는 것입니다.

9-1-3 레이어별 컴포넌트 설명

애플리케이션 레이어

○ Controller

- 요청을 처리에 매핑하고 결과를 뷰에 넘겨주는 제어를 합니다. 주요 처리는 Controller 안에서 실행하지 않고 '도메인 레이어'의 Service를 호출합니다.

○ Form

- 화면의 폼을 표현합니다. 화면에서 입력한 값을 Controller에 넘겨줍니다. 또한 Controller에서 화면에 결과를 출력할 때도 사용합니다. 도메인 레이어가 애플리케이션 레이어에 의존하지 않도록 Form에서 도메인 객체로 변환하거나 도메인 객체에서 Form으로 변환하는 것을 애플리케이션 레이어에서 수행해야 합니다.

○ View

- 화면 표시를 담당합니다.

도메인 레이어

○ 도메인 객체

- 서비스 처리를 실행할 때 필요한 자원입니다(Entity 등).

○ Service

- 애플리케이션의 서비스 처리를 담당합니다.

○ Repository

- Repository는 인터페이스입니다. 데이터베이스의 데이터 조작 내용만 정의합니다(구현 내용은 작성하지 않습니다).

인프라스트럭처 레이어

○ RepositoryImpl

- 도메인 레이어에서 정의한 Repository의 구현 클래스입니다. 'O/R Mapper'가 Repository의 구현 클래스를 생성하는 경우도 있습니다.

○ O/R Mapper

■ O(Object; 객체)와 R(Relational; 관계형 데이터베이스) 간의 데이터를 매핑합니다.

9-1-4 생성할 컴포넌트 목록

'OX 퀴즈' 애플리케이션에서 생성할 컴포넌트를 다음 표에 정리했습니다(표 9.3).

표 9.3 작성할 컴포넌트 목록

No	레이어	컴포넌트	이름	비고
1	애플리케이션 레이어	View	–	화면 표시
2	애플리케이션 레이어	Controller	QuizController	제어 역할 담당
3	애플리케이션 레이어	Form	QuizForm	화면의 게임 폼을 표현
4	도메인 레이어	Service	QuizService	인터페이스로 생성
5	도메인 레이어	ServiceImpl	QuizServiceImpl	Service를 구현
6	도메인 레이어	도메인 객체	Quiz	엔티티 역할
7	도메인 레이어	Repository	QuizRepository	인터페이스로 생성
8	인프라스트럭처 레이어	RepositoryImpl	–	O/R Mapper로 자동 생성
9	인프라스트럭처 레이어	O/R Mapper	–	스프링 데이터 JDBC를 사용

OX 퀴즈용 데이터베이스 생성

'OX 퀴즈' 애플리케이션을 만들기 전에 우선 'OX 퀴즈' 애플리케이션용 데이터베이스와 테이블을 생성하겠습니다. 혹시 데이터베이스에 자신이 없다면 4장 '데이터베이스 작업'을 다시 한 번 봐주세요.

9-2-1 데이터베이스 생성

pgAdmin 4를 실행합니다(실행 방법은 '4-1-3 PostgreSQL로 데이터베이스 확인'을 참조).

Servers → PostgreSQL 14 → Databases를 선택합니다. 마우스 오른쪽 버튼을 클릭해서 [Create] → [Database]를 선택합니다(그림 9.2).

Create → Database 화면에서 General 탭을 선택하고 Database 항목에 'quizdb'를 입력하고 [Save]를 클릭합니다(그림 9.3). 'OX 퀴즈' 애플리케이션용 데이터베이스 quizdb가 만들어진 것을 확인합니다(그림 9.4).

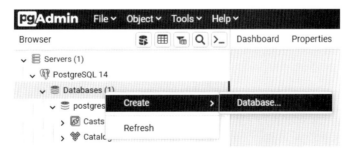

그림 9.2 Create Database

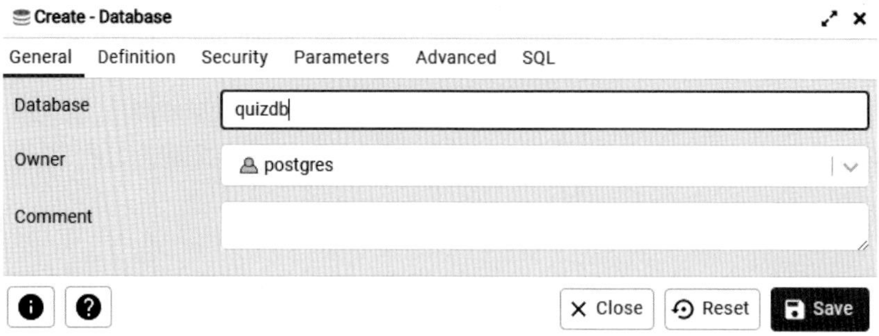

그림 9.3 quizdb 생성(1)

그림 9.4 quizdb 생성(2)

9-2-2 테이블 생성

'OX 퀴즈' 애플리케이션에서 사용하는 테이블 목록은 표 9.4에 있고, quiz 테이블의 테이블 정의는 표 9.5에 정리했습니다.

이 예제에서는 알기 쉽도록 테이블 하나만 사용합니다. 정규화(Normalization)[1]는 하지 않았습니다.

---

1 정규화란 관계형 데이터베이스의 설계에서 중복을 최소화하도록 데이터를 구조화하는 과정입니다.

표 9.4 테이블 목록

No	테이블명	설명
1	quiz	퀴즈 정보를 저장합니다

표 9.5 테이블 정의

No	칼럼	타입	제약	설명
1	id	serial	PK	퀴즈 정보 식별 ID
2	question	text	NOT NULL	퀴즈 내용
3	answer	boolean	NOT NULL	퀴즈 답
4	author	character varying(20)	NOT NULL	작성자

표 9.4와 표 9.5를 참조해서 테이블을 생성합니다(그림 9.5~그림 9.7). 테이블을 생성하는 방법은 '4-2-3 pgAdmin 4로 테이블 생성'을 참조해주세요.

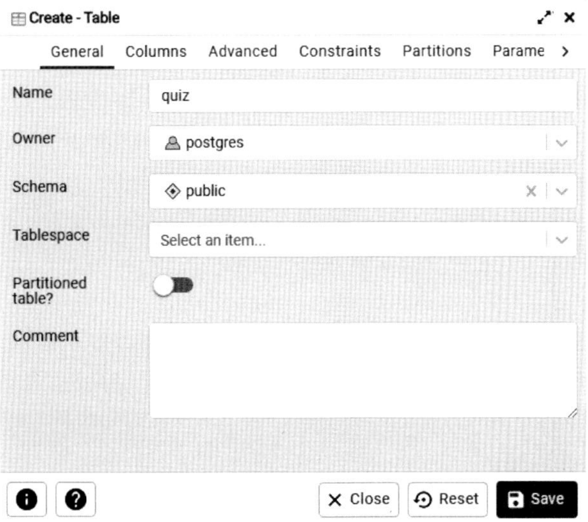

그림 9.5 테이블 생성

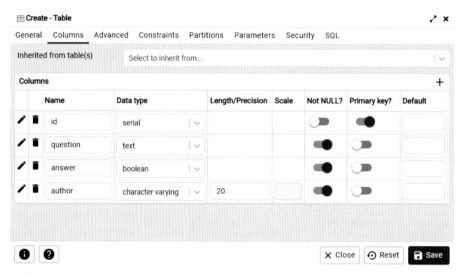

그림 9.6 테이블 정의

그림 9.7 테이블 생성 완료

9-2-3 프로젝트 생성

프로젝트 생성

Spring Initializr(https://start.spring.io/)에서 다음 정보로 프로젝트를 생성합니다(그림 9.8).

설정 내용

항목	값
Project	Gradle Project
Spring Boot	2.6.7
Artifact	quiz
Packaging	jar
Java	11
Package name	com.example.quiz

의존 관계(Dependencies)로는 다음 모듈을 추가하고 프로젝트 파일을 다운로드합니다.

○ Spring Boot DevTools

- 스프링 부트 개발 툴입니다. 자동 재실행 등 개발에 편리한 기능이 포함되어 있습니다.

○ Lombok(개발 툴)

- 어노테이션을 부여하는 것으로 getter와 setter 등을 코드로 작성하지 않아도 자동으로 구현해줍니다.

○ Spring Data JDBC

- 스프링 데이터에서 제공하는 OR Mapper입니다.

○ PostgreSQL Driver

- PostgreSQL 데이터베이스에 접속하는 데 필요한 드라이버입니다.

○ Validation

- 유효성 검사 기능인 'Bean Validation'과 'Hibernate Validator'를 사용할 수 있게 합니다.

○ Thymeleaf

- 스프링 부트에서 추천하는 템플릿 엔진입니다.

○ Spring Web

- 스프링 MVC입니다.

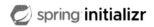

Project	Language	Dependencies	ADD DEPENDENCIES... CTRL + B

Project
- ○ Maven Project
- ● Gradle Project

Language
- ● Java   ○ Kotlin
- ○ Groovy

Spring Boot
- ○ 3.0.0 (SNAPSHOT)   ○ 3.0.0 (M2)   ○ 2.7.0 (SNAPSHOT)
- ○ 2.7.0 (RC1)   ○ 2.6.8 (SNAPSHOT)   ● 2.6.7
- ○ 2.5.14 (SNAPSHOT)   ○ 2.5.13

Project Metadata

Group	com.example
Artifact	quiz
Name	quiz
Description	Demo project for Spring Boot
Package name	com.example.quiz
Packaging	● Jar ○ War
Java	○ 18 ● 17 ○ 11 ○ 8

Dependencies   ADD DEPENDENCIES... CTRL + B

Spring Boot DevTools DEVELOPER TOOLS
Provides fast application restarts, LiveReload, and configurations for enhanced development experience.

Lombok DEVELOPER TOOLS
Java annotation library which helps to reduce boilerplate code.

Spring Data JDBC SQL
Persist data in SQL stores with plain JDBC using Spring Data.

PostgreSQL Driver SQL
A JDBC and R2DBC driver that allows Java programs to connect to a PostgreSQL database using standard, database independent Java code.

Validation I/O
Bean Validation with Hibernate validator.

Thymeleaf TEMPLATE ENGINES
A modern server-side Java template engine for both web and standalone environments. Allows HTML to be correctly displayed in browsers and as static prototypes.

Spring Web WEB
Build web, including RESTful, applications using Spring MVC. Uses Apache Tomcat as the default embedded container.

GENERATE CTRL + ↵   EXPLORE CTRL + SPACE   SHARE...

그림 9.8 프로젝트 파일 생성

다운로드된 프로젝트 파일의 압축을 풀고 IntelliJ IDEA에서 [파일] → [열기]로 불러옵니다.

애플리케이션 만들기
(데이터베이스 조작)

애플리케이션 만들기 (데이터베이스 조작)

이번 장에서는 'O/R Mapper'인 스프링 데이터 JDBC를 사용해서 'OX 퀴즈' 애플리케이션의 데이터베이스 조작에 대한 내용을 설명합니다. 4장 '데이터베이스 작업'에서 배운 내용을 활용합니다.

10-1-1 작성할 내용 확인

이번 장에서 만들 부분은 그림 10.1의 점선으로 표시된 부분입니다.

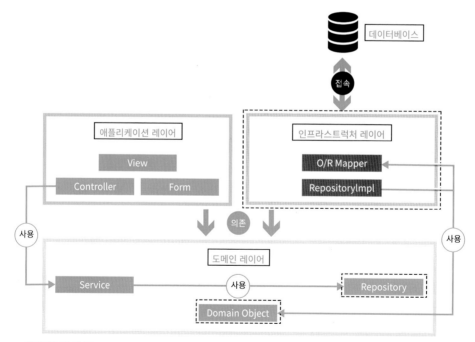

그림 10.1 레이어별 컴포넌트

표 10.1에서 이번에 만들 컴포넌트 이름을 확인합니다. 표 10.1에서 6 ~ 9번이 해당 컴포넌트입니다.

표 10.1 컴포넌트 목록

No	레이어	컴포넌트	이름	비고
1	애플리케이션 레이어	View	–	화면 표시
2	애플리케이션 레이어	Controller	QuizController	제어 역할 담당
3	애플리케이션 레이어	Form	QuizForm	화면의 폼에 대응
4	도메인 레이어	Service	QuizService	인터페이스로 생성
5	도메인 레이어	ServiceImpl	QuizServiceImpl	Service 구현
6	도메인 레이어	도메인 객체	Quiz	엔티티와 같은 역할
7	도메인 레이어	Repository	QuizRepository	인터페이스로 생성
8	인프라스트럭처 레이어	RepositoryImpl	–	O/R Mapper가 자동 생성
9	인프라스트럭처 레이어	O/R Mapper	–	스프링 데이터 JDBC 사용

10-1-2 application.properties 설정

application.properties는 스프링 부트 프로젝트에서 환경 설정을 담당하는 파일입니다. 여기서는 quizdb 데이터베이스에 접속하는 설정을 추가합니다.

src/main/resources → application.properties를 클릭해서 연 다음(그림 10.2), 예제 10.1의 설정을 추가합니다.

그림 10.2 application.properties 열기

예제 10.1 application.properties

```
001:  spring.datasource.driver-class-name=org.postgresql.Driver
002:  spring.datasource.url=jdbc:postgresql://localhost:5432/quizdb
003:  spring.datasource.username=postgres
004:  spring.datasource.password=postgres
```

spring.datasoruce.password에는 앞에서 설정한 패스워드를 입력합니다.

O/R Mapper로 스프링 데이터 JDBC를 사용합니다. RepositoryImpl은 스프링 데이터 JDBC가 자동으로 생성해줘서 우리가 만들어야 할 것은 '도메인 객체'와 'Repository'입니다. 우선 도메인 객체부터 만들어 보겠습니다.

10-2-1 도메인 객체 생성

도메인 객체는 비즈니스 로직을 처리하는 데 필요한 객체입니다. 여기서는 엔티티(Entity)와 같은 의미를 가집니다. 엔티티는 데이터베이스에서 테이블의 1행에 대응되는 클래스입니다. 그럼 quiz 테이블에 대응하는 Quiz 엔티티를 생성하겠습니다.

src/main/java → com.example.quiz 폴더를 선택하고 마우스 오른쪽 버튼을 클릭해서 [새로 만들기] → [패키지]를 선택한 후 com.example.demo.entity 패키지를 생성합니다.

클래스 생성을 위해 entity 패키지를 선택하고 마우스 오른쪽 버튼을 클릭해서 [새로 만들기] → [Java 클래스]를 선택한 후 클래스명으로 'Quiz'를 입력하고 엔터 키를 칩니다(그림 10.3).

Quiz 클래스의 내용은 예제 10.2와 같습니다.

그림 10.3 Quiz 클래스

예제 10.2 Quiz 클래스

```java
001:    package com.example.quiz.entity;
002:
003:    import org.springframework.data.annotation.Id;
004:
005:    import lombok.AllArgsConstructor;
006:    import lombok.Data;
007:    import lombok.NoArgsConstructor;
008:
009:    /** quiz 테이블용:Entity */
010:    @Data
011:    @NoArgsConstructor
012:    @AllArgsConstructor
013:    public class Quiz {
014:        /** 식별 ID */
015:        @Id
016:        private Integer id;
017:
018:        /** 퀴즈 내용 */
019:        private String question;
020:
021:        /** 퀴즈 답 */
022:        private Boolean answer;
023:
024:        /** 작성자 */
025:        private String author;
026:    }
```

10번째 줄과 같이 클래스에 **@Data** 어노테이션을 부여하면 모든 필드를 getter/setter로 액세스할 수 있게 됩니다.

11번째 줄의 **@NoArgsConstructor** 어노테이션은 기본 생성자를 자동으로 생성해 줍니다. 12번째 줄의 **@AllArgsConstructor** 어노테이션은 모든 필드에 대해 초깃값을 인수로 받는 생성자를 생성합니다. 15번째 줄의 **@Id** 어노테이션은 테이블의 PK(기본키)인 **id**와 매핑됩니다.

10-2-2 Repository 생성

Repository는 인터페이스입니다. 데이터베이스의 데이터 정의만 작성합니다. **src/main/java** → **com. example.quiz** 폴더를 선택하고 마우스 오른쪽 버튼을 클릭해서 [새로 만들기] → [패키지]를 선택한 후 **com.example.demo.repository** 패키지를 생성합니다.

클래스 생성을 위해 **repository** 패키지를 선택하고 마우스 오른쪽 버튼을 클릭해서 [새로 만들기] → [Java 클래스]를 선택한 후 인터페이스명으로 'QuizRepository'를 입력하고 엔터 키를 칩니다.

10-2-3 RepositoryImpl 생성

앞에서 만든 **QuizRepository** 인터페이스에 스프링 데이터에서 제공하는 **CrudRepository**를 상속해서 **RepositoryImpl**을 만듭니다. **CrudRepository**의 타입 파라미터는 엔티티 타입인 **Quiz**와 **@Id** 어노테이션을 부여한 필드의 타입인 **Integer** 순으로 지정합니다.

QuizRepository 인터페이스의 내용은 예제 10.3과 같습니다.

예제 10.3 QuizRepository 인터페이스

```
001:  package com.example.quiz.repository;
002:
003:  import org.springframework.data.repository.CrudRepository;
004:
005:  import com.example.quiz.entity.Quiz;
006:
007:  /** Quiz테이블: RepositoryImpl */
008:  public interface QuizRepository extends CrudRepository<Quiz, Integer> {
009:
010:  }
```

스프링 데이터에서 제공하는 **QuizRepository**를 상속하는 것으로 자동으로 CRUD를 제공하는 메서드를 사용할 수 있습니다. 8번째 줄의 **<Quiz, Integer>**는 '저장 대상 객체의 타입'과 '저장 대상 객체의 기본키'를 나타냅니다. **QuizRepository**에 대해서는 표 4.5 'QuizRepository의 CRUD 메서드'에서 설명합니다.

표 4.5 QuizRepository의 CRUD 메서드

반환값	메서드	개요
long	count()	취득한 엔티티의 수를 돌려줍니다.
void	delete(Member entity)	지정한 엔티티를 삭제합니다.
void	deleteAll()	리포지토리에서 관리하는 모든 엔티티를 삭제합니다.
void	deleteAll(Iterable entities)	지정한 복수의 엔티티를 삭제합니다.
void	deleteById(Integer id)	지정한 ID에 해당하는 엔티티를 삭제합니다.
boolean	existsById(Integer id)	지정한 ID에 해당하는 엔티티의 존재 여부를 확인합니다.
Iterable	findAll()	모든 엔티티를 반환합니다.
iterable	findAllById(Iterable ids)	지정한 복수의 ID에 해당하는 엔티티를 반환합니다.
Optional	findById(Integer id)	지정한 ID에 해당하는 엔티티를 반환합니다.
Member	save(Member entity)	지정한 엔티티를 저장합니다.
Iterable	saveAll(Iterable entities)	지정한 모든 엔티티를 저장합니다.

표 4.5의 인수나 반환값인 Member는 QuizRepository의 Quiz로 바꾸어 생각해주세요.

데이터베이스
처리 결과 확인

스프링 부트 애플리케이션의 구동 클래스인 QuizApplication의 필드에 QuizRepository를 @Autowired로 주입하고 QuizRepository의 동작 방식을 확인하겠습니다.

10-3-1 등록 처리

우선 등록 처리부터 확인해보겠습니다. 보통 클래스의 동작 확인은 JUnit 등으로 단위 테스트를 통해 확인하지만 이 책에서는 JUnit을 설명하지 않기 때문에 스프링 부트의 구동 클래스에 주입하여 확인하겠습니다. 또한 코드를 수정해서 저장하면 Spring Boot DevTools가 자동으로 재기동해 주지만 이 책에서는 명확하게 하기 위해 수동으로 정지하고 시작하는 방법을 이용하겠습니다.

01 프로그램 작성

QuizApplication 클래스를 생성합니다. QuizApplication 클래스의 내용은 예제 10.4와 같습니다.

예제 10.4 QuizApplication 클래스

```
001:  package com.example.quiz;
002:
003:  import org.springframework.beans.factory.annotation.Autowired;
004:  import org.springframework.boot.SpringApplication;
005:  import org.springframework.boot.autoconfigure.SpringBootApplication;
006:
007:  import com.example.quiz.entity.Quiz;
008:  import com.example.quiz.repository.QuizRepository;
009:
010:  @SpringBootApplication
011:  public class QuizApplication {
012:      /** 구동 메서드 */
013:      public static void main(String[] args) {
014:          SpringApplication.run(QuizApplication.class, args)
```

```
015:            .getBean(QuizApplication.class).execute();
016:    }
017:
018:    /** 주입(인젝션) */
019:    @Autowired
020:    QuizRepository repository;
021:
022:    /** 실행 메서드 */
023:    private void execute() {
024:        // 등록 처리
025:        setup();
026:    }
027:
028:    /** === 퀴즈 2건을 등록합니다 === */
029:    private void setup() {
030:        // 엔티티 생성
031:        Quiz quiz1 = new Quiz(null, "Spring은 프레임워크입니까?", true, "홍길동");
032:        // 등록 실행
033:        quiz1 = repository.save(quiz1);
034:        // 등록 확인
035:        System.out.println("등록한 퀴즈는 " + quiz1 + "입니다.");
036:
037:        // 엔티티 생성
038:        Quiz quiz2 = new Quiz(null, "스프링 MVC는 배치 처리를 제공합니까?", false, "홍길동");
039:        // 등록 실행
040:        quiz2 = repository.save(quiz2);
041:        // 등록 확인
042:        System.out.println("등록한 퀴즈는 " + quiz2 + "입니다.");
043:    }
044: }
```

19~20번째 줄에서 @Autowired로 QuizRepository를 주입(인젝션)합니다. 13번째 줄의 main 메서드에서 execute를 호출하고, 23번째 줄의 execute에서 setup 메서드를 호출합니다. 29~43번째 줄의 setup 메서드에서 CrudRepository를 상속해서 사용할 수 있게 된 save 메서드를 호출해서 지정한 엔티티를 데이터베이스에 저장합니다. 또한 save 메서드는 @Id 어노테이션이 부여한 필드가 null인 경우에는 INSERT 문을 실행하고 null이 아닌 경우에는 UPDATE 문을 실행합니다.

02 **실행과 확인**

QuizApplication 파일을 선택하고 마우스 오른쪽 버튼을 클릭해서 [실행]을 선택합니다(그림 10.4). 정상적으로 실행되면 CrudRepository를 상속한 QuizRepository 클래스의 등록 처리가 호출됩니다(그림 10.5). 데이터베이스에 퀴즈 정보가 2건 등록된 것을 확인합니다(그림 10.6).

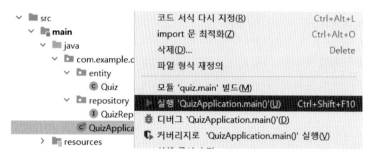

그림 10.4 스프링 부트 애플리케이션 실행

등록한 퀴즈는 Quiz(id=1, question= Spring은 프레임워크입니까?, answer=true, author=홍길동)입니다.
등록한 퀴즈는 Quiz(id=2, question=스프링 MVC는 배치 처리를 제공합니까?, answer=false, author=홍길동)입니다.

그림 10.5 실행 결과(콘솔)

id [PK] integer	question text	answer boolean	author character varying (20)
1	1 Spring은 프레임워크입니까?	true	홍길동
2	2 스프링 MVC는 배치 처리를 제공합니까?	false	홍길동

Data output　Messages　Notifications

그림 10.6 실행 결과(quiz 테이블)

10-3-2 　모든 데이터 취득

01 **프로그램 작성**

QuizApplication 클래스에 예제 10.5의 메서드를 추가합니다.

예제 10.5 showList 메서드

```
001:  /** === 모든 데이터 취득 === */
002:  private void showList() {
003:      System.out.println("--- 모든 데이터 취득 개시 ---");
004:      // 리포지토리를 이용해 모든 데이터를 취득해서 결과를 반환
005:      Iterable<Quiz> quizzes= repository.findAll();
006:      for (Quiz quiz : quizzes) {
007:          System.out.println(quiz);
008:      }
009:      System.out.println("--- 모든 데이터 취득 완료 ---");
010:  }
```

showList 메서드에서 CrudRepository를 상속받아서 사용 가능해진 findAll 메서드를 실행해서 엔티티 전체를 취득합니다.

또한 QuizApplication 클래스의 execute 메서드를 예제 10.6과 같이 수정합니다. 앞에서 실행한 4번째 줄의 setup 메서드를 주석 처리하고 execute 메서드의 showList 메서드를 호출합니다.

예제 10.6 execute 메서드 수정

```
001:  /** 실행 메서드 */
002:  private void execute() {
003:      // 등록 처리
004:      // setup(); <- 주석 처리
005:      // 전체 항목 취득
006:      showList();
007:  }
```

02 실행과 확인

QuizApplication 파일을 선택하고 마우스 오른쪽 버튼을 클릭해서 [실행]을 선택합니다. 정상적으로 실행되면 CrudRepository를 상속한 QuizRepository 클래스의 전체 항목 취득 처리가 호출됩니다(그림 10.7).

```
--- 모든 데이터 취득 개시 ---
Quiz(id=1, question=Spring은 프레임워크입니까?, answer=true, author=홍길동)
Quiz(id=2, question=스프링 MVC는 배치 처리를 제공합니까?, answer=false, author=홍길동)
--- 모든 데이터 취득 완료 ---
```

그림 10.7 실행 결과

10-3-3 한 건 데이터 취득

01 프로그램 작성

QuizApplication 클래스에 예제 10.7의 메서드를 추가합니다.

예제 10.7 showOne 메서드

```
001:  private void showOne() {
002:    System.out.println("--- 1건 취득 개시 ---");
003:    // 리포지토리를 사용해서 1건의 데이터를 취득해서 결과를 반환(반환값은 Optional)
004:    Optional<Quiz> quizOpt = repository.findById(1);
005:    // 반환값이 있는지 확인
006:    if (quizOpt.isPresent()) {
007:      System.out.println(quizOpt.get());
008:    } else {
009:      System.out.println("해당 데이터는 존재하지 않습니다.");
010:    }
011:    System.out.println("--- 1건 취득 완료 ---");
012:  }
```

showOne 메서드에서 CrudRepository를 상속해서 4번째 줄의 findById 메서드를 사용합니다. 예제에서는 기본키인 id의 값으로 '1'을 지정했습니다.

findById 메서드의 반환값은 Optional입니다. Optional(java.util.Optional)은 null의 가능성이 있는 값을 처리할 때 사용하는 클래스로서 값을 래핑해서 사용합니다.

6번째 줄의 isPresent 메서드로 값이 있는지 확인하고 다음 줄의 get 메서드로 래핑한 값을 취득합니다. 값이 존재하지 않는 경우에는 런타임 예외(NoSuchElementException)를 던집니다.

QuizApplication 클래스의 execute 메서드를 예제 10.8과 같이 수정합니다.

예제 10.8 execute 메서드 수정

```
001:  /** 실행 메서드 */
002:  private void execute() {
003:    // 등록 처리
004:    // setup(); <- 주석 처리
```

```
005:    // 전체 항목 취득
006:    //showList(); <- 주석 처리
007:    // 1건 취득
008:    showOne();
009: }
```

6번째 줄의 **showList** 메서드를 주석 처리하고, **execute** 메서드에서 **showOne** 메서드를 호출합니다.

02　실행과 확인

QuizApplication 파일을 선택하고 마우스 오른쪽 버튼을 클릭해서 [실행]을 선택합니다. 정상적으로 실행되면 **CrudRepository**를 상속한 **QuizRepository** 클래스의 한 건 처리가 실행됩니다(그림 10.8).

```
--- 1건 취득 개시 ---
Quiz(id=1, question=Spring은 프레임워크입니까?, answer=true, author=홍길동)
--- 1건 취득 완료 ---
```

그림 10.8 실행 결과

10-3-4　변경 처리

01　프로그램 작성

QuizApplication 클래스에 예제 10.9의 메서드를 추가합니다.

예제 10.9 updateQuiz 메서드

```
001: /** === 변경 처리 === */
002: private void updateQuiz() {
003:    System.out.println("--- 변경 처리 개시 ---");
004:    // 변경할 엔티티를 생성
005:    Quiz quiz1 = new Quiz(1,"스프링은 프레임워크입니까? ", true, "변경 담당");
006:    // 변경 처리
007:    quiz1 = repository.save(quiz1);
008:    // 변경 결과 확인
009:    System.out.println("변경된 데이터는 " + quiz1 + "입니다.");
010:    System.out.println("--- 변경 처리 완료 ---");
011: }
```

updateQuiz 메서드에서 CrudRepository를 상속해서 7번째 줄의 save 메서드를 사용해 지정한 엔티티를 데이터베이스에 저장합니다.

save 메서드는 @Id 어노테이션이 부여된 필드가 null인 경우에는 INSERT 문을 실행하고, null이 아닌 경우에는 UPDATE 문을 실행하기 때문에 이번에 실행될 save 메서드에서는 UPDATE 문이 실행됩니다.

QuizApplication 클래스의 execute 메서드를 예제 10.10과 같이 수정합니다.

예제 10.10 execute 메서드 수정

```
001: /** 실행 메서드 */
002: private void execute() {
003:   // 등록 처리
004:   //setup(); <- 주석 처리
005:   // 전체 항목 취득
006:   //showList(); <- 주석 처리
007:   // 1건 취득
008:   //showOne();  <- 주석 처리
009:   // 변경 처리
010:   updateQuiz();
011: }
```

8번째 줄의 showOne 메서드를 주석 처리하고, execute 메서드에서 updateQuiz 메서드를 호출합니다.

02 실행과 확인

QuizApplication 파일을 선택하고 마우스 오른쪽 버튼을 클릭해서 [실행]을 선택합니다. 정상적으로 실행되면 CrudRepository를 상속한 QuizRepository 클래스의 변경 처리가 호출됩니다(그림 10.9). 데이터베이스에서 데이터가 변경된 것을 확인할 수 있습니다(그림 10.10).

```
--- 변경 처리 개시 ---
변경된 데이터는 Quiz(id=1, question=스프링은 프레임워크입니까?, answer=true, author=변경 담당)입니다.
--- 변경 처리 완료 ---
```

그림 10.9 실행 결과

id [PK] integer	question text	answer boolean	author character varying (20)
1	1	스프링은 프레임워크입니까?	true	변경 담당
2	2	스프링 MVC는 배치 처리를 제공합니까?	false	홍길동

Data output   Messages   Notifications

그림 10.10 실행 결과(quiz 테이블)

10-3-5 삭제 처리

01 프로그램 작성

QuizApplication 클래스에 예제 10.11의 메서드를 추가합니다.

예제 10.11 deleteQuiz 메서드

```
001: /** === 삭제 처리 === */
002: private void deleteQuiz() {
003:   System.out.println("--- 삭제 처리 개시 ---");
004:   // 삭제 실행
005:   repository.deleteById(2);
006:   System.out.println("--- 삭제 처리 완료 ---");
007: }
```

deleteQuiz 메서드에서 CrudRepository를 상속해서 5번째 줄의 deleteById 메서드를 사용해 지정한 엔티티를 삭제합니다. 예제에서는 기본키인 id에 값으로 '2'를 지정합니다.

QuizApplication 클래스의 execute 메서드를 예제 10.12와 같이 수정합니다.

예제 10.12 execute 메서드 수정

```
001: /** 실행 메서드 */
002: private void execute() {
003:   // 등록 처리
004:   //setup(); <- 주석 처리
005:   // 전체 항목 취득
006:   //showList(); <- 주석 처리
007:   // 1건 취득
```

```
008:     //showOne(); <- 주석 처리
009:     // 변경 처리
010:     //updateQuiz();<- 주석 처리
011:     // 삭제 처리
012:     deleteQuiz();
013: }
```

10번째 줄의 `updateQuiz` 메서드를 주석 처리하고, `execute` 메서드에서 `deleteQuiz` 메서드를 호출합니다.

02 실행과 확인

`QuizApplication` 파일을 선택하고 마우스 오른쪽 버튼을 클릭해서 [실행]을 선택합니다. 정상적으로 실행되면 `CrudRepository`를 상속한 `QuizRepository` 클래스의 삭제 처리가 실행됩니다(그림 10.11). 동시에 데이터베이스에서 데이터가 삭제된 것을 확인할 수 있습니다(그림 10.12).

```
--- 삭제 처리 개시 ---
--- 삭제 처리 완료 ---
```

그림 10.11 실행 결과

Data output Messages Notifications

	id [PK] integer	question text	answer boolean	author character varying (20)
1	1	스프링은 프레임워크입니까?	true	변경 담당

그림 10.12 실행 결과(quiz 테이블)

이번 장에서는 도메인 객체, Repository, RepositoryImpl, O/R Mapper를 구현하고 `quizdb` 데이터베이스의 `quiz` 테이블을 대상으로 CRUD를 처리했습니다. 다음 장에서는 비즈니스 로직을 처리하는 부분을 작성해 보겠습니다.

애플리케이션 만들기 (비즈니스 로직 처리)

SECTION
11-1

비즈니스 로직의 처리 내용 확인과 작성

이번 장에서는 비즈니스 로직 처리를 구현하겠습니다. 비즈니스 로직 처리란 애플리케이션에서 실현하고 싶은 것을 말합니다. 'OX 퀴즈'에서 실현하고 싶은 것을 확인하고 비즈니스 로직 처리를 작성하겠습니다.

11-1-1 작성할 부분 확인

이번 장에서 작성할 부분은 그림 11.1에서 점선으로 표시된 부분입니다.

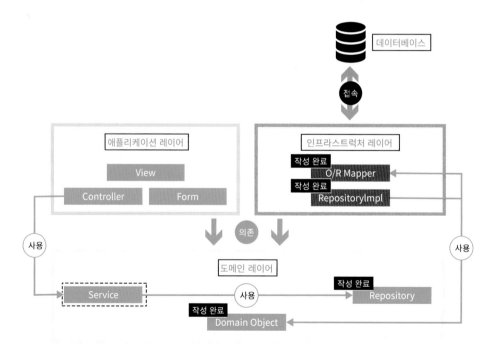

그림 11.1 레이어별 컴포넌트

표 11.1에서 작성할 컴포넌트 이름을 확인합니다. 표 11.1의 4번과 5번이 해당 컴포넌트입니다.

표 11.1 컴포넌트 목록

No	레이어	컴포넌트	이름	비고
1	애플리케이션 레이어	View	–	화면 표시
2	애플리케이션 레이어	Controller	`QuizController`	제어 역할 담당
3	애플리케이션 레이어	Form	`QuizForm`	화면의 폼에 대응
4	도메인 레이어	Service	`QuizService`	인터페이스로 생성
5	도메인 레이어	ServiceImpl	`QuizServiceImpl`	Service를 구현
6	도메인 레이어	도메인 객체	`Quiz`	엔티티와 같은 역할
7	도메인 레이어	Repository	`QuizRepository`	인터페이스로 생성
8	인프라스트럭처 레이어	RepositoryImpl	–	O/R Mapper 자동 생성
9	인프라스트럭처 레이어	O/R Mapper	–	스프링 데이터 JDBC 사용

표 11.2에서 애플리케이션에서 구현하고 싶은 내용을 확인합니다.

표 11.2 기능 목록

No	기능	설명
1	등록 처리	퀴즈를 등록합니다.
2	변경 처리	등록한 퀴즈를 변경합니다.
3	삭제 처리	등록한 퀴즈를 삭제합니다.
4	목록 표시	등록한 퀴즈의 목록을 표시합니다.
5	게임	퀴즈를 풉니다.

1 ~ 4번은 CRUD 처리입니다. 5번은 등록한 퀴즈를 랜덤으로 표시하고 푸는 기능입니다. 1 ~ 4번의 CRUD 처리는 '10장 애플리케이션 만들기(데이터베이스 조작)'에서 작성했습니다.

5번의 등록한 퀴즈를 랜덤으로 표시하고 푸는 기능에 필요한 퀴즈 1건을 받아오는 기능은 벌써 만들어져 있기 때문에 1건을 받아올 때 인수로 전달되는 값을 랜덤으로 생성하는 방법을 구현해야 합니다.

11-1-2 비즈니스 로직 처리 만들기

이번에 작성하는 것은 Service와 ServiceImpl입니다. Service는 인터페이스이고, ServiceImpl은 Service의 구현 클래스입니다. 우선 Service 인터페이스를 작성하겠습니다.

01 Service 생성

Service는 인터페이스입니다. 인터페이스에서는 메서드의 구체적인 처리 내용을 작성하지 않는 '추상 메서드'를 작성합니다.

src/main/java → com.example.quiz 폴더를 선택하고 마우스 오른쪽 버튼을 클릭해서 [새로 만들기] → [패키지]를 선택한 후 com.example.quiz.service 패키지를 생성합니다.

클래스 생성을 위해 service 패키지를 선택하고 마우스 오른쪽 버튼을 클릭해서 [새로 만들기] → [Java 클래스]를 선택한 후 클래스명으로 'QuizService'를 입력하고 '인터페이스'를 선택한 후 엔터 키를 칩니다(그림 11.2).

QuizService 인터페이스의 내용은 예제 11.1과 같습니다.

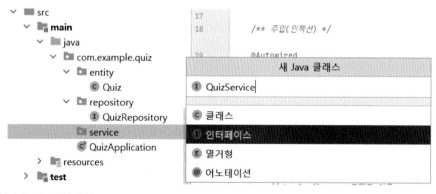

그림 11.2 QuizService 인터페이스

예제 11.1 QuizService 인터페이스

```
001:  package com.example.quiz.service;
002:
003:  import java.util.Optional;
```

```
004:
005:    import com.example.quiz.entity.Quiz;
006:
007:    /** Quiz 서비스: Service */
008:    public interface QuizService {
009:
010:        /** 등록된 모든 퀴즈 정보를 가져옵니다 */
011:        Iterable<Quiz> selectAll();
012:
013:        /** id를 키로 사용해 퀴즈 정보를 한 건 가져옵니다 */
014:        Optional<Quiz> selectOneById(Integer id);
015:
016:        /** 퀴즈 정보를 랜덤으로 한 건 가져옵니다 */
017:        Optional<Quiz> selectOneRandomQuiz();
018:
019:        /** 퀴즈의 정답/오답 여부를 판단합니다 */
020:        Boolean checkQuiz(Integer id, Boolean myAnswer);
021:
022:        /** 퀴즈를 등록합니다 */
023:        void insertQuiz(Quiz quiz);
024:
025:        /** 퀴즈를 변경합니다 */
026:        void updateQuiz(Quiz quiz);
027:
028:        /** 퀴즈를 삭제합니다 */
029:        void deleteQuizById(Integer id);
030:
031:    }
```

QuizService 인터페이스에서는 추상 메서드를 작성합니다. 표 11.2에서 확인한 게임 기능에서 사용할 메서드로서, 퀴즈 정보를 랜덤으로 한 건 가져오는 selectOneRandomQuiz 메서드(17번째 줄), 퀴즈의 정답/오답을 판단하는 checkQuiz 메서드(20번째 줄)와 CRUD를 처리하는 메서드입니다.

02 ServiceImpl 생성

앞에서 작성한 인터페이스를 구현할 ServiceImpl을 생성하겠습니다.

src/main/java → com.example.quiz.service 폴더를 선택하고 마우스 오른쪽 버튼을 클릭해서 [새로 만들기] → [Java 클래스]를 선택한 후 클래스명으로 'QuizServiceImpl'을 입력하고 엔터 키를 칩니다 (그림 11.3).

QuizServiceImpl 클래스의 내용은 예제 11.2와 같습니다.

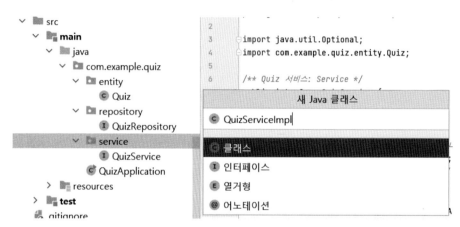

그림 11.3 QuizServiceImpl 클래스

예제 11.2 QuizServiceImpl 클래스

```
001:  package com.example.quiz.service;
002:
003:  import java.util.Optional;
004:
005:  import org.springframework.beans.factory.annotation.Autowired;
006:  import org.springframework.stereotype.Service;
007:  import org.springframework.transaction.annotation.Transactional;
008:
009:  import com.example.quiz.entity.Quiz;
010:  import com.example.quiz.repository.QuizRepository;
011:
012:  @Service
013:  public class QuizServiceImpl implements QuizService {
014:      /** Repository: 인젝션 */
015:      @Autowired
016:      QuizRepository repository;
```

```
017:
018:     @Override
019:     public Iterable<Quiz> selectAll() {
020:         return repository.findAll();
021:     }
022:
023:     @Override
024:     public Optional<Quiz> selectOneById(Integer id) {
025:         return repository.findById(id);
026:     }
027:
028:     @Override
029:     public Optional<Quiz> selectOneRandomQuiz() {
030:         // 랜덤으로 id 값을 가져오기
031:         Integer randId = repository.getRandomId();
032:
033:         // 퀴즈가 없는 경우
034:         if (randId == null) {
035:             // 빈 Optional 인스턴스를 반환
036:             return Optional.empty();
037:         }
038:         return repository.findById(randId);
039:     }
040:
041:     @Override
042:     public Boolean checkQuiz(Integer id, Boolean myAnswer) {
043:         // 퀴즈 정답/오답 판단용 변수
044:         Boolean check = false;
045:
046:         // 대상 퀴즈를 가져오기
047:         Optional<Quiz> optQuiz = repository.findById(id);
048:
049:         // 퀴즈를 가져왔는지 확인
050:         if (optQuiz.isPresent()) {
051:             Quiz quiz = optQuiz.get();
052:             // 퀴즈 정답 확인
053:             if(quiz.getAnswer().equals(myAnswer)) {
054:                 check = true;
```

```
055:                    }
056:                }
057:                return check;
058:            }
059:
060:            @Override
061:            public void insertQuiz(Quiz quiz) {
062:                repository.save(quiz);
063:            }
064:
065:            @Override
066:            public void updateQuiz(Quiz quiz) {
067:                repository.save(quiz);
068:            }
069:
070:            @Override
071:            public void deleteQuizById(Integer id) {
072:                repository.deleteById(id);
073:            }
074:    }
```

12번째 줄의 @Service 어노테이션을 클래스에 부여해서 인스턴스 생성 대상으로 지정합니다. 15~16번째 줄의 @Autowired로 QuizRepository를 주입(인젝션)합니다. 29~39번째 줄의 selectOneRandomQuiz 메서드에 퀴즈 정보를 랜덤으로 한 건 가져오는 내용을 작성합니다.

31번째 줄의 getRandomId 메서드는 CrudRepository를 상속해서 사용하는 메서드가 아니라 별도로 작성해야 하는 메서드입니다(현재는 작성하지 않았기 때문에 에러가 표시될 것입니다). 42~58번째 줄의 checkQuiz 메서드에서 퀴즈의 정답/오답을 판단하는 내용을 작성합니다. 그 밖의 메서드는 QuizRepository에 처리를 위임합니다.

03 RepositoryImpl에 추가

CrudRepository에 없는 메서드는 해당 메서드에 @Query 어노테이션을 부여해서 어노테이션의 인수에 SQL을 추가하는 것으로 정의할 수 있습니다.

QuizRepository 인터페이스에 예제 11.3의 메서드를 추가합니다.

예제 11.3 QuizRepository 인터페이스에 추가

```
001:  @Query("SELECT id FROM quiz ORDER BY RANDOM() limit 1")
002:  Integer getRandomId();
```

@Query 어노테이션의 인수에 **quiz** 테이블의 **id** 칼럼을 랜덤으로 1건 가져오는 SQL을 작성합니다.

트랜잭션 관리 알아보기

비즈니스 로직 처리에서 데이터베이스를 사용하는 경우에는 반드시 트랜잭션 관리를 고려해야 합니다. 여기서는 '3-4-4 스프링 프레임워크가 제공하는 AOP 기능'에서 설명한 @Transactional 어노테이션에 대해 사용법 등을 설명하겠습니다.

11-2-1 트랜잭션이란?

트랜잭션(Transaction)이란 복수의 처리를 하나의 그룹으로 모은 것입니다(그림 11.4). 트랜잭션은 결과로 성공 아니면 실패만 가질 수 있습니다.

처리 중 실패했을 경우에는 트랜잭션은 실행 전의 상태로 돌아갑니다. 이것을 롤백(Rollback)이라고 합니다.

처리가 모두 성공하면 처리가 확정됩니다. 이것을 커밋(Commit)이라고 합니다. 부분적인 성공이나 부분적인 실패라는 것은 없습니다.

그림 11.4 트랜잭션

11-2-2 트랜잭션 경계란?

트랜잭션에서는 시작되고 끝나는 위치를 반드시 지정해야 하고, 시작되고 끝날 때까지의 범위를 '트랜잭션 경계'라고 합니다(그림 11.5). 결론부터 말하자면 트랜잭션 경계는 Service에서 설정합니다.

MVC 모델에서 서비스 처리는 모델입니다. Service는 모델의 일부로 비즈니스 로직 처리의 입구(개시)로 생각할 수 있습니다. 이런 이유로 트랜잭션 경계는 Service에 지정합니다.

그림 11.5 트랜잭션 경계

11-2-3 　트랜잭션 관리 방법

트랜잭션 관리는 스프링 프레임워크에서 제공하는 @Transactional 어노테이션을 사용합니다.

사용법은 간단합니다. 클래스나 메서드에 @Transactional 어노테이션을 부여하면 트랜잭션이 관리되어 트랜잭션의 시작, 커밋, 롤백이 자동으로 실행됩니다.

롤백의 발생 조건은 비검사(Unchecked) 예외(RuntimeException 혹은 그 서브클래스)가 발생했을 때입니다. 검사(Checked) 예외(Exception 혹은 그 서브클래스에서 RuntimeException 외)가 발생했을 경우에는 롤백이 안 되고 커밋이 됩니다.

클래스에 @Transactional 어노테이션 부여하기

클래스에 @Transactional 어노테이션을 부여하면 그 클래스의 모든 메서드에 트랜잭션 제어를 설정할 수 있습니다[1].

메서드에 @Transactional 어노테이션 부여하기

메서드에 @Transactional 어노테이션을 부여하면 메서드가 호출되는 타이밍(정확하게는 메서드 시작 전)에 트랜잭션이 시작되어 대상 메서드가 정상 종료한 경우에는 '커밋', 예외로 종료한 경우에는 '롤백'됩니다.

1　@Transactional 어노테이션은 public 메서드만 적용됩니다.

이 책에서는 클래스에 @Transactional 어노테이션을 부여하는 것을 추천합니다. 트랜잭션 경계의 설정이 필요한 경우는 변경 처리(등록, 변경, 삭제)를 포함한 서비스 처리뿐이지만 설정 실수 등으로 인한 버그 등을 방지하는 목적으로 클래스에 @Transactional 어노테이션을 부여하는 것을 추천합니다.

어떠한 방법을 선택하더라도 어노테이션을 부여하는 것만으로 자동으로 커밋이나 롤백을 해주기 때문에 상당히 편리한 기능입니다.

11-2-4 ServiceImpl 추가

QuizServiceImpl 클래스에 @Transactional 어노테이션을 부여하면 그 클래스의 모든 메서드에 트랜잭션 제어를 할 수 있습니다.

QuizServiceImpl 클래스에 @Transactional 어노테이션(2번째 줄)을 부여해서 예제 11.4와 같이 수정합니다.

예제 11.4 QuizServiceImpl 클래스 수정

```
001:  @Service
002:  @Transactional
003:  public class QuizServiceImpl implements QuizService {
```

칼럼 / @Transactional

스프링 프레임워크에서는 여러 가지 공통 기능을 AOP로 제공합니다. 그중 대표적인 것이 @Transactional입니다.

@Transactional을 사용하지 않고 복수의 명령을 트랜잭션 관리하는 경우에는 개발자가 JDBC의 자동 커밋 설정을 setAutoCommit 메서드에 false를 설정해서 무효화하고, 변경 처리를 데이터베이스에 반영하기 위해서 다시 commit 메서드를 호출해야 하고 예외가 발생한 경우에는 rollback 메서드를 불러야 합니다.

위와 같이 번잡했던 '횡단적 관심사'도 @Transactional 어노테이션을 부여함으로써 스프링 프레임워크가 담당하기 때문에 '중심적 관심사'인 데이터베이스 액세스 처리에 집중할 수 있습니다.

스프링 부트 애플리케이션의 구동 클래스인 QuizApplication의 필드에 QuizService
를 @Autowired로 주입해서 QuizServiceImpl의 동작 방식을 확인하겠습니다.

11-3-1 quiz 테이블의 초기화

pgAdmin 4를 실행해서 Servers → PostgreSQL 14 → Databases → postgres → Schemas →
Tables를 선택합니다.

Tables → quiz를 선택하고 메뉴바에서 Tools → Query Tool을 선택합니다.

Query Editor 화면에 다음 SQL을 입력합니다(예제 11.5).

예제 11.5 quiz 테이블 초기화

```
001:  DELETE FROM quiz;
002:  SELECT setval('quiz_id_seq', 1, false);
```

1번째 줄에서 quiz 테이블의 데이터를 모두 삭제하고, 2번째 줄의 setval로 quiz 테이블의 id 칼럼의
serial 타입 일련번호를 '1'로 초기화합니다.

11-3-2 QuizApplication 수정

예제 11.6과 같이 QuizApplication을 수정합니다.

예제 11.6 QuizApplication 클래스

```
001:  package com.example.quiz;
002:
003:  import java.util.ArrayList;
004:  import java.util.Collections;
```

```
005: import java.util.List;
006: import java.util.Optional;
007:
008: import org.springframework.beans.factory.annotation.Autowired;
009: import org.springframework.boot.SpringApplication;
010: import org.springframework.boot.autoconfigure.SpringBootApplication;
011:
012: import com.example.quiz.entity.Quiz;
013: import com.example.quiz.service.QuizService;
014:
015: @SpringBootApplication
016: public class QuizApplication {
017:     /** 구동 메서드 */
018:     public static void main(String[] args) {
019:         SpringApplication.run(QuizApplication.class, args).getBean(QuizApplication.class).execute();
020:     }
021:
022:     /** 주입(인젝션) */
023:     @Autowired
024:     QuizService service;
025:
026:     /** 실행 메서드 */
027:     private void execute() {
028:         // 등록 처리
029:         //setup();
030:         // 전체 항목 취득
031:         //showList();
032:         // 1건 취득
033:         //showOne();
034:         // 변경 처리
035:         //updateQuiz();
036:         // 삭제 처리
037:         //deleteQuiz();
038:         // 퀴즈 실행
039:         //doQuiz();
040:     }
041:
042:     /** === 퀴즈 5건을 등록합니다 === */
```

```
043:    private void setup() {
044:        System.out.println("--- 등록 처리 개시 ---");
045:        // 엔티티 생성
046:        Quiz quiz1 = new Quiz(null, "자바는 객체지향 언어입니다."
047:                , true, "등록 담당");
048:        Quiz quiz2 = new Quiz(null, "스프링 데이터는 데이터 액세스에 관련된 "
049:                + "기능을 제공합니다.", true, "등록 담당");
050:        Quiz quiz3 = new Quiz(null, "프로그램이 많이 등록되어 있는 서버를 "
051:                + "라이브러리라고 합니다.", false, "등록 담당");
052:        Quiz quiz4 = new Quiz(null, "@Component는 인스턴스 생성 어노테이션"
053:                + "입니다.", true, "등록 담당");
054:        Quiz quiz5 = new Quiz(null, "스프링 MVC에서 구현하고 있는 디자인 패턴에서 "
055:                + "모든 요청을 하나의 컨트롤러에서 받는 것을"
056:                + "싱글 컨트롤러 패턴이라고 합니다.", false, "등록 담당");
057:        // 리스트에 엔티티를 저장
058:        List<Quiz> quizList = new ArrayList<>();
059:        // 첫 인수에 저장될 객체를, 두 번째 인수부터는 저장할 엔티티를 넘겨줌
060:        Collections.addAll(quizList, quiz1, quiz2, quiz3, quiz4, quiz5);
061:        // 등록 실행
062:        for (Quiz quiz : quizList) {
063:            // 등록 실행
064:            service.insertQuiz(quiz);
065:        }
066:        System.out.println("--- 등록 처리 완료 ---");
067:    }
068:
069:    /** === 모든 데이터 취득 === */
070:    private void showList() {
071:        System.out.println("--- 모든 데이터 취득 개시 ---");
072:        // 리포지토리를 이용해서 모든 데이터를 취득해서 결과를 반환
073:        Iterable<Quiz> quizzes= service.selectAll();
074:        for (Quiz quiz : quizzes) {
075:            System.out.println(quiz);
076:        }
077:        System.out.println("--- 모든 데이터 취득 완료 ---");
078:    }
079:
080:    private void showOne() {
```

```
081:        System.out.println("--- 1건 취득 개시 ---");
082:        // 리포지토리를 사용해서 1건의 데이터를 취득해서 결과를 반환(반환값은 Optional)
083:        Optional<Quiz> quizOpt = service.selectOneById(1);
084:        // 반환값이 있는지 확인
085:        if (quizOpt.isPresent()) {
086:            System.out.println(quizOpt.get());
087:        } else {
088:            System.out.println("해당 데이터는 존재하지 않습니다.");
089:        }
090:        System.out.println("--- 1건 취득 완료 ---");
091:    }
092:
093:    /** === 변경 처리 === */
094:    private void updateQuiz() {
095:        System.out.println("--- 변경 처리 개시 ---");
096:        // 변경할 엔티티를 생성
097:        Quiz quiz1 = new Quiz(1,"스프링은 프레임워크입니까? ", true, "변경 담당");
098:        // 변경 처리
099:        service.updateQuiz(quiz1);
100:        // 변경 결과 확인
101:        System.out.println("변경된 데이터는 " + quiz1 + "입니다.");
102:        System.out.println("--- 변경 처리 완료 ---");
103:    }
104:
105:    /** === 삭제 처리 === */
106:    private void deleteQuiz() {
107:        System.out.println("--- 삭제 처리 개시 ---");
108:        // 삭제 실행
109:        service.deleteQuizById(2);
110:        System.out.println("--- 삭제 처리 완료 ---");
111:    }
112:
113:    /** === 랜덤으로 퀴즈를 취득해서 퀴즈의 정답/오답을 평가 === */
114:    private void doQuiz() {
115:        System.out.println("--- 퀴즈 1건 취득 개시 ---");
116:        // 리포지토리를 이용해서 1건의 데이터를 받기(반환값은 Optional)
117:        Optional<Quiz> quizOpt = service.selectOneRandomQuiz();
118:        // 반환값이 있는지 확인
```

```
119:        if (quizOpt.isPresent()) {
120:            System.out.println(quizOpt.get());
121:        } else {
122:            System.out.println("해당 데이터는 존재하지 않습니다.");
123:        }
124:        System.out.println("--- 퀴즈 1건 취득 완료 ---");
125:        // 답 평가
126:        Boolean myAnswer = false;
127:        Integer id = quizOpt.get().getId();
128:        if (service.checkQuiz(id, myAnswer)) {
129:            System.out.println("정답입니다!!!");
130:        } else {
131:            System.out.println("오답입니다.");
132:        }
133:    }
134:
135: }
```

23~24번째 줄에서는 QuizService를 @Autowired 어노테이션으로 주입(인젝션)해서 비즈니스 로직을
처리합니다.

18번째 줄의 main 메서드에서 27번째 줄의 execute 메서드를 호출해서 execute 메서드 안의 애플리케
이션에서 실행하려는 각 메서드를 호출합니다(현재는 주석 처리되어 있습니다).

11-3-3 등록/참조 처리

01 execute 메서드 수정

QuizApplication 클래스의 내용은 예제 11.7과 같습니다. setup(), showList(), showOne()의 주석
처리를 제거합니다.

예제 11.7 execute 메서드 수정

```
001: /** 실행 메서드 */
002: private void execute() {
003:    // 등록 처리
```

```
004:    setup();
005:    // 전체 항목 취득
006:    showList();
007:    // 1건 취득
008:    showOne();
009:    // 변경 처리
010:    //updateQuiz();
011:    // 삭제 처리
012:    //deleteQuiz();
013:    // 퀴즈 실행
014:    //doQuiz();
015: }
```

02 실행과 확인

QuizApplication 파일을 선택하고 마우스 오른쪽 버튼을 클릭해서 [실행]을 선택합니다.

인젝션된 QuizServiceImpl을 통해 CrudRepository를 상속한 QuizRepository 클래스의 등록 처리와 취득 처리가 되는 것을 확인할 수 있습니다(그림 11.6). 등록 처리에서 5건의 퀴즈가 등록된 것을 pgAdmin에서도 확인할 수 있습니다(그림 11.7).

```
--- 모든 데이터 취득 완료 ---
--- 1건 취득 개시 ---
Quiz(id=1, question=자바는 객체지향 언어입니다., answer=true, author=등록 담당)
--- 1건 취득 완료 ---
```

그림 11.6 콘솔 확인

	id [PK] integer	question text	answer boolean	author character varying (20)
1	1	자바는 객체지향 언어입니다.	true	등록 담당
2	2	스프링 데이터는 데이터 액세스에 관련된 기능을 제공합니다.	true	등록 담당
3	3	프로그램이 많이 등록되어 있는 서버를 라이브러리라고 합니다.	false	등록 담당
4	4	@Component는 인스턴스 생성 어노테이션입니다.	true	등록 담당
5	5	스프링 MVC에서 구현하고 있는 디자인 패턴에서 모든 요청을 하나의 컨트롤러에서 받는 것을 싱글 컨트롤러 패턴이라고 합니다.	false	등록 담당

그림 11.7 quiz 테이블 확인

11-3-4 갱신/삭제 처리

01 execute 메서드 수정

QuizApplication 클래스의 내용은 예제 11.8과 같습니다. 이번에는 setup(), showList(), showOne() 을 주석 처리하고, 10, 12번째 줄의 updateQuiz()와 deleteQuiz() 메서드의 주석 처리를 제거합니다.

예제 11.8 execute 메서드 수정

```
001: /** 실행 메서드 */
002: private void execute() {
003:     // 등록 처리
004:     //setup();  <-- 주석 처리
005:     // 전체 항목 취득
006:     //showList();  <-- 주석 처리
007:     // 1건 취득
008:     //showOne();  <-- 주석 처리
009:     // 변경 처리
010:     updateQuiz();
011:     // 삭제 처리
012:     deleteQuiz();
013:     // 퀴즈 실행
014:     //doQuiz();
015: }
```

02 실행과 확인

QuizApplication 파일을 선택하고 마우스 오른쪽 버튼을 클릭해서 [실행]을 선택합니다.

인젝션된 QuizServiceImpl을 통해 CrudRepository를 상속한 QuizRepository 클래스의 변경 처리와 삭제 처리가 되는 것을 확인할 수 있습니다(그림 11.8). quiz 테이블에서는 id가 '1'인 항목이 변경되었고 id가 '2'인 항목이 삭제되었습니다(그림 11.9).

```
--- 변경 처리 개시 ---
변경된 데이터는 Quiz(id=1, question=스프링은 프레임워크입니까? , answer=true, author=변경 담당)입니다.
--- 변경 처리 완료 ---
--- 삭제 처리 개시 ---
--- 삭제 처리 완료 ---
```

그림 11.8 콘솔 확인

	id [PK] integer	question text	answer boolean	author character varying (20)
1	1	스프링은 프레임워크입니까?	true	변경 담당
2	3	프로그램이 많이 등록되어 있는 서버를 라이브러리라고 합니다.	false	등록 담당
3	4	@Component는 인스턴스 생성 어노테이션입니다.	true	등록 담당
4	5	스프링 MVC에서 구현하고 있는 디자인 패턴에서 모든 요청을 하나의 컨트롤러에서 받는 것을 싱글 컨트롤러 패턴이라고 합니다.	false	등록 담당

그림 11.9 quiz 테이블 확인

11-3-5 퀴즈 처리

01 execute 메서드 수정

QuizApplication 클래스의 내용은 예제 11.9와 같습니다. doQuiz() 메서드 외에는 모두 주석 처리해서 QuizApplication 클래스(예제 11.6)의 114~133번째 줄에 나오는 doQuiz 메서드를 호출합니다.

doQuiz 메서드에서는 랜덤으로 퀴즈를 한 건 취득한 후 해답을 false로 설정해서 QuizServiceImpl의 checkQuiz 메서드로 퀴즈의 정답/오답을 판단합니다.

예제 11.9 execute 메서드 수정

```
001: /** 실행 메서드 */
002: private void execute() {
003:    // 등록 처리
004:    //setup();  <-- 주석 처리
005:    // 전체 항목 취득
006:    //showList();  <-- 주석 처리
007:    // 1건 취득
008:    //showOne();  <-- 주석 처리
009:    // 변경 처리
010:    //updateQuiz(); <-- 주석 처리
011:    // 삭제 처리
012:    //deleteQuiz(); <-- 주석 처리
013:    // 퀴즈 실행
014:    doQuiz();
015: }
```

02 **실행과 확인**

QuizApplication 파일을 선택하고 마우스 오른쪽 버튼을 클릭해서 [실행]을 선택합니다.

인젝션된 QuizServiceImpl을 통해 CrudRepository를 상속한 QuizRepository 클래스의 getRandomId 메서드가 실행된 것을 확인할 수 있습니다(그림 11.10). 또한 checkQuiz 메서드의 실행 결과도 확인할 수 있습니다.

```
--- 퀴즈 1건 취득 개시 ---
Quiz(id=4, question=@Component는 인스턴스 생성 어노테이션입니다., answer=true, author=등록 담당)
--- 퀴즈 1건 취득 완료 ---
오답입니다.
```

그림 11.10 **콘솔 확인**

11-3-6 QuizApplication 수정

QuizServiceImpl 클래스의 모든 메서드의 동작이 확인되었으므로 다음 진행을 위해서 Quiz Application을 원래대로 돌려놓습니다(예제 11.10).

예제 11.10 QuizApplication 클래스 수정

```
001:  package com.example.quiz;
002:
003:  import org.springframework.boot.SpringApplication;
004:  import org.springframework.boot.autoconfigure.SpringBootApplication;
005:
006:  @SpringBootApplication
007:  public class QuizApplication {
008:    /** 구동 메서드 */
009:    public static void main(String[] args) {
010:        SpringApplication.run(QuizApplication.class, args);
011:    }
012:  }
```

다음 장에서는 애플리케이션 레이어를 만들겠습니다.

12장

애플리케이션 만들기
(애플리케이션 레이어)

이번 장에서는 애플리케이션 레이어를 만듭니다. 화면과 요청 핸들러 등을 생성해서 'OX 퀴즈' 애플리케이션을 완성하겠습니다.

12-1-1 작성할 부분 확인

이번 장에서 작성할 부분은 그림 12.1에서 점선으로 표시된 부분입니다.

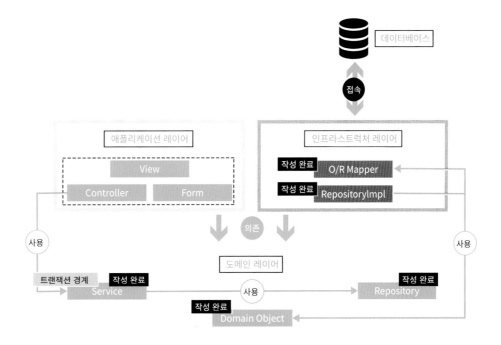

그림 12.1 레이어별 컴포넌트

표 12.1에서 작성할 컴포넌트 이름을 확인합니다. 표 12.1에서 1 ~ 3번이 해당 컴포넌트입니다.

표 12.1 컴포넌트 목록

No	레이어	컴포넌트	이름	비고
1	애플리케이션 레이어	View	–	화면 표시
2	애플리케이션 레이어	Controller	`QuizController`	제어 역할 담당
3	애플리케이션 레이어	Form	`QuizForm`	화면의 폼에 대응
4	도메인 레이어	Service	`QuizService`	인터페이스로 생성
5	도메인 레이어	ServiceImpl	`QuizServiceImpl`	Service를 구현
6	도메인 레이어	도메인 객체	`Quiz`	엔티티와 같은 역할
7	도메인 레이어	Repository	`QuizRepository`	인터페이스로 생성
8	인프라스트럭처 레이어	RepositoryImpl	–	O/R Mapper 자동 생성
9	인프라스트럭처 레이어	O/R Mapper	–	스프링 데이터 JDBC 사용

세 개의 HTML 파일을 생성합니다. 기능은 등록, 변경, 참조, 게임의 다섯 개이고 한 화면에 복수의 기능을 구현합니다. 각 HTML에 구현할 기능은 그림 12.2에 정리했습니다.

그림 12.2 화면 파일

이번에는 '등록/변경/삭제/참조'를 처리하는 `crud.html` 파일입니다. '등록'과 '변경'은 입력 항목이 같기 때문에 하나로 처리할 수 있습니다. 다른 점은 '등록' 화면에서는 화면을 표시할 때 입력 항목이 공백인 상태이고, '변경' 화면에서는 화면을 표시할 때 입력 항목에 초깃값으로 앞에 등록된 데이터가 표시된다는 것입니다.

참조에 해당하는 목록 표시는 등록된 퀴즈 정보가 있으면 화면 아래쪽에 '퀴즈 정보 목록'이 표시되고 퀴즈 정보가 등록되지 않았을 경우에는 화면 아래쪽에 '등록된 퀴즈가 없습니다'가 표시됩니다.

CRUD 화면의 위쪽에 '등록 또는 변경'을, 아래쪽에는 '퀴즈 정보 목록'을 표시합니다(그림 12.3).

그림 12.3 CRUD 화면

'퀴즈 정보 목록'의 레코드 끝에 그 레코드에 대해서 편집과 삭제를 실행할 수 있는 버튼을 추가합니다. [편집] 버튼을 클릭하면 '등록/목록 표시'가 사라지고, '등록' 부분이 '변경'으로 바뀝니다(그림 12.4).

[삭제] 버튼을 클릭하면 '목록 표시'에서 삭제 대상 레코드가 삭제되면서 사라집니다(그림 12.5).

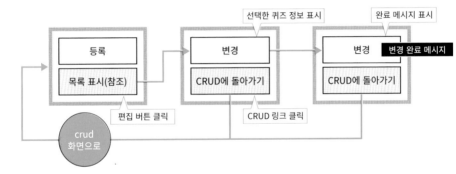

그림 12.4 변경 처리

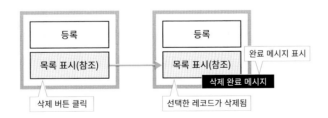

그림 12.5 삭제 처리

목록 표시 영역에 있는 '플레이' 링크를 클릭하면 play 화면으로 이동하고 등록된 퀴즈가 표시됩니다. O 혹은 X 버튼을 클릭하면 answer 화면으로 이동하고 자신이 선택한 답에 따라 '정답' 혹은 '오답'이 표시 됩니다.

answer 화면에서 '리플레이' 링크를 클릭하면 다시 play 화면으로 이동하고 다시 퀴즈를 풀 수 있습니다. answer 화면에서 CRUD 링크를 클릭하면 crud 화면으로 돌아갑니다(그림 12.6).

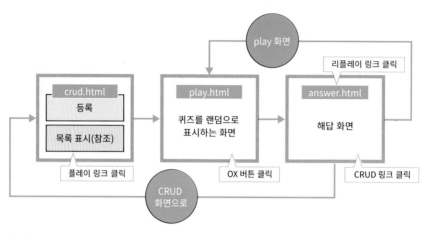

그림 12.6 게임 처리

퀴즈를 등록하면 목록 표시 화면에 퀴즈가 추가됩니다(그림 12.7). 등록과 변경 시에는 입력 체크를 해서 입력 에러가 발생하면 에러 메시지를 표시합니다(그림 12.8).

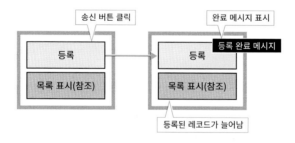

그림 12.7 등록 처리

그림 12.8 입력 체크

애플리케이션 레이어 만들기
(목록 표시)

이번 장에서는 View, Controller, Form을 만들겠습니다. 지금까지 배운 많은 내용을 사용할 것입니다. 혹시 잘 모르는 내용이 있으면 앞의 내용을 한 번 더 읽어보기 바랍니다.

12-2-1 Form 생성

Form은 화면에 표시되는 내용과 대응되는 폼을 말합니다. 더 자세한 내용은 '7-3 입력값을 받는 프로그램 만들기(Form 클래스)'에서 확인해보세요.

src/main/java → com.example.quiz 폴더를 선택하고 마우스 오른쪽 버튼을 클릭해서 [새로 만들기] → [패키지]를 선택한 후 com.example.quiz.form 패키지를 생성합니다.

클래스 생성을 위해 form 패키지를 선택하고 마우스 오른쪽 버튼을 클릭해서 [새로 만들기] → [Java 클래스]를 선택한 후 클래스명으로 'QuizForm'을 입력한 후 엔터 키를 칩니다(그림 12.9).

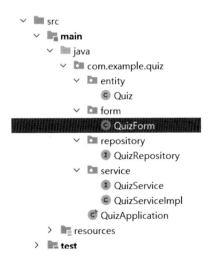

그림 12.9 QuizForm 클래스

QuizForm 클래스의 내용은 예제 12.1과 같습니다.

예제 12.1 QuizForm 클래스

```
001:    package com.example.quiz.form;
002:
003:    import javax.validation.constraints.NotBlank;
004:
005:    import lombok.AllArgsConstructor;
006:    import lombok.Data;
007:    import lombok.NoArgsConstructor;
008:
009:    /** Form */
010:    @Data
011:    @NoArgsConstructor
012:    @AllArgsConstructor
013:    public class QuizForm {
014:        /** 식별ID */
015:        private Integer id;
016:
017:        /** 퀴즈 내용 */
018:        @NotBlank
019:        private String question;
020:
021:        /** 퀴즈 해답 */
022:        private Boolean answer;
023:
024:        /** 작성자 */
025:        @NotBlank
026:        private String author;
027:
028:        /** 등록 또는 변경 판단용 */
029:        private Boolean newQuiz;
030:    }
```

18, 25번째 줄의 @NotBlank는 단일 항목 검사로 빈(null) 객체를 허용하지 않는 어노테이션입니다. 더 상세한 내용은 8장 '유효성 검사 기능 알아보기'에서 확인해보세요. crud.html은 등록과 변경을 표시할

때 내용을 바꿔야 하므로 '등록 또는 변경' 판단용으로 Boolean 필드(29번째 줄)를 만들었습니다. true 일 때는 등록, false일 때는 변경의 뜻으로 사용합니다.

12-2-2 Controller 생성

Controller에서 요청 핸들러 메서드를 생성합니다. 더 상세한 내용은 '5-3-1 스프링 MVC 프로그램 만들기'에서 확인해보세요.

src/main/java → com.example.quiz 폴더를 선택하고 마우스 오른쪽 버튼을 클릭해서 [새로 만들기] → [패키지]를 선택한 후 com.example.quiz.controller 패키지를 생성합니다.

클래스 생성을 위해 controller 패키지를 선택하고 마우스 오른쪽 버튼을 클릭해서 [새로 만들기] → [Java 클래스]를 선택한 후 클래스명으로 'QuizController'을 입력한 후 엔터 키를 칩니다(그림 12.10).

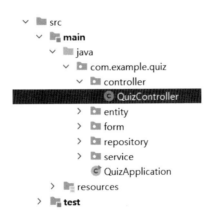

그림 12.10 QuizController 클래스

QuizController 클래스의 내용은 예제 12.2와 같습니다.

예제 12.2 QuizController 클래스

```
001:  package com.example.quiz.controller;
002:
003:  import java.util.Optional;
004:
```

```
005: import org.springframework.beans.factory.annotation.Autowired;
006: import org.springframework.stereotype.Controller;
007: import org.springframework.ui.Model;
008: import org.springframework.validation.BindingResult;
009: import org.springframework.validation.annotation.Validated;
010: import org.springframework.web.bind.annotation.GetMapping;
011: import org.springframework.web.bind.annotation.ModelAttribute;
012: import org.springframework.web.bind.annotation.PathVariable;
013: import org.springframework.web.bind.annotation.PostMapping;
014: import org.springframework.web.bind.annotation.RequestMapping;
015: import org.springframework.web.bind.annotation.RequestParam;
016: import org.springframework.web.servlet.mvc.support.RedirectAttributes;
017:
018: import com.example.quiz.entity.Quiz;
019: import com.example.quiz.form.QuizForm;
020: import com.example.quiz.service.QuizService;
021:
022: /** Quiz 컨트롤러 */
023: @Controller
024: @RequestMapping("/quiz")
025: public class QuizController {
026:     /** DI 대상 */
027:     @Autowired
028:     QuizService service;
029:
030:     /** form-backing bean의 초기화 */
031:     @ModelAttribute
032:     public QuizForm setUpForm() {
033:         QuizForm form = new QuizForm();
034:         // 라디오 버튼의 초깃값 설정
035:         form.setAnswer(true);
036:         return form;
037:     }
038:
039:     /** Quiz 목록 표시 */
040:     @GetMapping
041:     public String showList(QuizForm quizForm, Model model) {
042:         //신규 등록 설정
```

```
043:        quizForm.setNewQuiz(true);
044:
045:        //퀴즈 목록 취득
046:        Iterable<Quiz> list = service.selectAll();
047:
048:        //표시용 모델에 저장
049:        model.addAttribute("list", list);
050:        model.addAttribute("title", "등록 폼");
051:
052:        return "crud";
053:    }
054: }
```

23번째 줄에서는 @Controller 어노테이션으로 인스턴스를 생성합니다.

24번째 줄의 @RequestMapping("/quiz")를 지정한 클래스의 요청 핸들러 메서드를 호출하는 경우에는 URL에 '/quiz'를 붙입니다. 27~28번째 줄에서는 @Autowired 어노테이션으로 QuizService를 주입하고, 입력 체크를 하기 위해서 31번째 줄의 @ModelAttribute 어노테이션으로 QuizForm을 form-backing bean으로 만들 때 35번째 줄에서 라디오 버튼에 초깃값을 설정합니다.

43번째 줄에서는 quizForm.setNewQuiz(true)를 설정해서 등록 화면을 표시합니다. 마지막으로 52번째 줄에서 반환값으로 "crud"를 넘겨주는 것으로 crud.html을 표시합니다.

각 용어에 관한 자세한 설명은 다음의 해당하는 장에서 확인해 보기 바랍니다.

- form-backing bean → 8-2 단일 항목 검사를 사용하는 프로그램 만들기
- 요청 핸들러 메서드 → 5-3-1 스프링 MVC 프로그램 만들기

12-2-3 crud.html 생성

src/main/resources → templates 폴더를 선택하고 마우스 오른쪽 버튼을 클릭해서 [새로 만들기] → [HTML 파일]을 선택한 후 'crud.html'을 입력한 후 엔터를 칩니다.

crud.html의 내용은 예제 12.3과 같습니다.

예제 12.3 crud.html

```
001:  <!DOCTYPE html>
002:  <html xmlns:th="http://www.thymeleaf.org">
003:  <head>
004:    <meta charset="UTF-8">
005:    <title>OX 퀴즈 애플리케이션:CRUD</title>
006:  </head>
007:  <body>
008:  <h1>OX 퀴즈 애플리케이션:CRUD</h1>
009:  <h3 th:text="${title}">제목</h3>
010:  <!--/* 등록/변경 완료 메시지 */-->
011:  <p th:if="${complete}" th:text="${complete}" style="color:blue"></p>
012:  <!--/* ▼▼▼ Form ▼▼▼ */-->
013:  <form method="POST"
014:        th:action="${quizForm.newQuiz}? @{/quiz/insert} : @{/quiz/update}"
015:        th:object="${quizForm}">
016:    <label>퀴즈 내용: </label><br>
017:    <textarea rows="5" cols="50" th:field="*{question}"></textarea>
018:    <br>
019:    <div th:if="${#fields.hasErrors('question')}" th:errors="*{question}"
020:      style="color:red"></div>
021:    <label>퀴즈 정답: </label><br>
022:    <input type="radio" value="true" th:field="*{answer}" > O
023:    <input type="radio" value="false" th:field="*{answer}" > X
024:    <br>
025:    <div th:if="${#fields.hasErrors('answer')}" th:errors="*{answer}"
026:      style="color:red"></div>
027:    <label>작성자: </label><br>
028:    <input type="text" th:field="*{author}" />
029:    <br>
030:    <div th:if="${#fields.hasErrors('author')}" th:errors="*{author}"
031:      style="color:red"></div>
032:    <input th:if="${id}" type="hidden" th:field="*{id}" >
033:    <input type="submit" value="송신">
034:  </form>
035:  <!--/* ▲▲▲ Form ▲▲▲ */-->
036:  <br>
037:  <!--/* ========== 여기까지가 상부 영역 ========== */-->
```

```
038:  <hr>
039:  <!--/* ========== 여기서부터 하부 영역 ========== */-->
040:  <!--/* ▼▼▼ 신규 등록할 때만 표시 ▼▼▼ */-->
041:  <div th:if="${quizForm.newQuiz}" style="margin: 10px">
042:      <h3>등록된 퀴즈 목록 <a th:href="@{/quiz/play}">플레이</a><br></h3>
043:      <!--/* 삭제 완료 메시지 */-->
044:      <p th:if="${delcomplete}" th:text="${delcomplete}" style="color:blue"></p>
045:      <p th:if="${msg}" th:text="${msg}" style="color:red"></p>
046:      <!--/* ▼▼▼ 퀴즈 정보가 있으면 표시 ▼▼▼ */-->
047:      <table border="1" th:unless="${#lists.isEmpty(list)}"
048:          style="table-layout: fixed;">
049:          <tr>
050:              <th>ID</th>
051:              <th>내용</th>
052:              <th>해답</th>
053:              <th>작성자</th>
054:              <th>변경</th>
055:              <th>삭제</th>
056:          </tr>
057:          <tr th:each="obj : ${list}" align="center">
058:              <td th:text="${obj.id}"></td>
059:              <td th:text="${obj.question}" align="left"></td>
060:              <td th:text="${obj.answer} == true?'O':'X'"></td>
061:              <td th:text="${obj.author}"></td>
062:              <!--/* 변경 버튼 */-->
063:              <td>
064:                  <form method="GET" th:action="@{/quiz/{id}(id=${obj.id})}">
065:                      <input type="submit" value="변경">
066:                  </form>
067:              </td>
068:              <!--/* 삭제 버튼 */-->
069:              <td>
070:                  <form method="POST" th:action="@{/quiz/delete}">
071:                      <input type="hidden" name="id" th:value="${obj.id}">
072:                      <input type="submit" value="삭제">
073:                  </form>
074:              </td>
075:          </tr>
```

```
076:      </table>
077:      <!--/* △△△ 퀴즈 정보가 있으면 표시 △△△ */-->
078:      <!--/* ▼▼▼ 퀴즈 정보가 없으면 표시 ▼▼▼ */-->
079:      <p th:if="${#lists.isEmpty(list)}">등록된 퀴즈가 없습니다.</p>
080:      <!--/* △△△ 퀴즈 정보가 없으면 표시 △△△ */-->
081:      </div>
082:      <!--/* △△△ 신규 등록할 때만 표시 △△△ */-->
083:      <!--/* ▼▼▼ 신규 등록이 아닐 때 표시 ▼▼▼ */-->
084:      <p th:unless="${quizForm.newQuiz}">
085:        <a href="#" th:href="@{/quiz}">CRUD 화면에 돌아가기</a>
086:      </p>
087:      <!--/* △△△ 신규 등록이 아닐때 표시 △△△ */-->
088:      </body>
089:      </html>
```

14번째 줄의 `<form>` 태그에서 `"${quizForm.newQuiz}? @{/quiz/insert} : @{/quiz/update}"`로 등록과 변경 처리를 분리하고 있습니다.

같은 `<form>` 태그의 15번째 줄에서는 `th:object="${quizForm}"`을 설정해서 모델에 저장된 Form 클래스의 소문자 카멜케이스를 지정해서 사용합니다. Form 클래스의 필드와 관련 짓기 위해 `th:field` 속성에 '`*{필드명}`'을 지정합니다.

41~81번째 줄에서는 `th:if="${quizForm.newQuiz}"`를 사용해서 등록할 때만 표시하는 하부 영역을 작성합니다. 등록할 때 하부 영역에는 퀴즈 목록이 표시됩니다.

47~76번째 줄에서는 `th:unless="${#lists.isEmpty(list)}"`를 이용해 퀴즈 정보가 있을 경우 퀴즈 목록을 표시합니다.

79번째 줄에서는 `th:if="${#lists.isEmpty(list)}"`를 사용해서 등록된 퀴즈가 없는 경우 '등록된 퀴즈가 없습니다'를 표시합니다.

64번째 줄의 `th:action="@{/quiz/{id}(id=${obj.id})}"`에서 URL 경로 안에 { }로 감싼 변수 끝에 ( )를 사용해서 값을 대입합니다.

quiz 테이블 초기화

'11-3-1 quiz 테이블의 초기화'를 참조해서 quiz 테이블을 초기화합니다.

quiz URL 확인

`QuizApplication` 자바 파일에서 마우스 오른쪽 버튼을 클릭해 [실행]을 선택합니다. 애플리케이션이 시작된 것을 확인한 후 브라우저를 열어서 주소 표시줄에 'http://localhost:8080/quiz'를 입력하면 CRUD 화면이 표시됩니다.

상부 영역에는 등록 화면이, 하부 영역에는 목록 화면이 표시됩니다. quiz 테이블을 초기화해서 등록된 퀴즈가 없기 때문에 등록된 퀴즈가 없다는 메시지가 표시됩니다(그림 12.11).

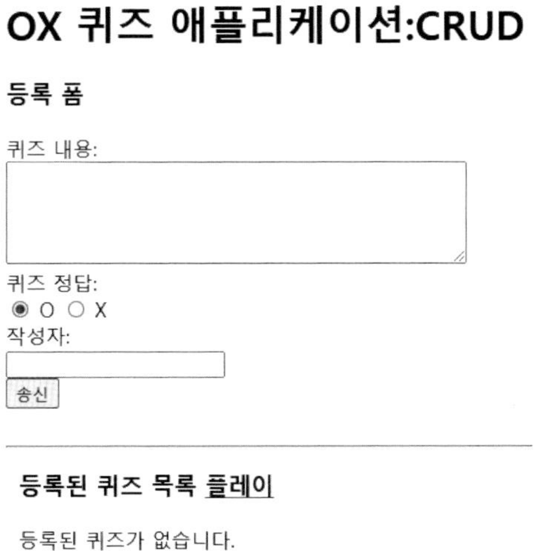

그림 12.11 CRUD 화면

애플리케이션 레이어 만들기
(등록/변경/삭제 기능)

CRUD에서 R에 해당하는 목록 표시 기능을 만들었습니다. 다음은 C에 해당하는 등록 기능과 U에 해당하는 변경 기능, D에 해당하는 삭제 기능을 만들겠습니다.

12-3-1 등록 기능 만들기

Controller에 등록 기능을 작성합니다. 앞서 '12-2-1 Form 생성'에서 Form의 단일 항목 검사를 설정했으므로 @Validated 어노테이션과 BindingResult 인터페이스를 사용해서 유효성 검사를 완성하겠습니다.

QuizController 클래스에 insert 메서드를 추가합니다(예제 12.4).

예제 12.4 QuizController 클래스(등록 기능)

```
001:  /** Quiz 데이터를 1건 등록 */
002:  @PostMapping("/insert")
003:  public String insert(@Validated QuizForm quizForm, BindingResult bindingResult,
004:                  Model model, RedirectAttributes redirectAttributes) {
005:      // Form에서 Entity로 넣기
006:      Quiz quiz = new Quiz();
007:      quiz.setQuestion(quizForm.getQuestion());
008:      quiz.setAnswer(quizForm.getAnswer());
009:      quiz.setAuthor(quizForm.getAuthor());
010:
011:      // 입력 체크
012:      if (!bindingResult.hasErrors()) {
013:          service.insertQuiz(quiz);
014:          redirectAttributes.addFlashAttribute("complete", "등록이 완료되었습니다");
015:          return "redirect:/quiz";
016:      } else {
017:          // 에러가 발생한 경우에는 목록 표시로 변경
018:          return showList(quizForm, model);
019:      }
020:  }
```

3번째 줄의 @Validated 어노테이션을 단일 항목 검사 어노테이션을 설정하는 Form 클래스에 부여하면 유효성 검사가 실행되고 실행한 결과(에러 정보)는 BindingResult 인터페이스에 저장됩니다.

12번째 줄과 같이 BindingResult 인터페이스의 hasErrors 메서드의 반환값(true: 에러 있음, false: 에러 없음)으로 결과 확인이 가능합니다. 에러가 발생한 경우에는 목록 표시 처리를 합니다. 4번째 줄과 같이 메서드에서 RedirectAttributes를 인수로 설정하고 14번째 줄의 'redirectAttributes. addFlashAttribute("complete", "등록이 완료되었습니다")'로 작성하여 리다이렉트할 화면에 전달할 값을 설정할 수 있습니다. 이것은 Flash Scope라는 범위로서 한 번의 리다이렉트에서만 유효한 스코프입니다.

'quiz/insert' URL 확인

CRUD 화면에서 퀴즈 정보 입력을 해보겠습니다. 우선 아무것도 입력하지 않은 상태에서 [송신] 버튼을 클릭해서 입력 체크가 정상적으로 작동하고 에러 메시지가 표시되는 것을 확인합니다(그림 12.12).

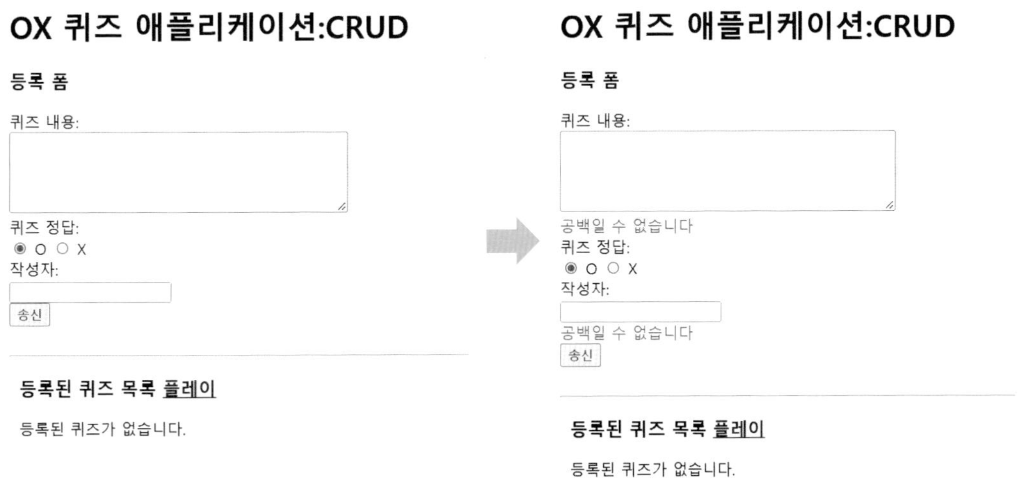

그림 12.12 등록 처리(실패)

이번에는 퀴즈 정보를 입력한 후 [송신] 버튼을 클릭해서 등록이 성공했다는 메시지와 등록한 퀴즈가 목록에 표시되는 것을 확인합니다(그림 12.13).

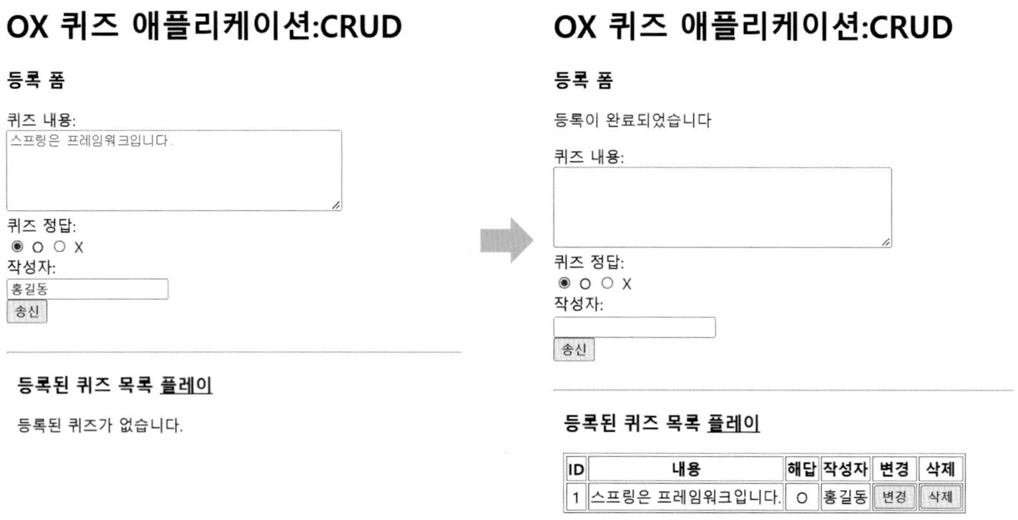

OX 퀴즈 애플리케이션:CRUD

등록 폼

퀴즈 내용:

스프링은 프레임워크입니다.

퀴즈 정답:
◉ O　○ X
작성자:

홍길동

송신

등록된 퀴즈 목록 플레이

등록된 퀴즈가 없습니다.

OX 퀴즈 애플리케이션:CRUD

등록 폼

등록이 완료되었습니다

퀴즈 내용:

퀴즈 정답:
◉ O　○ X
작성자:

송신

등록된 퀴즈 목록 플레이

ID	내용	해답	작성자	변경	삭제
1	스프링은 프레임워크입니다.	O	홍길동	변경	삭제

그림 12.13 **등록 처리(성공)**

12-3-2 변경 기능 만들기

다음은 Controller에 변경 기능을 작성합니다. 우선 지정한 퀴즈 id를 가진 엔티티를 취득해서 변경 화면을 표시하고 변경 처리를 합니다.

QuizController 클래스에 변경 기능을 수행하는 메서드를 추가합니다(예제 12.5).

예제 12.5 QuizController 클래스(변경 기능)

```
001:  /** Quiz 데이터를 1건 취득해서 폼 안에 표시 */
002:  @GetMapping("/{id}")
003:  public String showUpdate(QuizForm quizForm, @PathVariable Integer id, Model model) {
004:      //Quiz를 취득(Optional로 래핑)
005:      Optional<Quiz> quizOpt = service.selectOneById(id);
006:
007:      //QuizForm에 채워넣기
008:      Optional<QuizForm> quizFormOpt = quizOpt.map(t -> makeQuizForm(t));
009:
010:      //QuizForm이 null이 아니라면 값을 취득
011:      if(quizFormOpt.isPresent()) {
```

```
012:          quizForm = quizFormOpt.get();
013:      }
014:
015:      // 변경용 모델 생성
016:      makeUpdateModel(quizForm, model);
017:      return "crud";
018:  }
019:
020:  /** 변경용 모델 생성 */
021:  private void makeUpdateModel(QuizForm quizForm, Model model) {
022:      model.addAttribute("id", quizForm.getId());
023:      quizForm.setNewQuiz(false);
024:      model.addAttribute("quizForm", quizForm);
025:      model.addAttribute("title", "변경 폼");
026:  }
027:
028:  /** id를 키로 사용해 데이터를 변경 */
029:  @PostMapping("/update")
030:  public String update(
031:          @Validated QuizForm quizForm,
032:          BindingResult result,
033:          Model model,
034:          RedirectAttributes redirectAttributes) {
035:      //QuizForm에서 Quiz로 채우기
036:      Quiz quiz = makeQuiz(quizForm);
037:      //입력 체크
038:      if (!result.hasErrors()) {
039:          // 변경 처리, Flash scope를 사용해서 리다이렉트 설정
040:          service.updateQuiz(quiz);
041:          redirectAttributes.addFlashAttribute("complete", "변경이 완료되었습니다");
042:          // 변경 화면을 표시
043:          return "redirect:/quiz/" + quiz.getId();
044:      } else {
045:          // 변경용 모델을 생성
046:          makeUpdateModel(quizForm, model);
047:          return "crud";
048:      }
049:  }
```

```
050:
051:  // ---------【 아래는 Form과 도메인 객체를 다시 채우기 】----------
052:  /** QuizForm에서 Quiz로 다시 채우기, 반환값으로 돌려줌 */
053:  private Quiz makeQuiz(QuizForm quizForm) {
054:      Quiz quiz = new Quiz();
055:      quiz.setId(quizForm.getId());
056:      quiz.setQuestion(quizForm.getQuestion());
057:      quiz.setAnswer(quizForm.getAnswer());
058:      quiz.setAuthor(quizForm.getAuthor());
059:      return quiz;
060:  }
061:
062:  /** Quiz에서 QuizForm으로 다시 채우기, 반환값으로 돌려줌 */
063:  private QuizForm makeQuizForm(Quiz quiz) {
064:      QuizForm form = new QuizForm();
065:      form.setId(quiz.getId());
066:      form.setQuestion(quiz.getQuestion());
067:      form.setAnswer(quiz.getAnswer());
068:      form.setAuthor(quiz.getAuthor());
069:      form.setNewQuiz(false);
070:      return form;
071:  }
```

3번째 줄의 showUpdate 메서드에서 퀴즈 id에 대응하는 엔티티를 취득합니다. 8번째 줄의 map 메서드는 Optional 메서드로 값이 있을 때만 그 값으로 채웁니다. map(t → makeQuizForm(t))로 람다식 표기를 합니다. 63번째 줄의 makeQuizForm 메서드를 사용해서 Quiz에서 QuizForm으로 값을 채워 넣습니다. 16번째 줄의 makeUpdateModel은 21~26번째 줄과 같이 변경 화면을 만들기 위한 메서드입니다.

30번째 줄의 update 메서드는 등록 기능의 insert 메서드와 같은 역할을 합니다.

'quiz/{id}' URL 확인

CRUD 화면 하부 영역의 목록에서 변경하고 싶은 퀴즈 정보 레코드의 [변경] 버튼을 클릭하면 변경 화면이 표시됩니다(그림 12.14).

그림 12.14 변경 화면 표시

'quiz/update' URL 확인

변경 화면에서 퀴즈 정보를 다 지우고 [송신] 버튼을 클릭하면 입력 체크에서 걸려서 에러 메시지가 표시됩니다(그림 12.15).

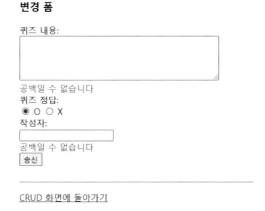

그림 12.15 변경 처리(실패)

다시 변경 내용을 입력하고 [송신] 버튼을 클릭하면 변경이 성공하고 메시지가 표시됩니다(그림 12.16).
CRUD 화면으로 돌아오면 목록에 변경된 내용이 반영되어 있습니다(그림 12.17).

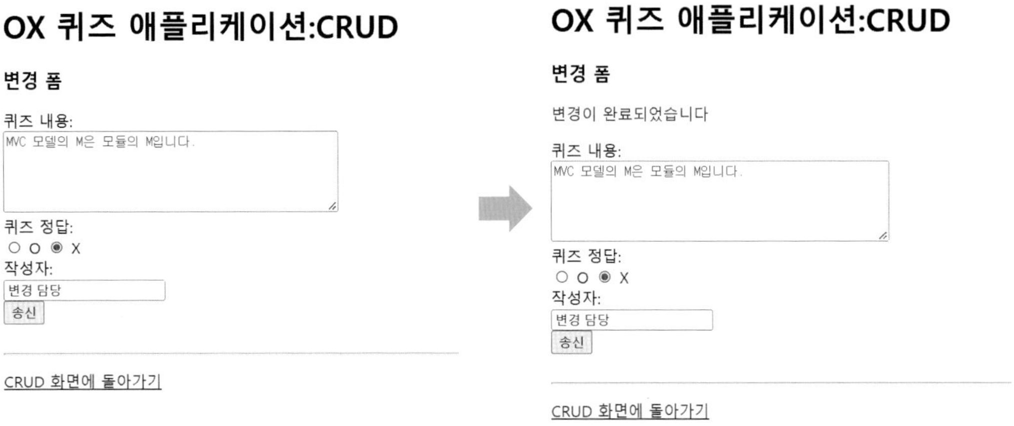

OX 퀴즈 애플리케이션:CRUD

변경 폼

퀴즈 내용:

MVC 모델의 M은 모듈의 M입니다.

퀴즈 정답:
○ O ◉ X
작성자:
변경 담당
[송신]

CRUD 화면에 돌아가기

OX 퀴즈 애플리케이션:CRUD

변경 폼

변경이 완료되었습니다

퀴즈 내용:

MVC 모델의 M은 모듈의 M입니다.

퀴즈 정답:
○ O ◉ X
작성자:
변경 담당
[송신]

CRUD 화면에 돌아가기

그림 12.16 변경 처리(성공)

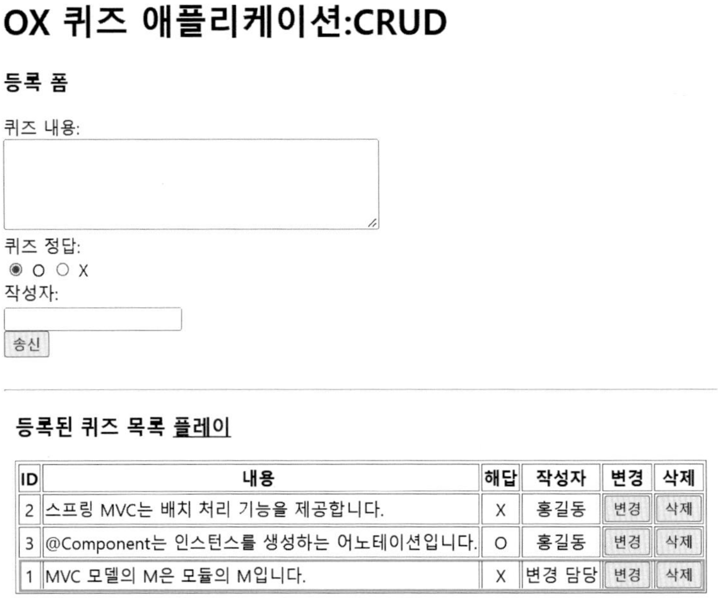

OX 퀴즈 애플리케이션:CRUD

등록 폼

퀴즈 내용:

퀴즈 정답:
◉ O ○ X
작성자:

[송신]

등록된 퀴즈 목록 플레이

ID	내용	해답	작성자	변경	삭제
2	스프링 MVC는 배치 처리 기능을 제공합니다.	X	홍길동	변경	삭제
3	@Component는 인스턴스를 생성하는 어노테이션입니다.	O	홍길동	변경	삭제
1	MVC 모델의 M은 모듈의 M입니다.	X	변경 담당	변경	삭제

그림 12.17 CRUD 화면

12-3-3 삭제 기능 만들기

다음으로 Controller에 삭제 기능을 추가합니다. 지정한 퀴즈 id의 퀴즈 정보를 삭제합니다. 삭제하면 목록에서 레코드가 사라집니다.

QuizController 클래스에 delete 메서드를 추가합니다(예제 12.6).

예제 12.6 QuizController 클래스(삭제 기능)

```
001:  /** id를 키로 사용해 데이터를 삭제 */
002:  @PostMapping("/delete")
003:  public String delete(
004:        @RequestParam("id") String id,
005:        Model model,
006:        RedirectAttributes redirectAttributes) {
007:    //퀴즈 정보를 1건 삭제하고 리다이렉트
008:    service.deleteQuizById(Integer.parseInt(id));
009:    redirectAttributes.addFlashAttribute("delcomplete", "삭제 완료했습니다");
010:    return "redirect:/quiz";
011:  }
```

마지막 줄의 'redirect:'의 반환값으로 리다이렉트됩니다.

'quiz/delete' URL 확인

CRUD 화면 하부 영역의 목록에서 삭제하고 싶은 퀴즈 정보의 레코드에서 [삭제] 버튼을 클릭하면 퀴즈 정보가 삭제되고 목록에서 사라집니다. 삭제가 성공하면 성공 메시지가 표시됩니다(그림 12.18).

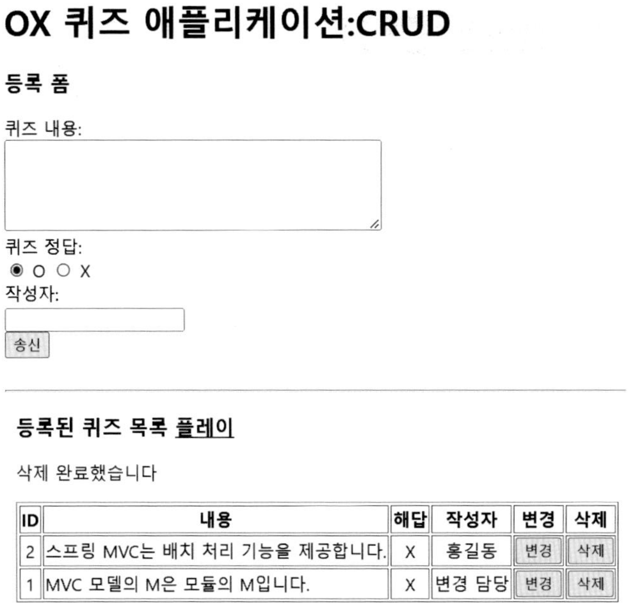

OX 퀴즈 애플리케이션:CRUD

등록 폼

퀴즈 내용:

퀴즈 정답:
◉ ○ ○ X
작성자:

송신

등록된 퀴즈 목록 플레이

삭제 완료했습니다

ID	내용	해답	작성자	변경	삭제
2	스프링 MVC는 배치 처리 기능을 제공합니다.	X	홍길동	변경	삭제
1	MVC 모델의 M은 모듈의 M입니다.	X	변경 담당	변경	삭제

그림 12.18 삭제 처리(성공)

애플리케이션 레이어 만들기 (게임 기능)

마지막으로 Controller에 게임 기능을 작성하겠습니다. 먼저 퀴즈를 랜덤으로 표시하는 play.html과 정답/오답을 표시하는 answer.html을 만들고 Controller에 게임 기능을 추가하겠습니다.

12-4-1 play.html 생성

src/main/resources → templates 폴더를 선택하고 마우스 오른쪽 버튼을 클릭해서 [새로 만들기] → [HTML 파일]을 선택한 후 'play.html'을 입력하고 엔터를 칩니다.

play.html의 내용은 예제 12.7과 같습니다.

예제 12.7 play.html

```
001: <!DOCTYPE html>
002: <html xmlns:th="http://www.thymeleaf.org">
003: <head>
004:    <meta charset="UTF-8">
005:    <title>OX 퀴즈 애플리케이션 : PLAY</title>
006: </head>
007: <body>
008: <h1>OX 퀴즈 애플리케이션 : PLAY</h1>
009: <h3>퀴즈</h3>
010: <th:block th:if="${msg}">
011:    <p th:text="${msg}" style="color:red"></p>
012:    <a th:href="@{/quiz/}">CRUD 화면에 돌아가기</a>
013: </th:block>
014: <th:block th:unless="${msg}">
015:    <p th:text="${quizForm.question}">퀴즈 내용</p>
016:    <form th:action="@{/quiz/check}" th:object="${quizForm}" method="POST">
017:        <input type="hidden" th:field="*{id}">
018:        <button name="answer" value="true">O</button>
019:        <button name="answer" value="false">X</button>
```

```
020:      </form>
021:    </th:block>
022:    </body>
023:    </html>
```

10, 14번째 줄에서는 ${msg} 값의 유무로 처리가 나뉩니다. ${msg}에 값이 있으면 '등록된 문제가 없습니다'가 표시되고, ${msg}에 값이 없으면 랜덤으로 가져온 퀴즈가 표시됩니다.

12-4-2 answer.html 생성

src/main/resources → templates 폴더를 선택하고 마우스 오른쪽 버튼을 클릭해서 [새로 만들기] → [HTML 파일]을 선택한 후 'answer.html'을 입력하고 엔터를 칩니다.

answer.html의 내용은 예제 12.8과 같습니다.

예제 12.8 answer.html

```
001:  <!DOCTYPE html>
002:  <html xmlns:th="http://www.thymeleaf.org">
003:  <head>
004:      <meta charset="UTF-8">
005:      <title>OX 퀴즈 애플리케이션 : 해답</title>
006:  </head>
007:  <body>
008:  <h1>OX 퀴즈 애플리케이션 : 해답</h1>
009:  <h2 th:text="${msg}" style="color:red">메시지 표시 영역</h2>
010:  <a th:href="@{/quiz/play}">리플레이</a><br>
011:  <a th:href="@{/quiz}">CRUD 화면에 돌아가기</a>
012:  </body>
013:  </html>
```

9번째 줄의 ${msg}에서 퀴즈 정답/오답을 표시합니다.

12-4-3 게임 기능 작성

QuizController 클래스에 게임 기능을 수행하는 메서드를 추가합니다(예제 12.9).

예제 12.9 QuizController 클래스(게임 기능)

```
001:  /** Quiz 데이터를 랜덤으로 한 건 가져와 화면에 표시*/
002:  @GetMapping("/play")
003:  public String showQuiz(QuizForm quizForm, Model model) {
004:      //Quiz 정보 취득(Optional으로 래핑)
005:      Optional<Quiz> quizOpt = service.selectOneRandomQuiz();
006:
007:      // 값이 있는지 확인
008:      if(quizOpt.isPresent()) {
009:          // QuizForm으로 채우기
010:          Optional<QuizForm> quizFormOpt = quizOpt.map(t -> makeQuizForm(t));
011:          quizForm = quizFormOpt.get();
012:      } else {
013:          model.addAttribute("msg", "등록된 문제가 없습니다");
014:          return "play";
015:      }
016:
017:      // 표시용 모델에 저장
018:      model.addAttribute("quizForm", quizForm);
019:
020:      return "play";
021:  }
022:
023:  /** 퀴즈의 정답/오답 판단 */
024:  @PostMapping("/check")
025:  public String checkQuiz(QuizForm quizForm, @RequestParam Boolean answer, Model model){
026:      if (service.checkQuiz(quizForm.getId(), answer)) {
027:          model.addAttribute("msg","정답입니다.");
028:      } else {
029:          model.addAttribute("msg","오답입니다.");
030:      }
031:      return "answer";
032:  }
```

3번째 줄의 showQuiz 메서드에서 랜덤으로 퀴즈를 가져와 표시합니다. 등록된 퀴즈가 없는 경우에는 13번째 줄에서 '등록된 문제가 없습니다'라는 메시지를 설정합니다.

25번째 줄의 checkQuiz 메서드에서 퀴즈의 정답/오답을 판정합니다. 대부분의 처리는 앞에서 주입(인젝션)한 QuizService에 위임합니다.

'quiz/play' URL 확인

CRUD 화면 하부 영역의 '플레이' 링크를 클릭하면 퀴즈 화면이 표시됩니다(그림 12.19).

OX 퀴즈 애플리케이션 : PLAY

퀴즈

스프링 MVC는 배치 처리 기능을 제공합니다.

[O] [X]

그림 12.19 퀴즈 화면 표시

'quiz/check' URL 확인

퀴즈 화면에서 O 혹은 X를 클릭하면 퀴즈의 정답/오답을 판단해서 해답 화면에 메시지가 표시됩니다(그림 12.20).

OX 퀴즈 애플리케이션 : 해답

오답입니다.

리플레이
CRUD 화면에 돌아가기

OX 퀴즈 애플리케이션 : 해답

정답입니다.

리플레이
CRUD 화면에 돌아가기

그림 12.20 해답 화면 표시

이것으로 모든 기능이 만들어졌습니다. 1장에서 8장까지 배운 스프링의 내용을 사용해 9장에서 12장에 걸쳐 'OX 퀴즈' 애플리케이션을 만들었습니다. 간단한 애플리케이션이지만 이것으로 'OX 퀴즈' 애플리케이션은 완성입니다. 자신만의 퀴즈를 등록해서 'OX 퀴즈'를 즐기기 바랍니다.

칼럼 / 커스터마이즈

12장까지 만든 'OX 퀴즈' 애플리케이션을 가지고 앞으로의 학습을 위해 여러 가지 커스터마이징을 해보기를 바랍니다.

데이터베이스의 커스터마이즈

테이블 정규화

'OX 퀴즈' 애플리케이션은 간단하게 만들었기 때문에 테이블을 하나만 사용했습니다. 하지만 실제 업무에서 테이블을 하나만 사용하는 일은 거의 없습니다. 정규화의 단계에는 제1~제5 정규화가 있습니다. 테이블을 설계할 때 일반적으로는 제1~제3 정규화까지 적용해서 설계합니다.

데이터베이스 변경

'OX 퀴즈' 애플리케이션에서는 PostgreSQL을 사용했지만, 그 외에 여러 가지 데이터베이스가 있습니다. 여러 데이터베이스를 경험하는 것은 값진 경험이 될 것입니다. MySQL 등 다른 데이터베이스로 바꿔서 'OX 퀴즈' 애플리케이션을 만들어 보세요.

O/R Mapper 변경

이 책에서는 O/R Mapper로 스프링 데이터 JDBC를 이용했지만 스프링과 호환이 잘 되는 다른 O/R Mapper도 많습니다. 특히 MyBatis가 그렇습니다. MyBatis의 공식 사이트에 사용법이 알기 쉽게 잘 설명되어 있습니다. O/R Mapper를 변경해서 'OX 퀴즈' 애플리케이션을 만들어보세요

MyBatis 공식 사이트: https://mybatis.org/mybatis-3/ko/index.html

화면의 커스터마이즈

유효성 검사 생성

'OX 퀴즈' 애플리케이션에서는 단일 항목 검사만 사용했지만 여러분이 직접 커스텀 유효성 검사기를 만들어서 사용해보기를 바랍니다. 커스텀 유효성 검사기에 대해서는 '8-4 커스텀 유효성 검사기를 사용하는 프로그램 만들기'의 설명을 참조하기 바랍니다.

메시지 관리

'OX 퀴즈' 애플리케이션에서는 메시지 관리를 하지 않았습니다. 여러분이 직접 `message.properties`, `ValidationMessages.properties`를 만들어서 메시지 관리를 해보기 바랍니다.

메시지 관리에 대해서는 '8-3 메시지 관리에 대해 알아보기'에서 설명한 내용을 참조하기 바랍니다.

마치면서

저는 프로그래밍 강사를 하고 있습니다. 신입 연수 수강자들이 자주 상담하는 것 중에서 자신은 문과 출신이라서 프로그램의 내용에 대한 이해가 잘 안 되고 다른 사람들보다 이해력이 떨어지고 프로그래밍에 소질이 없다고 고민하는 수강자가 있습니다. 그때마다 저는 문과 이과 관계없이 사람의 능력은 저마다 다르다는 것을 설명한 후, 자기 자신이 쉽게 이해할 수 있는 문서나 인터넷 블로그 등을 접하는 것이 중요하고, 이해가 안 되는 부분을 직접 조사해서 자신의 지식을 늘리는 것으로 자연스럽게 할 수 있는 것도 늘어나게 될 것이라고 조언하곤 합니다. 즉, 주변을 신경 쓰지 말고 자신의 페이스로 무리하지 않고 노력을 계속하는 것이 중요합니다.

이 책이 여러분들의 지식을 조금이라도 늘리는 것에 도움이 되었으면 합니다.

마지막으로, 이번 집필에 많은 도움을 주신 은사이신 요시카와 님, 집필 때문에 휴일 가족 서비스를 할 수 없었던 저를 응원해준 아내 토모코, 몇 번이나 수정, 확인해주신 기술평가사의 하라다 님께 감사의 마음을 전합니다.

마지막까지 읽어 주셔서 감사합니다.